Shaping the Fourth Industiral Revolution

Klaus Schwab
クラウス・シュワブ
小川敏子 訳

「第四次産業革命」を生き抜く

ダボス会議が予測する混乱とチャンス

日本経済新聞出版社

序文

マイクロソフトCEO　サティア・ナデラ

世界経済フォーラムとその創設者クラウス・シュワブは、第四次産業革命がもたらす機会と課題について、洞察に満ちたフォーラムと著書出版を通じて問題提起している。ゼロサム思考を排し、新しい技術の波がもたらす革命を「人間本位」のものにしようとする見識の高さがそこにはある。

データ、コンピュータの大容量ストレージ、AIを組み合わせて活用すれば、産業と社会のあらゆるレベルにおいて大きな転換が実現するだろう。ヘルスケア業界、教育、農業、製造業、サービス業にいたるまで、かつて想像もつかなかった機会が生まれるはずだ。わが社を始め企業各社が心待ちにしているのは、注目すべき新たな技術の融合、たとえばMR（複合現実）、AI、量子コンピューティングなどの領域である。MRは、究極のコンピューティング体験を可能にする。コンピュータのスクリーンという境目を飛び越え、デジタル世界と現実世界がひとつになる。データ、アプリ、同僚や友人も、電話やタブレットを通じていつでもどこでもアクセスできる――オフィスで仕事中でも、顧客を訪問中でも、会議中でも。AIは、ありえない次元の経験を可能にするだろう。その洞察力と予測力は、人間が自力では獲得できない次元のケイパビリティをもたらしてくれる。量子コンピュータは、ムーアの法則（約2年ごとにコンピュータチップ上のトランジスタ数が倍増する）の限界を突破するだろう。コンピューティングの特性の常識を変え、世界最大でもっとも複雑な問題を解決する演算能力を提供する。現在はばらばらに見えるＭＲとＡＩと量子コンピューティングが、今後は融合していくことになる。

一方で産業界と社会は連携して情報へのアクセスの民主化を進め、人と組織に権限委譲をすることで重要課題に取り組まなくてはならない。たとえば重要度の高いＡＩの技術は、やはり重要度の高いヘルスケアに早急に活用されることになるだろう。科学の研究室、クリニック、医療施設の業務で進行中の転換において、ＡＩとＭＲ、クラウド、ビジネス最適化ツールとの組み合わせは核となっていくだろう。精密医療《プレシジョン・メディシン》——個々人の遺伝子、免疫系、環境、ライフスタイルを分析し、最適化させた医療——によってグローバル規模で健康を増進させるには、ウェブスケール機械学習、認知《コグニティブ》サービス、多層のニューラル・ネットワークが欠かせない。こうした技術のデザインが包摂的であること、透明性を備えていることを求められるのは倫理的な理由に加え、エンジニアリング上において製品とサービスが結果的によくなるからである。

こうした未来を見据えて、２０１６年にマイクロソフト、アマゾン、グーグル、フェイスブック、ＩＢＭはＡＩ分野でパートナーシップを結び、人と社会にＡＩが恩恵をもたらすようにすると発表した。ＡＩに対する一般社会の理解を進め、ＡＩ分野における課題と機会についてのベストプラクティスをつくることをめざす。このパートナーシップによりＡＩの研究を進め、自動車、ヘルスケア、人間とＡＩのコラボレーション、仕事の置き換え、共通善に活用するための安全なＡＩシステムの開発およびテストをおこなっていく。

経済成長と生産性を回復させることは、私たち皆にとっての共通目標であり、技術はその実現に向けて主要な役割を果たすだろう。たとえば、地域経済にこうした技術のイノベーションを幅広く（とりわけ、その国あるいは地域が優位に立つ分野に）活用し、教育と新しいスキルの獲得にも力を入れるといった方法がある。デジタル時代においては、ソフトウェアは大量につくられて官民のセクター、あらゆる業界全体で活用されるユニバーサルな資源ともいえる。地域の――デトロイト、エジプト、インドネシアでも――経済を潤すために使われるべき資源である。画期的な技術と、それを生産的に使うスキルをそなえた従業員が養成され、技術がどんどん活用されていけば経済成長につながり、あらゆる人々が機会に恵まれるだろう。

最後に、なによりも大事なのは今日のデジタル世界への信頼である。いま世界中で求められているのは、イノベーティブで確実な方法で技術が使われるよう法律面の整備を進めることである。今日の課題に対処できない時代遅れの法律は、最大の障害である。

本書の先進的なトピック、それに関して世界経済フォーラムでおこなわれる刺激的な対話は、理解を深め解決策を見出すために大きな役割を果たす。桁外れの規模の恩恵を得られる可能性を見据え、本書の結論として提示されているように、官と民のリーダーシップとパートナーシップは必須である。

はしがき

世界経済フォーラム（WEF）創設者兼会長　クラウス・シュワブ

世界は岐路にさしかかっている。これまで半世紀にわたって数知れない人々を貧困から救い、国の政策とグローバルな規模での政策が基盤としていた社会システムと政治システムの両方が、いま、うまく機能していない。人間の創意工夫と努力で生み出される経済的な恩恵をごく一部の人々が独占し不平等を助長している。世界経済の一体化にともなう負の外部性は自然環境を損ない、弱い立場の人々を追いつめている。発展のコストを支払うべきステークホルダーがそれを負担できていない。

企業、政府、メディア、市民社会に対する不信感は高まり、世界の半数あまりの人々は、いまのシステムに裏切られていると実感している。各国で所得上位四分の一に入る人々とそれ以外の人々との間に不信感が広がれば社会のまとまりが弱まり、最悪の場合は崩壊の危機にさらされる。

政治的にも社会的にもこのような危うい状況のなかで、いま幅広い分野の最先端技術が機会と試練を私たちにもたらしている。ＡＩやバイオテクノロジー、先進素材、量子コンピュータなど、いずれも私たちの暮らしを劇的に変える技術であり、第四次産業革命を構成する技術であることはすでに申し上げた通りである。

こうした最先端技術は、現状のデジタル技術が漸進的に進歩したものに留まらない。第四次産業革命のテクノロジーは、まさに破壊的という表現がふさわしい。現在の知覚、演算、組織、実行、移動の方法を一変させてしまう。これまでにない方法で価値を創造し、組織と市民は恩恵をこうむることになる。いまは当たり前とされるシステムが、いずれこうした技術によって一新されるだろう。モノとサービスをどうつくりだし、受け渡すのか、コミュニケーションとコラボレーションの方法、自分を取り巻く世界を体験する方法まで、すべてが変わる。すでにニューロテクノロジーとバイオテクノロジーの進歩は私たちに、人間であるとはなにかという問いをつきつけている。幸い、第四次産業革命は始まったばかりで、いまならまだ私たちが主導権をとることができる段階にある。最先端技術についての基準と規制は、いままさに生み出されようとしている。新しい技術についてそれぞれの立場から発言するチャンスであり、積極的に発言することは1人ひとりの務めである。

岐路に立つ私たちに課せられた責任は重大だ。いま機会を逃してしまえば、そして新しい技術が人類全体を豊かにし、人間の尊厳を高め、環境を保護する方向に導くことに失敗すれば、現在の過酷な状況は悪化の一途をたどるかもしれない。システムの歪み、富の一極集中、不平等の拡大が正されることなく、あらゆる国で人権がないがしろにされるだろう。

第四次産業革命の重要性を正しく評価し、富や技術において特権的な立場の人々だけが恩恵をこうむることのないよう、すべての人々が利益を享受できる方向に進むためには、新しい考え方に切り替えるとともに、多様なテクノロジーが個人、コミュニティ、組織、政府に与える影響について充分に理解する必要がある。

本書を手に取ってくださった皆様1人ひとりが、所属するコミュニティ、組織、機関の内外で最先端技術について踏み込んだ話し合いに参加し、人類にとって共通の価値観に基づいた世界を積極的に築いていくことにつながれば、本書の目的は果たされることとなる。

本書は多彩な陣容を誇る世界経済フォーラムから、世界のトップクラスのエキスパートが力を結集してつくりあげた。とくに第2部では、フォーラムのグローバル・フューチャー・カウンシルとエキスパート・ネットワークのメンバーからすぐれた知見が寄せられている。彼らの惜しみない協力のおかげで、驚嘆すべきテクノロジーの領域に幅広い視点から取り組み、深く掘り下げて迫ることが可能となった。またサティア・ナデラには序文において思慮に富み、かつ的確な考察を示していただいたことに深く感謝申し上げたい。

共著者で世界経済フォーラムの Society and Innovation の代表を務めるニコラス・デイビスと、Science and Technology Studies の代表を務めるトーマス・フィルベックの献身的な力添えがなければ、本書はこうして完成しなかっただろう。また、前著『第四次産業革命』においてて技術とそのグローバルな発展について示唆を与えてくれた Knowledge Lead、アン・マリー・イントフト・ラーセンに感謝を伝えたい。

カトリン・エッゲンバーガーは今回も本書の出版に関わる対内・対外のマネジメントにおい

て絶大なる力を発揮してくれた。心から御礼申し上げる。本書のレイアウトを担当してくださったカマル・キマウイ、卓越した編集技術を発揮してくれたファビエンヌ・スタッセン、各章で戦略的な考え方と価値駆動型《バリュー・ドリブン》リーダーシップを発揮してくれたメル・ロジャースに心から感謝申し上げる。

世界経済フォーラムは官民協力のための国際機関であり、その創設者・会長としての経験を通じて、私は持続的かつ包括的な進歩の意味を学んだ。それは領域、ステークホルダーとしての枠を越えて共通のビジョンを推し進め、ゼロサム思考に立ち向かうことである。分岐点に立つ私たちは、過去の産業革命の失策に取り組み、はるかに包括的かつ持続的、平和で豊かな世界を実現できる道を選択する可能性をこの手に握っている。正しい道を歩み出すために、前著『第四次産業革命』と併せ本書がお役に立つことを心から願う。

はじめに

前著『第四次産業革命』では、「イノベーションと技術の中心に人間性と公益の追求を据えた未来」を実現するために、皆で力を合わせて責務を果たしていこうと呼びかけた。

新しい技術の時代に向けて私たちが責任を自覚し、てきぱきと行動を起こせば新たな文化的復興を実現させるのも夢ではない。真にグローバルな文明が生まれ、私たちはその偉大な文明の一員であると心から実感するだろう。第四次産業革命は人間をロボットのように変え、仕事、コミュニティ、家族、アイデンティティなど人が昔からよりどころとしていたものを洗いざらい変えてしまうだけの威力がある。しかし人類は第四次産業革命を絶好の機会ととらえ、運命共同体という意識で新たに結束し、高潔さを獲得することもできる。後者の未来を実現させるには、私たち1人ひとりが責務を果たすことが求められる。

この2年で、事態はますます切実になっている。研究開発が進んで技術の進歩はさらに加速し、企業は新たな取り組みを採用するようになった。そのなかで、先端技術と新しいビジネスモデルが実際にどれほど労働市場、社会的関係、政治システムに破壊的な影響を与えるのかがわかってきたのである。

前著『第四次産業革命』を踏まえ、本書には2つの意図が込められている。第一に、グローバルなリーダーも市民として関わる人も、立場に関わりなくすべての人々が「点と点を結び」、システムとして問題をとらえ、先端技術、世界規模での課題、いま私たちが起こしている行動がどうつながっているのかを見極めてもらいたい。第二に、最近の技術の具体例とともに、世界をリードする専門家の視点から状況をとらえ、技術とガバナンスについての問題の本質に触れていただきたい。

本書は次のような内容に焦点をあてている。

●1800年以来、めざましい発展により無数の人々の生活の質は劇的に高まった。これからも人類の発展が続いていくことを第四次産業革命は私たちに強く確信させる。

●人類がこの発展の恩恵を受けるには多様なステークホルダーが力を合わせ、3つの大きな課題を乗り越えなくてはならない。その課題とは、破壊的技術がもたらす恩恵を公平に配分する、やむを得ず生じる外部性を包摂する、最先端技術に人間の尊厳を奪われるのではなく、尊厳を回復することである。

●第四次産業革命の中心的な技術はさまざまな方法でたがいにつながり、デジタル領域のケイパビリティを強化し、規模を拡大して存在感を示し、私たちの暮らしに入ってくる。つながり組み合わさることで効力を発揮し、既存のガバナンスの仕組みを脅かすほど権限を集中させる可能性がある。

●第四次産業革命がもたらす恩恵をうまく利用するには、新しい技術を「単なるツール」という位置づけで操ろうとすべきではない。かといって、自分たちでは太刀打ちできない外力と見なすべきでもない。それよりも、新しい技術に人間の価値観をどう組み入れるのか、どのように活用すれば公共の利益となるのか、環境保護を推進できるのか、人間の尊厳を尊重する方向に進んでいけるのかを理解する必要がある。

●私たちの暮らしを支えるシステムを新しい技術がどのように変えるのか、人類の暮らしにどう影響するのか、それをどう管理・監督するのかを、すべてのステークホルダーが参加して世界規模での討論をおこなう必要がある。その討論には、しばしば排除されがちな3つのグループ、すなわち開発途上国、環境保護に取り組む諸機関と組織、あらゆる所得・世代・教育レベルの市民の声が反映されなくてはならない。

第1部の4つの章では、人間中心の未来を実現するために取り組むべき重要課題と指針を提示し、第四次産業革命の技術がどうつながっていくのか、そのシステムにおいて尊重すべき価値と原則について理解を深めるための枠組みを提供し、第四次産業革命に関する議論に積極的に加わるべきステークホルダーについて考える。

第2部の12の章では、それぞれ特定の技術に焦点を当て、そこに秘められている可能性と影響力、今日のリーダーがそれを重視すべき理由について述べる。執筆にあたっては世界経済フォーラムのエキスパート・ネットワークとグローバル・フューチャー・カウンシルのメンバーの協力をあおいだ。最先端技術がたがいに影響を与えながら共進化を遂げるさま、人とデータの新しい関係、やがて訪れる新しい世の中、さらなる力を手に入れる人類、それを支える新しいシステムの巨大なパワーを理解していただけるだろう。

本書の締めくくりとしてシステムのリーダーシップに必要なビジョンを示した。包括的で持続的な未来を、豊かな世界を実現するために、あらゆる分野でリーダー、そして一般の人々が一致協力して取り組むべき重要なガバナンスの課題の要点を紹介した。

目次

現実の世界を改革する

人間を改造する

第1部

第四次産業革命

第1章

第四次産業革命を定義する

世界は新しい発展段階に入り、破壊的な変化を迎えている。これについて世界中の会議室で、そして議会で、いま盛んに議論がおこなわれている。本章では第四次産業革命とはそもそもどういうものであるのか、それに対し人類が協同して取り組むべき3つの重要課題を示す。さらに、新しい技術とシステムを発展させる上でリーダーと市民がよりどころにできる4原則を紹介する。

未来を築くためのメンタルモデル

第四次産業革命、それは私たちが暮らす社会のシステムで日々さりげなく進行している変化、間近に迫った変化をまとめて指すものである。ささやかだがおろそかにはできない切り替えのひとつひとつは、さして重みがあるようには感じられないかもしれない。しかし、これこそまさに第四次産業革命であり、人類が新しい発展の段階に入ったことを示すものなのである。第一次、第二次、第三次産業革命と同じく、第四次産業革命も一連の驚異的な技術がいくつも結びついて私たちの暮らしを変える。

第四次産業革命を推進する先端技術は、過去の産業革命で培われた知識とシステム、とりわけ第三次産業革命で飛躍的に発展したデジタル技術を土台として築かれている。本書第2部で12分野の先端技術を取り上げるが、AI、ロボット工学、3Dプリント、ニューロテクノロジー、バイオテクノロジー、さらには未知のさまざまなアイデアと工夫が第四次産業革命を支える。

しかし、第四次産業革命とは単に技術が引き起こす変化には留まらない。なにより重要なのは、技術を牽引するリーダー、政策立案者、市民、所得・国籍・背景の異なる多彩な人々が、すさまじい潜在能力を秘めた先端技術が結びついて世界に与える影響に関して理解し、どう舵を切っていくのかについて、公に意見を交換するまたとない機会となることだ。

そのためには、世界を変えつつある強力な新技術についての認識を改める。いやおうなしに私たちの未来を決定づける外的な力として技術をとらえるべきではない。かといって都合よく便利に使える単なるツールとみなすのも問題だ。

新しい技術と技術が結びつくことで、私たちに見える部分で、あるいは目立たない部分でどう影響するのかを理解しておく必要がある。また投資、デザイン、導入、改革を検討するにあたり、人類にとっての価値を中心に据え、それを増強していく方法を考えることも重要だ。人と技術がどう関係を築いていけるのかを正しく理解していなければ、投資、政策、協調的なアクションで将来にプラスの影響を与えることは至難の業となるだろう。

第四次産業革命は、技術に対する認識を変え、単なるツールでも、避けようのない外的な力でもないものとしてとらえる好機である。また、家族、組織、コミュニティを豊かにする力を1人ひとりが発揮できるようにするために、私たちの暮らしを支えるシステムをどう方向づければいいのかを考える機会でもある。

システムとは、日々私たちのふるまいに影響する規範、規則、期待、目標、制度、インセンティブ、経済・政治・社会的生活に欠かせないインフラ、人とモノの移動を指す。このすべてが、私たちの健康維持、意思決定、ものづくりと消費、サービス、コミュニケーション、社交、移動に影響し、人間であるとはなにかと考える際にも影響を及ぼす。こうしたシステムを含め多くのことが、過去の産業革命の時と同様に第四次産業革命の展開とともに根本から変わるだろう。

産業革命、成長、機会

過去250年で起きた3回の産業革命は人間が価値をつくりだす方法を変え、世界を変えた。毎回、技術とともに政治制度と社会制度も進化を遂げた。変化は産業だけに留まらず、人間理解、人と人とのつながり、自然界との関わり方にも及んだ。

初の産業革命は18世紀半ば、イギリスの繊維工業で紡織の機械化から始まった。その後10

0年あまりであらゆる産業に変化が及び、また工作機械、製鋼業、蒸気エンジン、鉄道など数多くの産業が誕生した。新しい技術で協力と競争の様相が変わり、それは価値の創造と交換と配分のまったく新しいシステムの誕生につながった。これにより農業、製造業、通信、輸送などの分野が大転換を遂げた。当時の革命の規模は、現代の「産業」という限定的な意味合いではとうてい言い尽くせない。19世紀の思想家トマス・カーライルとジョン・スチュアート・ミルが人間の勤勉さがもたらすすべての活動を指す言葉として「産業」を充てたように、ここではその意味合いがふさわしいだろう。

第一次産業革命は植民地主義と環境の悪化の広がりに加担はしたものの、まちがいなく世界をより豊かにした。1750年より以前には、世界でもっとも豊かな国——イギリス、フランス、プロイセン王国、オランダ、北アメリカの植民地——であっても年平均成長率はわずか約0・2%であり、それすら届かないこともあった。今日よりも世の中の不平等は激しく、1人当たりの所得はいまの極貧レベルといっていい。技術の発達により各国の年間成長率は1850年までに2~3%に上昇し、1人当たりの所得も増えた[註1]。

1870年から1930年にかけて、第一次産業革命の技術が結びついて勢いを増し、成長と機会をもたらした。ラジオ、電話、テレビ、家電、電灯は電気の変革力を見せつけた。内燃機関は自動車、飛行機、そのエコシステム——製造業の職と高速道路のインフラを含め——を実現した。化学のブレイクスルーで熱硬化樹脂など新素材と、ハーバー・ボッシュ法など新しいプロセスが登場した。アンモニア合成法は、より廉価な窒素肥料、1950年代の「緑の革命」を実現し、人口急増へとつながった［註2］。公衆衛生から飛行機での海外旅行まで、現代世界の到来を告げたのは第二次産業革命だったのである。

1950年頃、情報理論とデジタル・コンピューティングにおいて画期的なブレイクスルーが起き、第三次産業革命の核となる技術が生まれた。それまでの産業革命と同様に、デジタル技術そのものを第三次産業革命と呼ぶのではなく、デジタル技術が活用された結果、経済および社会のシステムの構造が変わったことを指す。デジタルという形で情報を蓄え、加工し、送ることができるようになり、ほぼすべての産業が再構築され無数の人々のワーキングライフとソーシャルライフが劇的に変わった。3回の産業革命の累積的な効果により、富と機会が飛躍的に増加した――少なくとも先進諸国においては。

現在OECD加盟国は世界の人口の約6分の1を擁し、1人当たりの国民所得は1800年当時に比べると30倍から約100倍に増えた［註3］。図表1は、国連開発計画によるOECD加盟国についての人間開発指数のデータを活用し、各種の技術が成長、健康、教育の成果にどう影響したのかを示したものである。第一次産業革命以来、各産業革命がクオリティ・オブ・ライフを継続的に高めていたことがわかる。

図表1は、1750年以来の人類の発展が、技術、産業、機関の進歩にどれほど支えられているのかをおおまかに示したものである［註4］。こうして見るとロバート・ゴードンらが主張するように、技術的フロンティアに近い国々であっても、電気、水、公衆衛生、現代的な健康管理、化学肥料の発明による農業の生産性の飛躍的な向上など第二次産業革命における技術と

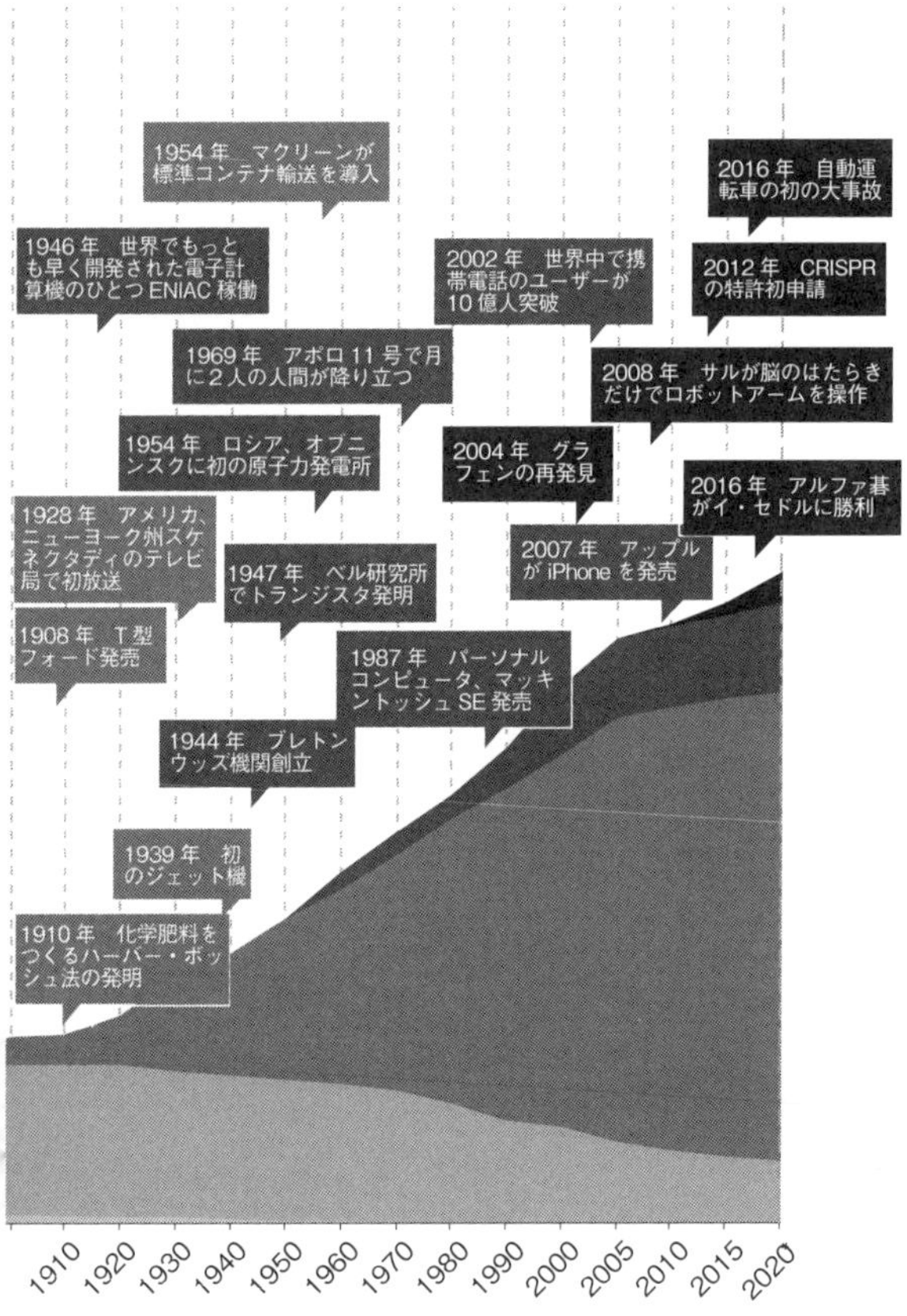

■ 第三次産業革命の技術システム
■ 第四次産業革命の技術システム

出典：World Economic Forum

図表 1

産業革命の人間開発への貢献：OECD 加盟国（1750 ～ 2017 年）

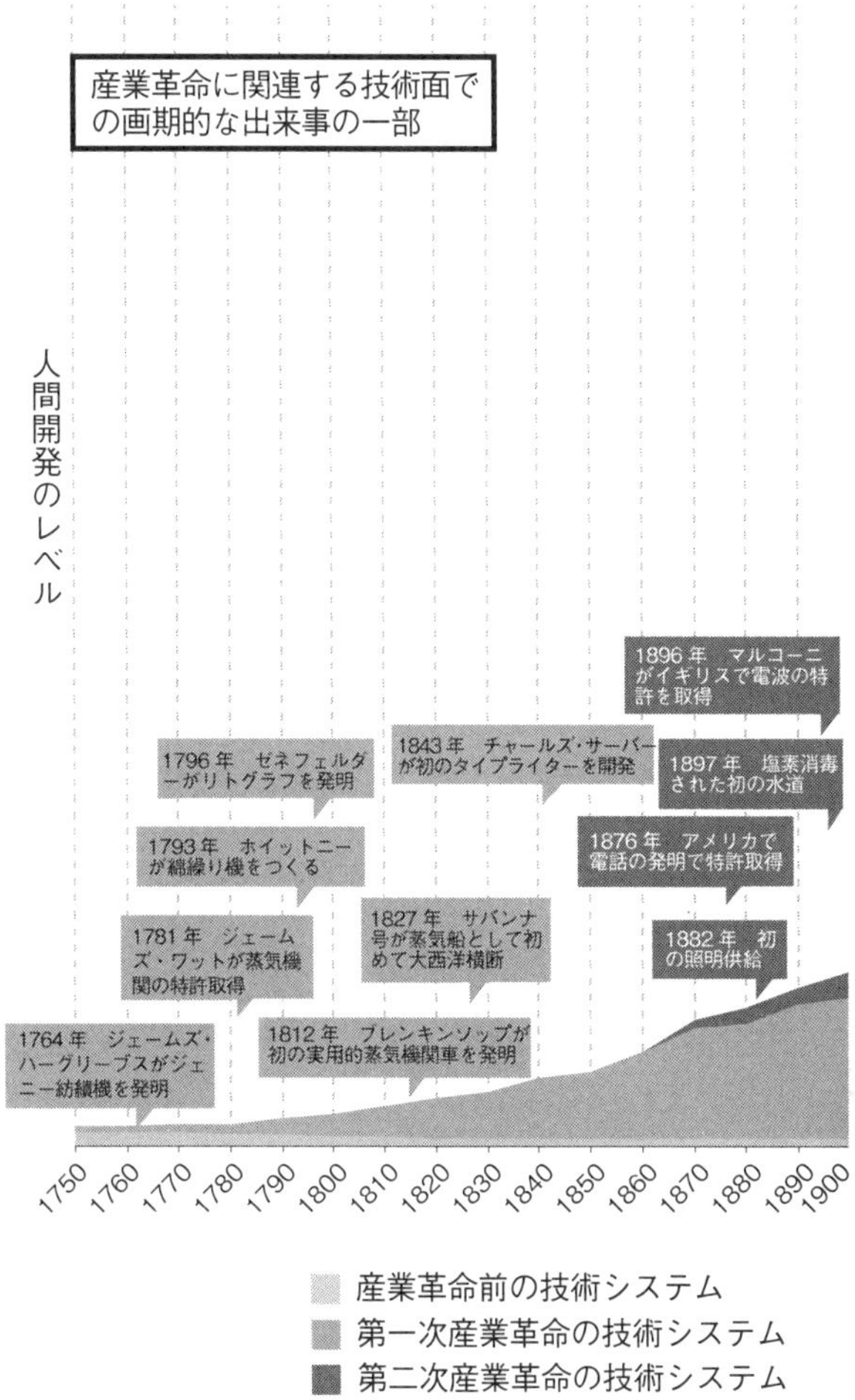

システムの進歩から大いに恩恵を受けて発展しているとわかる〔註5〕。

技術革新のプロセスは発明、商業化、広範囲での採用、活用と進むが、歴史が始まって以来、まさにこのプロセスこそ人類により多くの富とより良い暮らしをもたらしてきた。ごく平均的な場合、いまの私たちは過去のどんな時代よりも寿命が長く、健康状態がよく、経済状態が安定し、暴力で命を落とす可能性は格段に少ない。第一次産業革命以来、OECDに加盟する先進諸国の1人当たりの実質所得は約2900%増加した〔註6〕。同じ時期、出生時平均余命はほぼすべての国で倍増している——イギリスでは40年から80年に、インドでは23・5年から今日の65年になった。

将来の恩恵と課題

過去3回の産業革命の恩恵を受けられる立場にある人々は、状況さえゆるせば第四次産業革命が提供する機会をとらえて図表2のような人類の発展を自ら体験していけるだろう。一方で、たとえさまざまな技術システムと官民の組織の連携がうまくできていない状況でも、第四次産業革命は人々の暮らしを向上させている。適切な制度、基準、規範が整備されていれば、第四次産業革命の技術によって世界中の人々はさらに自由で、健康で、高度な教育を受け、充実した生活をする機会に恵まれるだろう。そして身の危険をおぼえたり経済的な不安にさらされたりする状況が減っていくだろう。

図表2

産業革命の人間開発への貢献（2050年までに実現する便益）

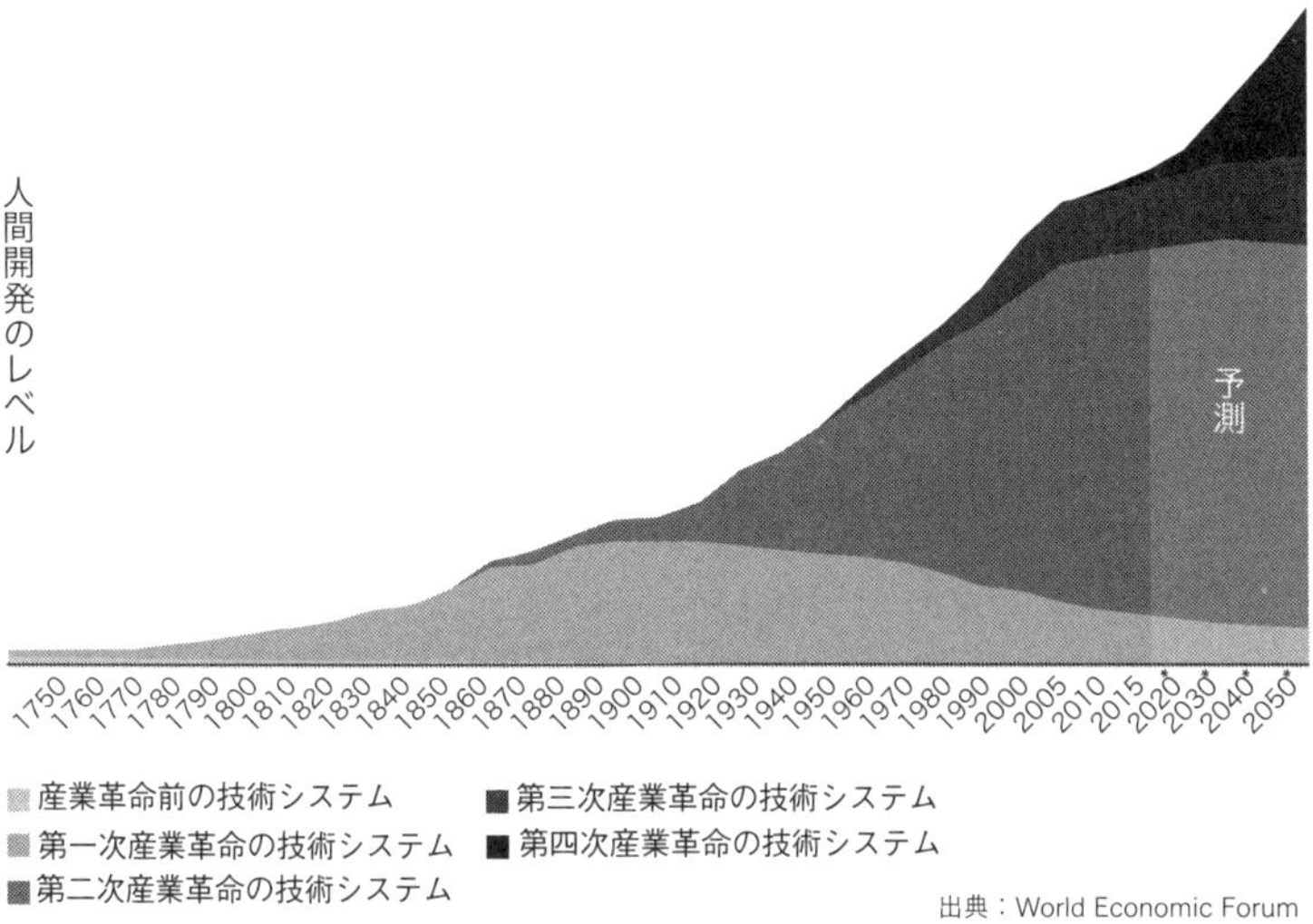

出典：World Economic Forum

本章の第2部は12種の先端技術群の実力に注目する。量子コンピューティング技術は、複雑なシステムのモデル化と最適化にブレイクスルーをもたらし、ロジスティクスから新薬の発見まで幅広い分野で効率を飛躍的に向上させるだろう。分散台帳技術（DLT）は、多くの関係者が連携する取引にかかるコスト――ダイヤモンドの来歴の確認など――を劇的に抑え、各種デジタルプロダクトおよびサービスにおける大量の価値の流れ《バリューフロー》をうながし、安全なデジタル・アイデンティティを提供して誰もがインターネットを通じて新しい市場にアクセスすることを可能にするだろう。仮想現実と拡張現実は、いままでにない方法で周囲の世界を経験できる技術であり、時間と居場所に制約されずに学んだり、スキルを利用したりする可能性を大きく押し広げるだろう。新素材で電池のエネルギー密度が大幅に高まれば、民生用・軍事用ドローンの活用や、不遇な状況にある人々への電力供給に一気に弾みがつき、輸送システムががらりと変わるだろう。

技術的なブレイクスルーだけで、このすべてが実現できると思いたいところだが、実際のところ、いつどのように実現するのか、誰が恩恵を受けるのかは予測がつかない。第四次産業革命の舞台となる今の世界は、不平等と社会的緊張と政治的分断についての懸念が高まっている。経済的に不安定で自然災害の脅威にさらされる不遇な立場の人々がいる。第四次産業革命はこの世界に新たな課題と懸念をもたらすおそれが充分にある。人類発展の最高の部分を誰もが味わうには、どのような考え方、どのような制度が必要なのだろうか? 誰もが排除されず公平な未来を実現するためには、私たちの考え方と現行の制度を変えていくことが求められる。システムそのものが激変するなかで新しい技術の恩恵をすみずみにまで行き渡らせるには、過去の産業革命の経験をもとに、世界は3つの緊急な課題に取り組まなくてはならない。

第一の課題は、第四次産業革命がもたらす恩恵を確実に公平に分配することである。過去の産業革命によってもたらされた富と豊かな暮らしは、いまだに平等に行き渡っているわけではない。国家間の不平等は、新興市場国の急速な発展で1970年代以降はかなり減ったものの、国々の内部での不平等は大きくなっている。2011年から2016年の間、先進諸国では平均年収が2・4%減り、2015年にアメリカでは25年ぶりに平均余命が短くなった。これはおもに白人労働者層の健康状態の悪化によるものである〔註7〕。さまざまな理由でシステムの恩恵が人々に届かない場合がある。利用する手立てがない、経済的な負担が重すぎる、実情に合っていない、システムに大なり小なり歪みがあるという場合もあれば、制度の運営に問題があり利益が私物化され富と機会が均等に行き渡らない場合もある。第4章は、第四次産業革命のステークホルダーを詳細にとりあげ、全員が恩恵を得るにはどうすればいいのかを見ていく。

第二の課題は、第四次産業革命の外部性がもたらすリスクと害への取り組みである。過去の産業革命では、意図しない結果、変化にともなうコスト、副次的な影響、新しい能力の乱用により、弱い立場の人々と自然環境と未来の世代にしわよせが来ることに対し、ほとんど対策が取られていない。

とくに深刻なのは、外部性の問題、そして意図しない結果である。第四次産業革命の技術の潜在能力を考えると、複雑な社会と環境システムに長期的に与える影響は想像もつかない。警戒すべきリスクとしては、ジオエンジニアリングの試みが一瞬にして生物圏に不可逆的ダメージを与えることや、汎用AIの開発が進み、理屈通りにはいかない人間の暮らしと激しく衝突することなどが考えられる。量子コンピューティングの進歩により既存の暗号化技術が時代遅れとなり、場合によってはプライバシーとセキュリティが深刻なリスクにさらされるおそれもある。都市で自動運転の自家用車が普及すれば、道路の混雑状況の悪化を招くかもしれない。仮想現実が盛んに用いられるようになれば、オンライン・ハラスメントや被害者の精神的苦痛といった問題が深刻化する可能性がある。

第3の課題は、第四次産業革命の中心に人間を据え、人間主導で進めることである。人間にとっての普遍的な価値観を尊重し、すべてを金銭的な尺度で換算することを避ける。人間を中心に据えるとは、人間が価値ある存在として主体的に決定することである。第四次産業革命の技術は過去の産業革命のものとはまったく異なるので、これはとくに重要となる。第12章でくわしく述べるが、第四次産業革命の技術は私たちの精神的な部分に踏み込み、思考を読み、行動に影響を及ぼすことが可能である。人間にはとうてい処理しきれないデータをもとに評価をして決定を下すことができる。その過程を私たちはとうてい理解できない。これから生まれてくる人間も含め、生命の成り立ちすら変えてしまうかもしれない。こうした技術はデジタルのネットワークを通じて広まり、人類がかつて経験したことのないスピードで技術的発展を遂げるだろう。

新しいリーダーシップのための考え方

恩恵の配分、外部性への取り組み、人間を中心に据えた未来。この3つの課題は、規則をつくってトップダウンで徹底したり、政府の意欲的なイニシアティブで簡単に解決したりできるものではない。かといって、現在の国内外の制度、市場構造、組織的な社会運動、自然発生的な社会運動、個人のためのインセンティブによってどうにかなるものでもなさそうだ。誰もが強力な新技術の恩恵にあずかり、負の影響を阻止し、人が主体的に使いこなすという状況は容易には実現しそうにない。実際、過去3回の産業革命がもたらした多様な問題に、私たちはまだ手を焼いている。先進諸国の平均賃金は伸び悩んだり減少したりしている。途上国の経済は成長しているものの、全体的な生活水準を引き上げて着実な発展を実現するにはいたっておらず、10人のうちほぼ1人は極貧の生活状態のままだ［註8］。マデレーン・オルブライトの言葉を引用すれば、私たちは19世紀の制度のまま20世紀の頭で21世紀の技術を使いこなすという無茶を強いられている。課題を克服するには、なんとしても制度の変革が必須ということだ。さらに頭を切り替えて21世紀に即した考え方をする必要がある。

新しい考え方に切り替える際、過去の産業革命の経験と第四次産業革命の核となる技術を踏まえて抑えておきたい4つの指針を紹介しよう。

1　技術よりも、システム

つい個々の技術に注目してしまいがちだが、人々の暮らしを豊かにするために重要なのはシステムだ。新しい技術によってよりよいシステムを実現するには、政策、投資、ステークホルダーの協調が必要である。それが欠けていれば、新しい技術は既存のシステムを悪化させるおそれがある。

2　権限剥奪ではなく、権限委譲を

技術がもたらす変化に対しては手も足も出ない、私たちは変化に適応するしかない、という思考に陥ってはならない。それよりも人間が主体的に意思決定する能力を尊重し、新しい技術を活用したシステムを構築する。より多くの選択肢と機会と自由を手に入れ、自分らしい生き方を実現するために。最先端技術は、人間のインプットを必要とせずに決定して実行し、機械の性能を高め、さまざまな形で私たちの行動に影響することになるだろう。だからこそ、この指針は非常に重要である。

3 デフォルト設定ではなく、デザイン思考で

社会的システムと政治的システムは複雑だから、ちょっとやそっとでは変えられない、どうせうまくいかない、という発想は止める。デフォルト設定という思い込みにとらわれず、デザイン思考――人間を中心に据えてデザインする手法と哲学は参考になる――とシステム思考のアプローチにより、世界を動かしている構造を理解し、新しい技術をどう使えば新しい形のシステムへと変えていけるのかを考えることができる。

4 価値観はバグではなく、機能《フィーチャー》である

技術には価値観が組み込まれておらず、単なるツールに過ぎないので良い目的にも悪い目的にも使うことができる、という考え方を改める。実際には、すべての技術は最初のアイデアから発展・展開まで、暗黙のうちに価値観が盛り込まれている。私たちはこれを認識し、傷ついた誰かが声をあげた時だけでなくイノベーションのすべての段階において充分に討論しておく

べきである。第3章は、価値観の役割をとりあげ、第四次産業革命を通じて重視すべき価値観について考える。

この4つの指針を導き出すにあたっては、科学者、起業家、市民団体のリーダー、政策立案者、シニアエグゼクティブ、メディア関係者と数えきれないほどの対話を重ねた。これを枠組みとして、技術を評価し、技術について議論し、どう取り入れるのか、今後の世界でどう活用していくのかを検討することができる。

第四次産業革命を実行する者としての責任

なぜ、いまこの4つの指針が必要なのか。それは第四次産業革命の実現に必要な社会規範、法律や規則、技術的基準、企業の方針がいままさに検討され、決定されようとしているからである。世界中で——ルワンダでもスイスでも中国でも——作業は進行している。先述した3つの課題の影響——恩恵の不平等な分配、負の外部性、人間が決定権を握れずに翻弄される——も、すでにあらわれている。アルゴリズムがもたらす偏りも、労働市場の変化によりなんの保護もないまま置き去りにされる労働者も、そのあらわれだ。

世界中の実験室、ガレージ、研究開発部門から破壊的な威力を持つ技術が姿をあらわし始め、それにともなって法律や規則が作成・修正されているいまこそ、第四次産業革命のシステムづくりにあらゆる領域の市民とリーダーが乗り出し、協力するチャンスである。このチャンスを逃してはならない。うまくいけば、第四次産業革命がもたらす豊かさを多くの人々が享受し、格差が縮まり、信頼を取り戻して社会の分断と政治の二極化を解消することもできるだろう。経済的にも物質的にも高いレベルで安定し、健康と長寿にめぐまれ、持続可能な環境で有意義な活動にいきいきと取り組む人々をサポートするシステムを、第四次産業革命は実現できるだろう。

実現するための第一歩

点と点をつなげるように、第四次産業革命を構成する多様な技術をつなげていく。これが次章のテーマである。

まとめ

第四次産業革命は人類にとって発展の新しい段階である。原動力となるのは、過去3回の産業革命の技術の上に築かれた一連の驚異的な技術であり、その組み合わせである。この革命はごく初期の段階にあるので、人類は新しい技術づくりだけではなく、機敏に対応できるガバナンスの形態と望ましい価値をつくりだせる立場にある。生き方、働き方、人と人とのつながりが根本的に変わる大きな転機なのである。

先端技術は産業と社会にはかりしれない恩恵をもたらす。しかし、その恩恵を充分に役立てるには3つの差し迫った課題に取り組む必要がある。過去の産業革命の轍を踏むことなく豊かな未来を実現するためには……

①第四次産業革命がもたらす恩恵を公平に分配する。
②第四次産業革命の外部性に対処し、リスクと害を防ぐ。
③第四次産業革命の中心に人間を据えて、人間が主体的に進める。

技術がもたらす急激な変化はリーダーたちに未知の課題をつきつけるだろう。リーダーに求められるのは従来の考え方で未来を予測するのではなく、考え方そのものを切り替えることである。人類に普遍的な価値観に添い、未来を見据えてシステムがもたらす影響、1人ひとりへの影響を考えることが求められる。

未来を念頭に置いて、技術の活用を考えるための4つの重要な指針は……

①技術よりも、システム
②権限剥奪ではなく、権限委譲を
③デフォルト設定ではなく、デザイン思考で
④価値観はバグではなく、機能《フィーチャー》である

強力で多彩な先端技術のための法律や規則、規範、枠組みが、現在、世界中で作成され実行に移されている。第四次産業革命をどのように形づくっていくのか、いまこそ市民1人ひとりが行動を起こし力を合わせていくことが求められている。

第2章 点と点を結ぶ

第四次産業革命の核となる技術の真価を見極め、それを生かすためには、「ズームイン、ズームアウト」戦略が有効だ。ここで言うズームインとは、各技術の特性と威力を理解することを指し、これは第2部でくわしく取り上げる。ズームインよりも重要なのがズームアウトであり、技術と技術をどうつなげるのか、それが私たちにどう影響するのかを見極めることを指す。

第四次産業革命がもたらす変化を考えるにあたり、リーダーが「技術よりもシステム」という視点を持つことは確かに重要である。とはいえ、ビジネス、政府、社会全般のシステムに起きる変化を理解するには、それを支える多様な個々の技術への深い理解は不可欠であろう。それならいっそ両方を実行すればよい。第一のアプローチは個々の技術についての知識を身につけ、より広い視点からどう位置づけるのかという「最小限の認識」を獲得することだ。専門家と意見交換をする際にも、アイデアを検討する際にも、価値創造の可能性をさぐる際にも役立つ。この目的に沿って、本書の第2部では第四次産業革命の推進力となる12種の先端技術のあらましを紹介する。

本章では第二のアプローチ、つまり「点と点を結ぶ」ことで第四次産業革命の力学への理解を深める。先端技術のトレンドと関係性に注目し、技術と技術がつながることで世界全体にどういう影響を及ぼすのかを理解する。急速に変化する世界においては、本質的な力を養っておかなくてはならない。今日、重大なブレイクスルーがあったとしても、明日にはさらに技術が進歩し、新たな応用方法が登場するかもしれない。それほどのスピードで進んでいるのである。本章では第四次産業革命の複数の技術が結びついて影響力を発揮する側面に注目する。個々の技術はちがうが、そこには共通するものがある。ズームアウトして点と点を結ぶことでわかってくるのは、先端技術はデジタル・システムに支えられ、先端技術がデジタル・システムを拡大し、デジタルの相互運用性によってたやすく規模を変え、人間などさまざまなものに組み込まれ、驚異的な方法で結びつき、同じような便益と課題をもたらすことだ。

第四次産業革命の技術はデジタル・システムをめざましく拡大し、転換させるという明らかな特徴がある。第四次産業革命の技術と技術がつながるには、第三次産業革命で創造されたデジタル・ケイパビリティとデジタル・ネットワークが欠かせない。そのデジタル・ケイパビリティとネットワークには、第二次産業革命の電力ネットワークが欠かせない。ここで取り上げる技術のどれひとつとして、過去60年間に進歩し世界を変えた情報処理、情報ストレージ、情報通信の技術がなければ存在していなかっただろう。新しい技術の台頭を指して、すべてデジタル革命の一環であるという見方がされることもあった。しかし第四次産業革命の技術の大きな特徴は今日のデジタル・システムですら破壊し、まったく異なる方法で価値をつくりだす可能性があるという点だ。いまはまだ活用する方法すら理解されていないデジタル技術のブレイクスルーが、これからのビジネスモデルに欠かせないコア・インフラストラクチャーとなるかもしれない。

インターネットは、その大部分が電気信号によって生じる現象である。しかし、いまのインターネットを称して電力ネットワークの一活用法などと片付けるのはナンセンスだ。インターネットは価値を生み出すまったく新しいエコシステムであり、第二次産業革命当時の頭では想像もつかないだろう。

同様に、非構造化データから自力で学ぶアルゴリズムを、デジタル・コンピューティングの一活用法だと片付けるのがナンセンスになる日が来る。第四次産業革命で生まれる価値創造のエコシステムは、第三次産業革命のままの頭で想像するのは不可能だ。私たちは現在のデジタル・ディスラプションの先に待ち受ける新しい課題と機会に視野を広げなくてはならない。

第四次産業革命の技術の第二の特徴は、飛躍的に拡大し、具体的なものとしてあらわれ、私たちの暮らしに組み込まれることだ。新しい技術が拡大するスピードが速いほど、その破壊的ともいえる影響に私たちは対応を迫られる。第四次産業革命の技術は第三次産業革命のデジタル・ネットワークを基盤として拡大していけるので、そのスピードは、私たちが過去に経験したことのない速さとなるだろう。デジタル・ネットワークを通じて知識とアイデアがすばやく

図表3
テクノロジーとアプリケーションが1億ユーザーを獲得するまでにかかる時間

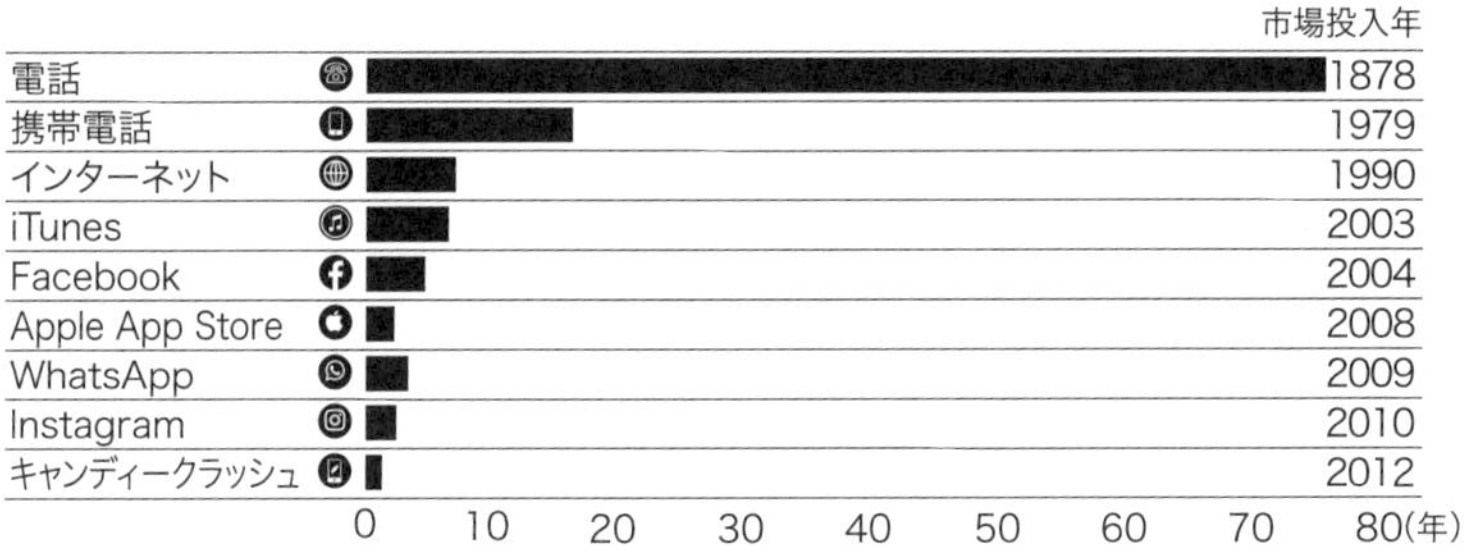

出典：ボストン・コンサルティング・グループ ITU、スタティスタ、BCG リサーチ、mobilephonehistory.co.uk、サイエンティフィック・アメリカン、インターネット・ライブ・スタッツ、iTunes、フォーチュン、OS X Daily、ベンチャービート、ワイヤード、デジタルクォータリー、テッククランチ、AppMtr.com

伝わるので、製品となるスピードも速い。一方、純粋にデジタルな製品とサービスは、驚くほど少ない限界費用で増やすことができる。図表3が示すように、1億ユーザーを獲得するのに電話は75年、インターネットは10年たらずで実現している。第四次産業革命の技術の拡散が加速するとともに、投資、生産性、組織的戦略、産業構造、個人の行動にも変化が起きるだろう。図表4が示すように、AIを扱う会社は次々に設立され、すさまじい勢いで買収もされている。また、かつてないほど賢いアルゴリズムの登場で従業員の生産性は急上昇している。その一例が、顧客とのコミュニケーションをサポートするためにチャットボットを活用する「ライブチャット」だ（チャットボットへの置き換えも進んでいる）。

このようにデジタル的な拡大はするものの、第四次産業革命の技術は仮想現実には留まら

図表４
AI 関連の M&A（2017 年３月時点）

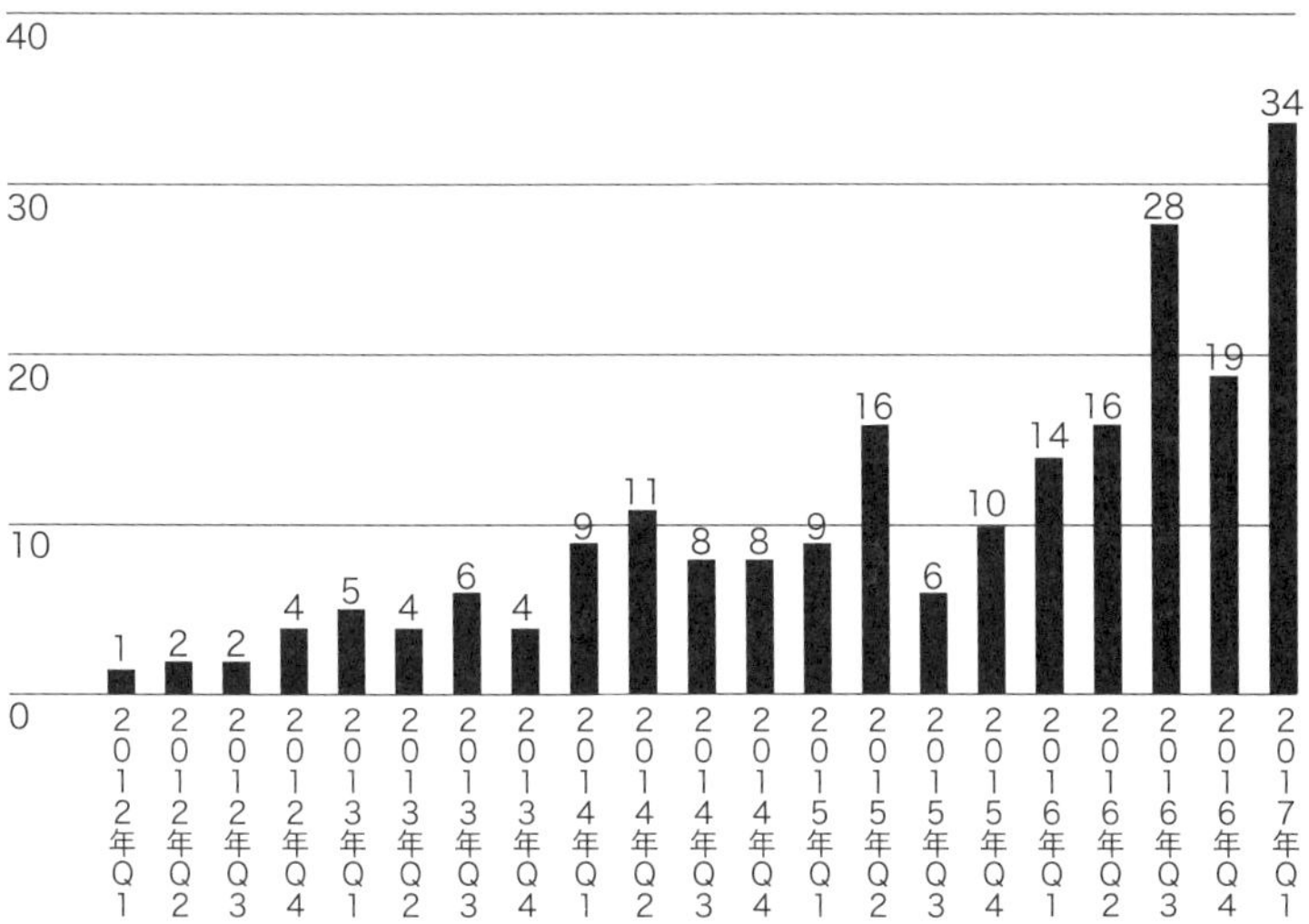

出典：CB Insights（2017）

ないだろう。第三次産業革命は、モノの姿が消滅していくように感じられるプロセスだった。たとえば（アナログの）レコード盤と録音用のカセットテープからコンパクトディスク（音声信号のデジタル化）、さらにオンラインでシェアできる純粋にデジタルな音楽ファイルへと、コード化されていったのである。第四次産業革命の技術はその逆を行く可能性を大いに秘めている――データだけでさまざまなモノやサービスをつくりだす方向に。３Ｄプリンタはすでに、エンジンの部品から食品、生細胞までつくることができる。ＩｏＴの勃興でバーチャルな個人秘書に指示を出せば居間の照明をオフにしたり暖房をつけたりすることが可能となった。ロボット、ドローン、自動運転車と外界との双方向のやりとりは、ますますスムーズになるばかりだ。企業は自社の製品とサービスにこうした技術を組み込み、一般消費者向けに提供している。UPSは現在アメリカ国内の約100の店舗で3Dプリントとスキャニングのサービスを提供し、試作品、試験治具、模型、オリジナルの小物づくりに使われている。これなら利用者はコンピュータ制御の高価な工作機械を使わずにすむ。

第四次産業革命の技術はますます現実の世界に浸透していくだろう。そして私たちの一部となっていくだろう。実際、スマホは身体の一部と感じている人もいるくらいだ。今日の外部デバイス——ウエアラブル・コンピュータから仮想現実を体験するためのヘッドセットまで——は、ほぼ確実に私たちの身体と脳に埋め込み可能となるだろう。外骨格と人工装具を使えば体力アップ、ニューロテクノロジーの進歩で認知能力のアップが可能となる。自分の遺伝子、子どもの遺伝子を操作することも可能になるだろう。こうした進歩は私たちに重大な問いをつきつける。人間と機械の境界線をどこに引くのか？　人間であることをどう定義するのか？

第四次産業革命の技術に共通するもうひとつの特徴としては、組み合わせしだいで威力が増し、イノベーションを起こす点が挙げられる。これまでも技術は開発され商業化されることで影響力を発揮してきた。さかのぼれば、蒸気動力は工場の自動化と鉄道に影響を与えた。歴史的に見ても汎用性のあるひとにぎりの基礎技術が業界、地域を問わず大きな影響を与え、それを基盤として専門的な技術が築かれ、応用される傾向があった。

第四次産業革命ではどの技術が基盤となる可能性が高いだろうか。確実なことはまだ誰にも言えないが、先端技術で世界をリードするエキスパート100人あまりに取材したところ、第四次産業革命の土台となりそうな技術としてAI、分散型台帳、新しいコンピューティング技術が挙がった。またエネルギー技術とバイオテクノロジーはともに他の分野と領域に強烈な影響を与える可能性が高いという。同様に強い影響力を持ちながら過小評価されがちな技術としては新素材の技術があり、これはほぼすべての分野で重要な成功のカギを握っている。仮想現実と拡張現実は世界を経験するための新しいチャネルとして存在感を増している。ここまでは妥当な予測といっていい。より有能なアルゴリズム、より強力なコンピュータ、新しい特性を備えた素材が、それ以外の大部分の技術におおいに役立つだろうと見通すのは容易だ。だが相互接続とフィードバック・ループとなると可能性の幅が広すぎて想像がつかない。たとえば、高性能コンピュータとすぐれたAIを組み合わせれば新素材の発見をスピードアップできる。それは、より高性能のコンピュータづくりに活用される。新素材をバッテリーに活用すれば、より軽く、より強力なものができる。それをロボットとドローンに利用すれば、新しい可能性がひらける、といった具合に。もっとも驚異的な進歩は、おそらく技術の相互接続から出てくるだろう。とすれば、官民問わず、縦割りのまま、タコ壺化した組織構造を改革できない組織は、これから存在感を失っていくだろう。

そしてもうひとつ、第四次産業革命の技術に共通する点を挙げよう。それは、似通った便益——と課題——をつくる可能性だ。経済学者ドナルド・ボードローが述べたように、100年前には世界でもっとも裕福であっても、テレビ、大西洋横断飛行の搭乗券、コンタクトレンズ、経口避妊薬を買うことはできず、抗生物質による治療を受けることもできなかった――いずれも今日の先進国でごく普通の経済状態であれば、容易に手に入る。以前は存在しなかった製品とサービスの価値を数字としてあらわすのは難しい。第四次産業革命の技術も同様に、消費者に新しい選択肢を山のようにもたらすだろう。これまでより割安で、質が高い選択肢を。それによりもたらされる付加価値を数値としてあらわすのも難しいだろう。

第四次産業革命に関して最大の懸念は、その価値が公平に共有されず、不平等が拡大し、社会のまとまりが弱くなるのではないかという点だ。第四次産業革命で不平等が深刻化するとすれば、独占力がその原因だろう。すでにグーグルは検索広告の世界シェアのほぼ90％を、フェイスブックはモバイル経由のSNSトラフィックの77％をコントロールし、アマゾンは電子書籍市場のほぼ75％を獲得している［註9］。OECDが警告しているように、未来の高機能の自己学習アルゴリズムは証拠を残さない方法で結託して不正に価格をつり上げるかもしれない［註10］。そして、汎用AIが自らの力で超知性になれば、先行者利益によって多様な市場が独占されることになるだろう。

第四次産業革命の技術が不平等をつくりだすのではと不安を抱く人々にぜひ知ってもらいたいのは、こうしたテクノロジーの多くは、分散化という構造において活用され、同じく分散化という形で機会をつくりだすということである。たとえば、ブロックチェーンは分散型プラットフォームで機能し、透明かつ匿名のトランザクションが可能である。3Dプリントはいずれものづくりの民主化を実現するだろう。ゲノム編集を可能にするバイオテクノロジーですら、いまは少々の資金があれば利用できる。ここで言う民主化とは、デジタル・インフラが広がりグローバルな規模で知識が共有されるにつれて、すべての人が技術にアクセスできることを指す。この意味での民主化と、技術および技術が産業と社会に果たす役割に関する意思決定へのアクセスの民主化がイコールで結ばれるものかどうかは、今後わかってくるだろう。第3章は不平等に関する懸念について取り組む。技術開発のプロセスに社会的価値を具体的にどう組み込むのか、規範をどう確立するのか、そしてブラックボックス化しやすい意思決定と開発のプロセスの民主化について考える。

技術に対する懸念は他にもある。雇用にどう影響するのかは、多くの人々にとってより切実な心配事だ。図表5と図表6の通り、さまざまな職が自動化される可能性が高い。前回の産業革命よりもはるかに深刻な影響だ――しかも自動化されるスピードは速く、職の消滅が累積的に加速する可能性がある。一方、技術的フロンティアでの職の創出を見ると、過去数十年にくらべて現在のペースはゆっくりしている[註11]。新しい業界で生まれる職には技術的な専門知識と非認知的スキルが要求されるので、あまりスキルが高くない労働者にはハードルが高い。先進諸国では、新しい職の大部分は自営、パートタイム、臨時雇い、または「ギグエコノミー」活動で構成され、フルタイム並みの法的保護と社会福祉の恩恵を受けられない傾向がある。たとえばアメリカでは2005年から2015年の間に創出された職の94%は「非正規雇用(alternative forms of work)」であり、社会的な保護に欠け、労働者の権利も保証されず、職務上の裁量が小さい[註12]。第四次産業革命の技術は人間がスキルと興味を生かして有意義な仕

図表5、6

仕事に求められる能力と自動化の可能性

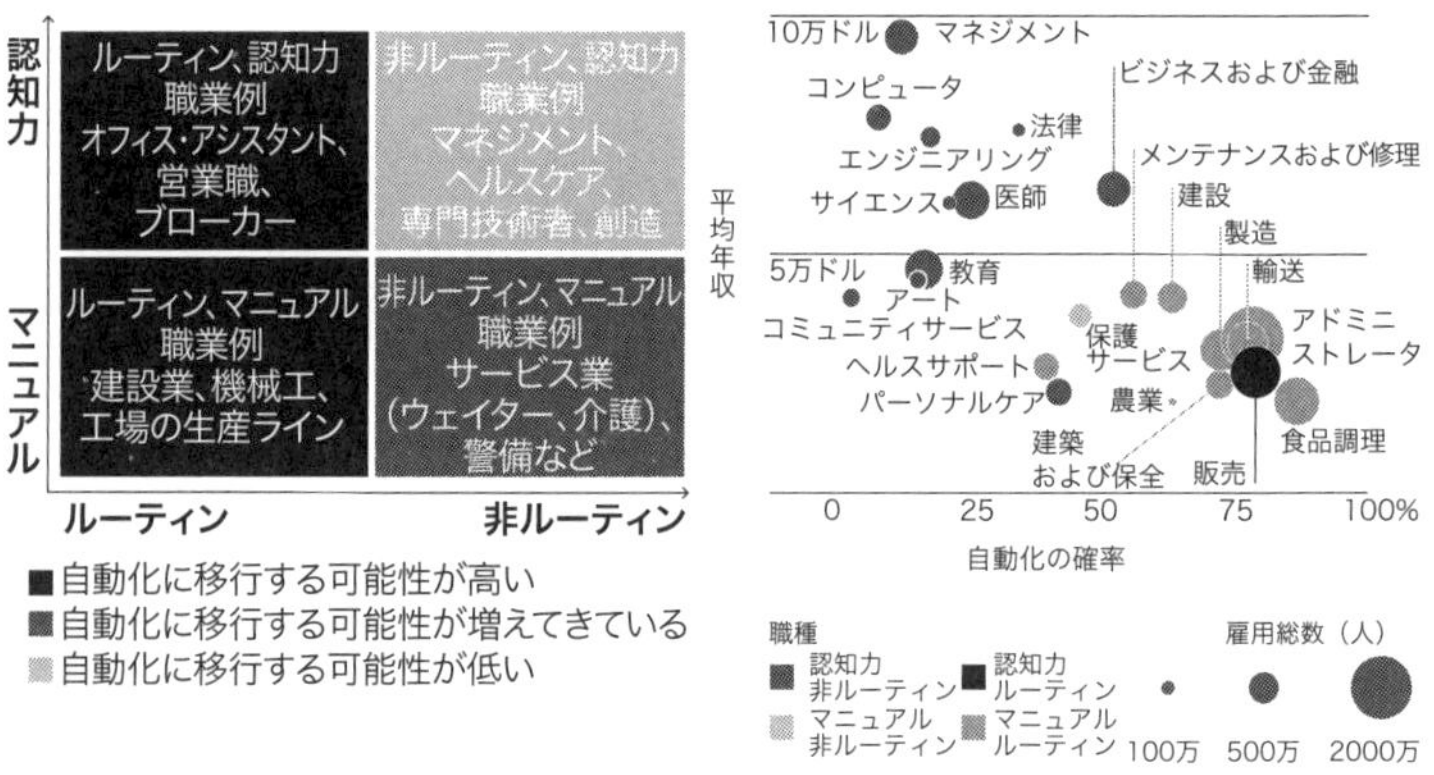

出典：Autor, Levy and Murnane（2003）、Blackrock Investment Institute（2014）

事をする余地を奪っていく可能性がある。そしてこの先何世代にもわたって、人々は変化に翻弄され不安定な暮らしを強いられる可能性がある。そのような流れを食い止めるには、まだ基準のない新しい仕事のために新しい法律や規則を整え、成人学習への投資を充実し、積極的な職業紹介をしていく必要がある［註13］。

また、社会保障制度と移転支出の役割について発想を切り替える必要もある。図表7が示すように、大半の国で移転支出――おもに政府支出と社会保障という形――は再分配前の所得の格差を解決するために重要な役割を負っている。たとえばスウェーデンは、アメリカ、シンガポール、メキシコ、トルコよりも構造的な不平等があるが、

図表 7

再分配による所得格差の解消

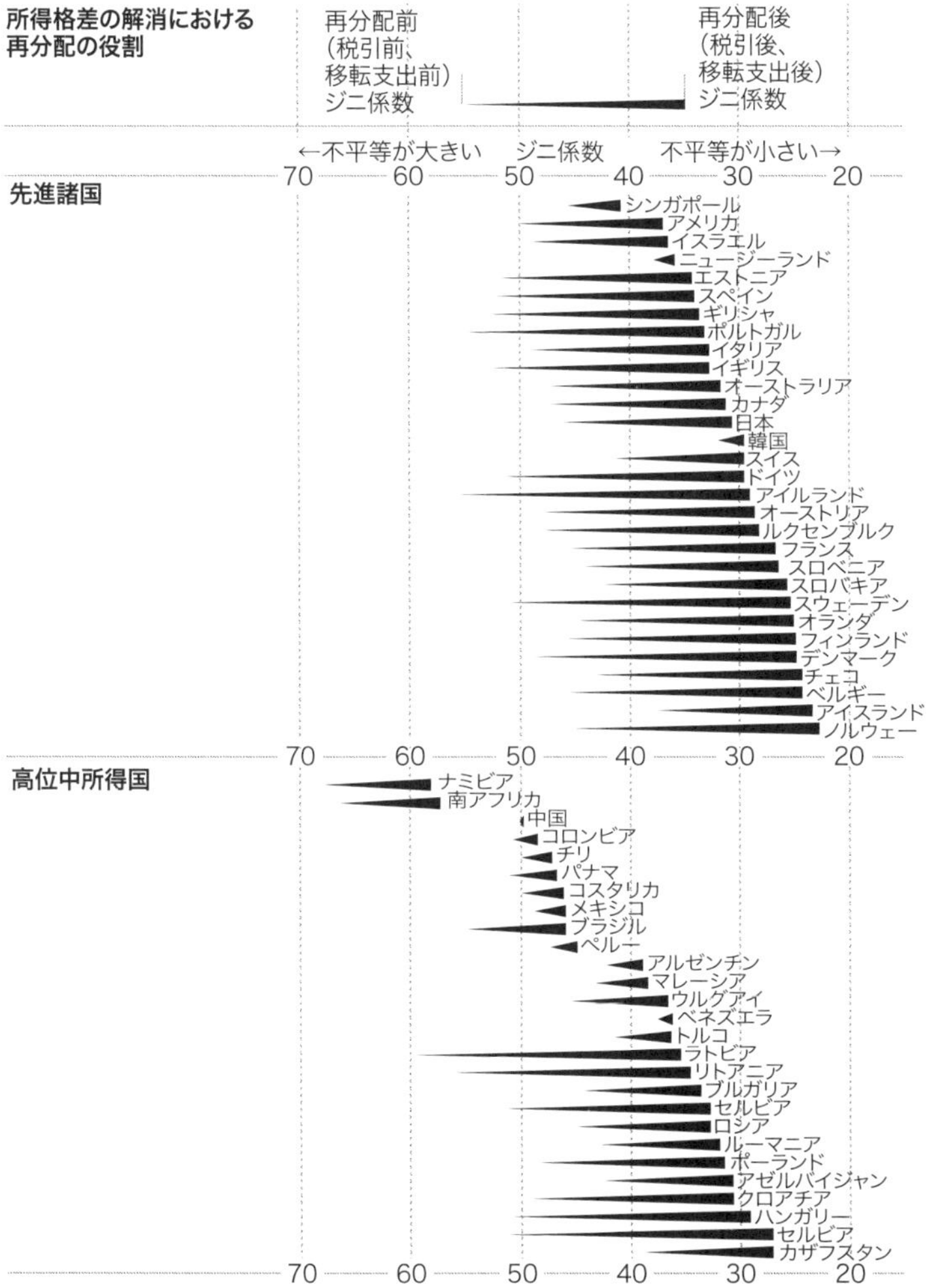

出典：World Economic Forum（2017）

税引後、そして移転支出後のジニ係数はその国々よりも低くなる。さまざまな新しい選択肢も提案されている。そのひとつがユニバーサル・ベーシックインカムで、ロボット税で資金をまかなうという方法がサンフランシスコで検討されているようだ［註14］。世界経済フォーラムの『2017年包摂的成長および開発レポート（*Inclusive Growth and Development Report 2017*）』では、各国政府が包摂的成長を強化する方法についてもっと根本的に検討するよう提案している。税金と移転支出に比べれば、国内の構造改革はさらに効果的にちがいない［註15］。

第四次産業革命は経済的な不平等に加え、さまざまな領域での負の外部性の深刻さをもたらすおそれがある。『グローバル・リスク報告書（*Global Risks Report*）』の調査をおこなった専門家が挙げたごく一部を紹介しておこう。くわしくは第2部で取り上げる。

- 第四次産業革命の技術は大量破壊兵器を製造する能力を民主化できる――たとえばバイオテクノロジーの技術で生物兵器を製造。
- ナノテクノロジーなど新素材の技術は環境や人間の健康に負の影響を与えるおそれがある。しかも表面化するのは素材が普及してからである。
- クリーンエネルギー技術のブレイクスルーは石化燃料産出国の基盤を弱体化させ地政学的リスクをもたらす可能性がある。
- ジオエンジニアリングを気候変動に利用すれば予期せぬ結果を引き起こしエコシステムに取り返しのつかない損害を与えるかもしれない。

●量子コンピューティングの進歩によって既存のオンライン・セキュリティ・プロトコルが役に立たなくなる可能性がある。
●ブラックボックス化したAIを広範囲に展開することで、経済のシステムが脆弱化し不安定になるおそれがあり、説明責任が曖昧になる可能性がある。
●ニューロテクノロジーの進歩で人間を操る方法の解明が進み、リンクのクリック、購入などをうながすことができるようになると、人としての自主性がリスクにさらされるおそれがある。

こうした外部性に取り組む際に、従来のガバナンスモデルを当てはめようとしても、すでに時代遅れでスピードもとうてい追いつかない。たとえばアマゾンがある型のドローンの飛行テストをする際、アメリカ連邦航空局が「試行飛行証明証」を発行するのに8カ月かかり、すでにその型のドローンは最先端モデルではなくなっていた。結局アマゾンはカナダとイギリスで試験を実施した[註16]。第3章とまとめの両方で述べているように、いままさにスピード感のあるガバナンスのための新しいアプローチが求められている。変えるべき対象は法律や規則、規範、標準の中身だけではない、大本のメカニズムそのものを検討しなくてはならない。

技術のガバナンスに新たに求められるのは、その技術が公益に役立ち、人間のニーズを満たすようにうながし、さらに言えば真のグローバル文明の恩恵に与っている実感をもたらすことである。そのガバナンスを実現するためにはまず、技術に関して人間のニーズとはなにか、世界を変えつつある技術が人間にとって大切な普遍的な価値に沿ったものであるようにするにはどうすればいいのか、その価値を技術にどう組み込んでいくのかについて取り組む必要がある。これは次章で扱う重要な問題である。

まとめ

第四次産業革命の理解を深めるには、「ズームイン、ズームアウト」の2方向のアプローチが有効である。

①技術について幅広く、かつ具体的に、最小限の知識を獲得し、技術の潜在的な可能性、活用の仕方についての理解を深める。

②点と点を結ぶように、複数の技術が結びつく効果、そして技術が触媒となってシステムに起きる変化を理解する。

第四次産業革命の技術は、私たちが目にしているシステムの変化に関わる共通の特徴がある。次の4つの力学を理解することで、システムとしてとらえる際に役立つ。

①第四次産業革命の技術はデジタル・システムを拡大し変換させるために重要な機能を果たす。
②技術の規模は飛躍的に拡大し、具体的な形をとり、私たちの暮らしのなかに組み込まれる。
③個々の技術は他の技術と結びついてイノベーションを起こすことで、破壊的なほどの威力を増す。
④技術のちがいはあっても、もたらされる便益と課題には類似性がある。

こうした便益と課題は、社会の不公平、雇用、民主主義、主権、健康、安全、経済成長など重要な部分に関わっている。

第四次産業革命の技術のスピードと影響力のすさまじさに対応するガバナンスは、スピード感のある新しいものが求められる。それには民間企業と社会のステークホルダー、政府と伝統的な規制機関の協力が必要だ。めざすのは新しい規範と基準と手法を備え、未来に通用する、柔軟性に富む、マルチステークホルダー主導のガバナンスである。

第3章 技術に価値観を埋め込む

前著『第四次産業革命』では、複雑で不確定で急速に変わる技術的環境において「前に進んでいく」ためには、価値観を基盤とするアプローチが欠かせないと述べた[註17]。本章ではこの考えに基づき、社会が役割を果たすためによりどころとなる指針と価値観を提示する。前に進み、技術を活用して未来をつくりだすために。

技術はこれまで世界の人々の生活水準をあげ、豊かさをもたらすことに大いに貢献してきた。それは疑いの余地がない。その一方で技術が厄介な事態をつくりだし、好ましくない結果をもたらしているのも事実だ。たとえば多くのデジタル・プラットフォームを通じて富がごく一部の人々に集中し、労働者が過酷な条件で酷使される傾向が強くなっている。天然ガス採掘の新技術は環境を損ない、株主はより裕福になり、社会の主流から取り残されたステークホルダーはそのツケを負わされる現状がある。1990年以来アメリカの製造業で雇用の83%が失われ、それにともなうコミュニティの消滅には、設備投資の減少が影響を及ぼしていると思われる

[註18]。

こうした外部性があらわれるまでには、30年という歳月がかかった。しかし第四次産業革命の展開は速く、スピードが加速するにつれて、私たちは経験したことのない多様で複雑で破壊的な威力を秘めた技術がもたらす影響に取り組むことになるだろう。どんな事態が起きるのかは憶測でしか語れないが、負の影響を危惧する声は多く聞かれる。第2章の終わりで述べたように、世界経済フォーラム『グローバル・リスク報告書２０１７（*Global Risks Report 2017*）』では専門家はＡＩ、バイオテクノロジー、ジオエンジニアリング、ＩｏＴの影響にとくに注目している[註19]。『グローバル・リスク報告書２０１８（*Global Risks Report 2018*）』では、サイバーセキュリティの脅威が注目された。データ、インフラ、個人情報、個人のアイデンティティなどデジタル・セキュリティの脆弱性が露見したことで、一番の懸念事項となったのである。果たして第四次産業革命の技術は世界と私たちの暮らしをより良くするものなのだろうか。経済的な恩恵、その他のさまざまな恩恵と、そのために私たちが負うコストを天秤にかけると、見合うものなのか。潜在的なリスクに対応する手段はあるのだろうか。こういう技術に私たちはなにを求めているのだろう。

技術を活用すれば利便性、娯楽、性能、生産性のいずれか、あるいは複数を実現できる可能性がある。突き詰めていけば、私たちは技術によってもっと幸せになりたいと思う。これは人類の共通の願いであり、健全な経済に求めることと変わらない。だからこそ第1章で述べた通り、技術が「人間から権限を剝奪するのではなく、人間に権限を委譲」し、未来は「人間によって人間のためにデザイン」され、技術の「価値観はバグではなく機能《フィーチャー》」として扱われることが重要である。第四次産業革命で人が幸せになるには、人間を中心に据えて問題の解決に取り組まなくてはならない。もしも第四次産業革命によって不公平、貧困、差別、不安定、市場の変調、環境悪化が実現してしまうのであれば、つまり人間への影響が無視され、一部に独占され、尊厳を払われないのであれば、明らかに誤った方向に進んだということである。

現実には、技術の進歩と経済成長が幅を利かせ、ほんとうに重要なことが見失われているように思われてならない。著名な経済学者、エリック・ブリニョルフソンとアンドリュー・マカフィーらが広めた「グレート・デカップリング」[註20]という概念は、技術によって生産性が伸びたものの、雇用の伸びはまったく連動していない状況を示している。また技術がもたらした「ギグ・エコノミー」は２０２０年までに職全体の40％に達すると見込まれる[註21]。それに加えてＯＥＣＤ加盟国の労働分配率の低下に関して、80％は技術活用の影響として説明できるとしている。多くの報告書では格差の拡大を技術と関連づけ、多くの政策は社会のまとまりや人間の幸せよりも経済成長を優先させている[註22]。技術でどんな変化を実現させるのかを考えるどころか、思わしくない影響を次々につきつけられている状態だ。

このような受け身の状態を抜け出してバランスを取り戻すには、価値観を基盤として技術を活用するアプローチが有効である。第一に、技術の政治性をはっきり認識することで責任ある迅速なガバナンスにつながるだろう。第二に、ガバナンスにおいて社会的価値を優先させることで、技術の活用の仕方、その恩恵を誰がうけるのかを明確にできる。第三に、技術システムにどのように価値観を組み入れるのかを明確にすることで、技術開発において意識的に価値観を組み込むための最良の戦略決定につながる。

技術の政治性

技術と価値観の関係を明確にとらえるのは難しい。価値観は抽象的で形がなく、社会や個人によってそれぞれ異なる。また、ひとくちに技術といっても言語から人間を宇宙に運ぶロケットまで、ありとあらゆるものが含まれる。それだけに技術と価値観の関係に取り組むとなると、一筋縄ではいかない。わかりやすく捉えようとするあまり、一見わかりやすく、じつは危うい解釈が2つ出てくる。

危うい解釈1　技術は未来を決定する

技術はさまざまな方面から私たちにインセンティブを与え、動かし、制約することで社会に影響を与える。技術の進歩に関して人間は手出しができず、変更も制止もできず、選択の余地はない。こう考える人は往々にして、よくも悪くも技術が歴史をつくった、人間の価値観もつくった、それはどうしようもないことなのだ、と言いたがる。

危うい解釈2　技術はなんの価値観とも無縁である

技術そのものが社会に意味ある影響を及ぼすことはない。技術はどんな色もついていない単なるツールにすぎない、それをどう使うのかを決める人物が社会に影響を与える。この解釈では技術の可能性と人々に与える影響について、ユーザーのモラルのみに焦点をあてることになり、技術の開発者や普及に携わる人々にはいっさい目を向けようとしない。

どちらの解釈も、第四次産業革命を語るものとしてはふさわしくない。そこに真実がまったくないわけではないが、第2章で述べたような技術のダイナミクス——かつてないスピードで広まり、ユーザーに多くの力を提供し、社会全体に網羅されると同時に人の内側に組み込まれる——を目の当たりにする時代においては、どちらの解釈も非常に危険である。

解釈1は、社会のコントロールの及ばないところに技術を置いている。解釈2は技術が及ぼす影響と社会的責任を切り離してしまっている。どちらも技術は社会を、そして社会は技術を形づくるという視点が欠けている。その危機性は、核技術を考えればよくわかる。核技術は明らかに、「単なるツール」ではない。核技術の存在そのものは社会に、そして社会と社会の関係にすさまじい圧力をかける。原子力が秘めた可能性と核の破壊的な威力にはそれだけの力がある。最近の地政学的緊張は核の危険性の認識を高めた。2017年ノーベル平和賞はICAN（核兵器廃絶国際キャンペーン）が受賞した。しかし人類の運命は核技術によって決まるわけではない。それぞれの社会は、どの技術をどのように開発するのか、発言力を持つのは誰か、どんな目的に使用されるのかを決定することができる。実際、原子力は使用しないと決定する社会が増えている。ドイツ政府は2011年の公約で2022年までに全原発を閉鎖すると明らかにした[註23]。

第四次産業革命において必要となっていくのは、技術について有益で思慮に富んだ視点、目的とリスクと不確定要素について細やかな意見交換をする力である。そこで求められるのは、技術についての第三の解釈、「すべての技術は政治性を帯びている」だ。政治性といっても、技術が政府を代表したり、特定の政党の方針に従ったり、「右寄り」あるいは「左寄り」という意味ではない。技術とはソリューションであり、プロダクトであり、インプリメンテーションであるのだが、それは社会的なプロセスを通じて開発され、人と組織の味方となり代理を務め、多岐にわたる考えと価値観と指針を体現し、社会的権力、構造、地位に影響を与える。

私たちがものごとをどのように知り、どのように決定し、自分についてどう考え、おたがいについてどう考えるのかといったことと技術とは密接に結びついている。私たちのアイデンティティ、世界観、想定する未来も技術としっかりつながっている。核技術から宇宙開発競争、スマホ、ソーシャルメディア、自動車、薬、インフラまで技術が絡んでいる以上、政治性を帯びる。そもそも「先進」国という概念は、技術の活用があってこそ、そして技術が経済と社会にもたらす恩恵があってこそ成り立つ。

多くの科学者とテクノロジストはすでに技術の政治性を認識している。たとえばIEEE(Institute of Electrical and Electronics Engineers)は、「人工知能(AI)および自律システム

（ＡＳ）における倫理規定に関するグローバル・イニシアティブ（Global Initiative for Ethical Consideration in Artificial Intelligence and Autonomous Systems）」で、ＡＩを「社会技術システム」としている［註24］。実際、ＡＩについて根本的に検討する必要性から、学界、政府、業界の専門家たちがコーディネートする多くの公共イニシアティブが実現した。同様に、ナッフィールド生命倫理カウンシルはバイオテクノロジーを「知識、実践、製品、アプリケーションの結合」と規定している［註25］。この定義についての同カウンシルは、技術は——人と同じく——物理的な構成要素の総和には留まらないと述べている。

本来、バイオテクノロジーは多様性に満ちているのだが、その時々の社会および歴史的背景において実現するもの、実現しないものに分かれる。共通するのは、自然の制約と人為的な選択（意識した上での選択であってもなくても）が関わっている点だ。技術とその活用に関する価値観、信念、期待を織り込んだ複雑な判断の上でそうした選択がおこなわれる。その際にどんな価値観、信念、期待が盛り込まれ、あるいは排除されるのかは倫理性と政治性に強く結びつく。

生まれたての技術であっても、なんらかの価値観、目的、妥協の名残が見え隠れする。技術が発揮する力が大きいほど、そこに見え隠れするものの正体を充分に見極めなくてはならない。開発に値する技術を選ぶ際にも、それをどうデザインし実践するのかを決める際にも、経済的圧力がはたらくことはめずらしくない。それは技術が社会に与える影響にあらわれる。たとえば「フェイクニュース」の対応策としてデジタル・コンテンツのフィルタリング（およびフィルタリングを大規模におこなうためのコスト）の倫理面をめぐって盛んに議論されているが、それはまさしくテクノロジー企業の経済的必然性、彼らのプラットフォームのデザイン、ユーザーをトラッキングし、セグメント化し、コンテンツをプッシュ送信する技術に関係している。デジタルのソーシャルメディアの環境で無数の人々がどういう情報をどのように得るのかを左右するのは経済的圧力とプロダクトマネジメントであり、新聞、テレビ、ラジオの場合と変わらない。これは核技術と同じく倫理的かつ政治的課題を提起する。核技術とのちがいは、インターネットのオープンな性質上、ソーシャルメディアのテクノロジーが急速に拡大しているので、いわゆる「反社会的」なコンテンツを見つけるためにネットワークを監視することが非常に困難である点だ。

技術には社会に対する姿勢、関心、目的が組み込まれている。それを理解しておけば、変化をもたらす力となる。その反面、責任も引き受けざるを得なくなる。思わしくない結果を技術だけのせいにすることはできなくなる。意思決定に技術が影響しているという事実からも目をそらすわけにはいかない。次に挙げる3つの責任を私たちは引き受けなくてはならない。

①技術と結びついている価値観を見極める。
②私たちの選択と意思決定に技術が与える影響を知る。

③技術の発展に最良の影響を及ぼす決定をするべく、しかるべきステークホルダーと連携する。

社会、技術、経済の間の政治的交渉において社会的価値がどれだけ重視されるのか、カギを握るのは私たち自身である。

社会的価値を優先させる

技術が社会に組み込まれている以上、技術の開発には責任が問われる。社会的価値を優先した開発を実現する責任だ。技術をどうデザインし活用するのかという部分には価値観が色濃く出やすい。だがどのような価値観がふさわしいのかについて、かならずしもコンセンサスがあるわけではない。この重要な件に関し、IEEEのジョン・ヘブンズはこう述べている。

「自分がなにに価値を置いているのかを自覚もせず、機械にそれを理解しろと求めることができるのか？……人類を幸せにしたい、その理想に沿った技術をつくりたいと思うのであれば、まずは人間にとっての普遍的な価値について時間をかけて見極めていく必要があるのではないか」［註26］

なにに価値を置くのかは、人それぞれ、社会によっても異なる。技術にどのような社会的および文化的な視点を反映させるのかという点でも、見解は異なるだろう。文化と価値観がちがえば優先順位もちがってくる。しかし時間をかけて考えていくと、さまざまな社会でどのような価値が優先されているのか、それに技術がどのように影響し、また技術にどう反映されているのかがわかってくる。さらに、多数の文化において幅広い支持を得ている価値も浮かび上がってくる。世界経済フォーラム「価値観に関するグローバル・アジェンダ・カウンシル」(Global Agenda Council on Values)(2012~2014)による「新しい社会契約(*A New Social Covenant*)」というタイトルの白書では、「文化、宗教、信条を超えて人間が共通に抱く強い願望について幅広いコンセンサス」が特定されている。それはいずれも「個人を尊重し、たがいにコミットし、未来の世代を尊重する」という「求心力のある力強い理想」をあらわすものである[註27]。

人々を結束させるポジティブな価値観について意見をまとめるのは最初の一歩に過ぎない。重要なのは実践に移すことだ。そのために有効なのは反応が速く信頼のおけるガバナンスである。一般的に、制度は技術の変化スピードと内容の多様さに充分に対処できていない。多くの法制度は新しいリスクに対応できるだけの備えが整っていない。環境から人権まであらゆるものを脅かす、前例のない多様なシナリオが繰り広げられようとしていることに世界はようやく気づき始めたのが現状である。先端技術がどうデザインされ、活用され、管理されているのか、どんなガバナンスがおこなわれているのかで生じる外部性を予見することも決してたやすくはない。複数の分野の技術の組み合わせで思いがけないリスクが生じる可能性もあり、実際にそうした事態も生じている。制度が機能停止に陥らないように、柔軟で機敏なガバナンス戦略で適切に対応していかなければならない。

COLUMN

新しい社会契約

——世界経済フォーラム「価値観に関するグローバル・アジェンダ・カウンシル」(Global Agenda Council on Values)(2012-2014)

私たちの使命、それはいまの時代の最大の決断に持ち込む価値観について、時間をかけてグローバルな視点から熟考することである。それを促すために新しい社会契約を作成する。

かつては個人の権利に多くの努力が注がれていた——その重要性はいまも変わらない。しかしいま私たちは、国内で、そして国境を超えて人と人が分かち合えるものに注目する……。文化がちがえば、価値観にも大きなちがいが出る。それでも、文化、宗教、信条のちがいを越えて人間が強く求め、多くの人々が共有できる価値観がある。

●人間の尊厳——人種、性別、背景、信条にかかわらず
●個人の利益に勝る公益の重要性
●スチュワードシップの必要性——自分たちのためだけでなく、未来のためにも

1人ひとりが、そして集団がこうした価値観を貫くことは決して容易ではない。思いを実践につなげるには、一般の生活のなかにその価値観を定着させることが必要である。そのためにはディスカッションだけでは足りない。新たな決断が求められる。あらゆる領域における人間の営みにおいて、価値観を基盤とした変革型リーダーシップを発揮しなくてはならない。世界経済フォーラムでも、フォーラム以外でも、そうしたリーダーシップのモデルケースを育み、はげまし、褒め讃えなくてはならない。グローバルな課題に対し効果的に、生産的に、満足をもたらす方法で反応できる人々を確保しなければならない――より公正で、寛容で、持続可能な世界を築き、後の世代に伝えていける人々を。

価値観を基盤としたガバナンスはすでに生まれている。2018年半ばに始まるEUの一般データ保護規則（GDPR）は、ユーザーの同意に関するルールを変え、明確でわかりやすい表現と諸条件がもとめられるようになる。データを管理する企業はセキュリティ侵害についてユーザーに通知しなければならない。また、ユーザーのデータがどのように使われているのかについて情報を提供しなければならない。「忘れられる権利」のプロセスに準拠し、データ・ポータビリティを認め、必要な場所にはデータ保護責任者を置き、技術とサービスのデザインの段階においてデータ保護を規定するプロセスを法的に守らなくてはならない［註28］。

GDPRは技術のデザイン段階におけるプライバシーの確保を強調している。これは価値観を実践するための第二のアプローチである。つまり技術の開発のプロセスに、開発者の価値観とともに社会の価値観を確実に反映させる試みだ。技術と倫理についてレッセフェールの立場を保ち、そこから生じた問題に対処するよりも、技術の開発段階から倫理、価値観、社会に及ぼす悪影響について前向きに検討しておくほうが、社会の求めにこたえて社会全体の幸せを技術が支える方向につなげていきやすい。ブロックチェーン、IoT、自律システム、ニューロテクノロジー、アルゴリズムの技術はいずれも、ごく限られた関心の範囲内で専門家たちが開発したものであり、場合によっては共通の価値観もまだ明らかではない状態での開発だった。

技術開発のプロセスで特定の価値観を組み込むのは、簡単ではない。「倫理的」特性を加えるよりも複雑である。複雑さの度合いは、新しい方法論を採用したり組織の文化を高めたり、開発の推進力となる経済の市場の動向に立ち向かうことに相当する。さらに、技術の多く――とりわけデジタル技術――は複数の使われ方をするので、そこから生じるリスクや影響について見積もることが難しい。たとえリスクを見通せたとしても、すべてが「プログラムで制御可能」なわけではない。たとえば、ブロックチェーンの技術が犯罪活動に利用されるのを防ぐ方法、二酸化炭素排出量を減らすための開発方法はまだ明らかではない。それでも企業と諸機関は技術のデザインと実施ばかりではなく、社会的責任を果たしていく考えを開発のスタートの時点から持っているべきである。設計と製品開発の段階で、システムに関するインセンティブや技術開発における要請とともに、社会に及ぼす影響について幅広い視野を持たなくてはならない［註29］。

技術に価値観を組み込む

規則として社会的価値を優先させようとしても、うまくいかない。それよりも問題として提起し、人と組織が新しい方法でやってみる機会をつくることが重要だ。リーダーがいかにやる気を引き出すのかも重要である。変曲点についての章でくわしく述べるように、適切なスタート地点はたくさんある。スタートしたら、いままでとはやり方を変える、技術が及ぼす多様な影響を自覚する、社会的価値を優先させる。その取り組みをうながすには、技術に対し次のようなアプローチが役立つ。

第一に技術の重要性と広範囲にわたる影響を認識する。人が生きていく上で、ありとあらゆる部分に技術の影響は及んでいる。人と人の交流、経済活動、情報処理、処理された情報をもとに成り立つ制度と市民生活に。新素材、薬剤などの技術に関しては、どう責任を果たしていくのかについて意識がかなり高まっている。他の技術――検索エンジン、自律システム、ブロックチェーンなど――にも同様の配慮がもとめられる。単に死亡率の数字を目安とするのではなく、技術の集合的な影響の大きさを考えれば、私たちの暮らしにとって一見無害に思われる多くの技術が、じつはそうではないのだとわかる。

第二に、個人的な、そして（または）組織的な目的についてよく考えてはっきりさせることで、技術をどう組み込んでいくのかを明確にできる。科学的な追求と技術的な追求は自在に境界を押し広げようとする勢いがあるので、目的と意義を見失わないように新しいケイパビリティの位置づけを明らかにする。もちろん、その目的のなかには社会の幸せも含まれる。１９４５年、史上初の原爆投下後にＪ・ロバート・オッペンハイマーがおこなった演説は有名である。科学者の目的は、知識を学び共有することであり、知識は人類にとって本質的価値を持つものであると彼は述べた[註30]。その上でオッペンハイマーは合同の原子力機関の設置、情報の自由なやりとりを支持し、爆弾製造の中止を強く訴え、一貫して好奇心と野心と人類全体の責任を強く主張した。

第三に、価値観について、そして価値観と技術の関係について態度を固め、それを実行に移す。価値観を表明するクレドを組織としてつくるのは大変有効だ。価値観を基盤として明確な意図のもとに技術を使うという意識を強めるために、倫理の基準を設けたり組織として大事にするストーリーをつくれば、企業や組織、職業や業界全体の文化が育まれることをうながす。参考となるのは医師のヒポクラテスの誓いである。技術のリサーチ、分析、適用を通じて指針となっている。医療分野からの影響が強いバイオテクノロジー業界が他の業界に比べて技術の活用に関して意識が高いのもうなずける。

最後に、変曲点を活用することの重要性を挙げておこう。技術の開発・進歩において価値観が効果的なツールになるタイミングである。善意からのコミットメントを基盤とするのは当然として、技術開発の過程で価値観の重要性がおろそかにされないように要所要所で市民とリーダーが働きかけることは意義がある。たとえば倫理教育では、困難だが理にかなった意思決定を説明するのに「トロッコ問題」という課題をうまく活用している[註31]。人間にとって困難な決定には、人生においてかけがえのない、抽象的だが重要なものが含まれている可能性がある、という倫理的難問を学生に理解させるための工夫だ。機械がそういう状況に直面する時に備えて、同じような基準（おそらく数値化できない）がプログラムに組み込まれている必要がある。技術開発において価値観を重視しようとする際、リーダーにとって変曲点は大いに有効である。

COLUMN

なぜ価値観なのか？

――スチュワート・ウォーリス（イギリスの思想家、新しい経済システムの提唱者）

世界は未曾有の課題をつきつけられている。人類の歴史において初めて、私たちは地球の生態系の限界という深刻な状況に直面している――あるいは限界を超えている。また、人口増加とかつてないスピードで進む技術的変化（それにより現存の職はごっそり機械に置き換わるだろう）という状況で、２０５０年までに15億人分の新しい職、生計を立てる手段をつくりださなくてはならない。二酸化炭素排出量を抑えるデカップリングの数値、その他の稀少な生態学的資源の数値を考えると、雇用の創出という目標と、地球の限界に達しない安全圏で暮らすという目標の両立は大変困難だろう。加えて地政学的な治安問題の増加、難民と出稼ぎ労働者の移動、富と所得のグローバル規模での不平等の拡大、第四次産業革命のプラスとマイナスの要素がある。いずれ私たちは、人類の進歩にとって破滅的な後退、あるいは好ましい転換のどちらかに直面するだろう。どちらになるとしても、いまシステムは驚異的な変化にさしかかっている。そして可能性を秘めたソリューションが登場している。それを採用してシステムを好ましい方向に変えていけるのかどうかを左右するのは、結局のところ、価値観である。

価値観は私たちにめざすべき真北の方向――明確な目標――と、そこに到達する手段を与えてくれる。西欧諸国の産業革命の背後には、創造性、信頼、企業への価値観のシフトがあった。奴隷制度の廃止と市民権運動をもたらしたのも、価値観の大きなシフトだった。20世紀に西側諸国の経済に起きた2つの大きな変化の背後にも価値観のシフトがあった。まずケインズ主義（20世紀半ば）に、つぎに「新自由主義」と総称されるもの（80年代、90年代と21世紀の最初の10年）にシフトしたのである。いずれの場合も、価値観のシフトは目標とそれを達成するための手段を与えている。価値観は人々を行動へと駆り立てる力を発揮する。価値観のシフトは明確でポジティブで強い物語によって起きる。一部でいち早くめざましい変化が実現し、その後に基準と法律が変わり、世の中全体に価値観のシフトが浸透していく。

第四次産業革命の技術的変化、そして社会的な変化は未曾有のスピードで進むだろう。政府の立法や経済的インセンティブだけを当てにするのでは、かならずしも正しい結果は得られない。法案が実施される頃にはすでに時代遅れになったり実態にそぐわなかったり、不要となる場合があるのだ。実りある成果をもたらすには、価値観をさらに劇的に変えていくしかない。

技術が複雑な影響を及ぼすことについては認識しやすい。日々の報道でいくらでも情報を得られる。それに対し、価値観について強く意識すべきタイミングを逃さず技術開発の要所要所でコンテクスチュアル・インテリジェンスを発揮するのは、簡単ではない。技術開発のプロセスのどこで効率性や美意識といった価値観を反映させ、さらに尊厳や公益など幅広い社会的価値となじませるのかが問われる。

価値観を客観的に検討し状況に即した技術の実施についての議論をおこない、行動を起こし、変化を実現するためにリーダー――デザイナー、起業家、政策立案者、社会的影響を与える人々――が活用できる変曲点を9つ紹介しよう。

教育カリキュラム

技術開発のみに力をそそぐだけでは充分ではない。エンジニアも成長する責任がある。近年、エンジニアに倫理学を学ばせる高等教育機関が出てきたのは、すばらしいことだ[註32]。ただ、そのカリキュラムはコンプライアンスと職業倫理に集中する傾向が強く、近道をするな、手を抜けば人命に関わる事態となる、といった内容に偏りがちだ。不正行為が大々的に報道されたことを受けて、ＭＢＡでも企業の社会的責任と環境問題への配慮を中心に据えた倫理学の授業がおこなわれるようになっている。こうして技術、社会、経済システムと価値観とは切り離せないものであるという議論が活発になり、多くの成果が生まれるだろう。教育の段階で学生の自覚が養われれば、ゆくゆくはエンジニアとマネジャーとして広い視点から問題解決に取り組み、目標を明確にして技術開発に取り組み、他者に広く影響を与えることができるだろう。

資金調達と投資

価値観を基盤とした技術開発にまっさきに取り組んでいるのが、起業家と投資家だ。いわば先駆者である。一定の人々に共通するニーズあるいは願望をかなえるための問題解決に取り組めば、その成果は必然的に多くの人々に届く。これが起業家の考え方だ。最初の段階で社会への影響を想定しておけば、大きなカスケード効果につながるというわけだ。かたや投資家は技術開発を方向づけるニンジンをぶらさげているようなものだ。独立した資金提供者だからこそ、社会的な影響について批判的な目を持ち、価値観を基盤とした投資の理論的根拠づくりに力を注げるはずだ。起業家が彼らに触発され価値観を基盤とした技術開発に積極的に乗り出せば、はかりしれない影響を及ぼすことができるだろう。

組織文化

起業家と組織のリーダーの価値観は仕事場においても技術開発においても影響力が大きい。自ら先頭に立ち、社会的価値を優先した企業文化に変えることができる。とくにスタートアップ企業の場合は初期の社員は同じ志、同じ目標を共有している傾向が強いだけに、価値観の設定が大きな効果につながる。リーダーシップが功を奏した例としては、コスタリカのアルコール飲料のメーカー、ＦＩＦＣＯがある。同社は最高経営責任者（ＣＥＯ）の価値観に基づいて、アルコール消費を減らし、かつ自社の全従業員の暮らしを守る方向へと舵を切った［註33］。このように、変曲点においてCEOと組織のリーダーは大きな影響力を発揮し、方針と実例を提示して明確な目的を持ち社会を意識した組織へと導くことができる。

意思決定と優先順位の設定

予算の計上、研究課題、市場選択などプロセスの最初の時点で、明確にあるいは暗黙のうちに優先事項が決まる。それが先々に与える影響は非常に大きい。たとえば工学とビジネスの分野では、プロジェクトの意思決定のプロセスにおいて効率、スケーラビリティ、利益などに関する仮説とインセンティブが検討される。これは、土台となる価値観を特定できるチャンスであり、開発や実行のプロセスでなされる選択が先々に及ぼす影響についても見通すことができる。携帯電話のアプリであろうと極秘の軍事技術であろうと、意思決定のプロセスを分解していけば、大本にある価値観の構造があらわれる。リーダーはこの機会をとらえ、社会のために優先されるべきことはなにか、プロジェクトはそれと矛盾していないかどうかを見直すことができる。

運営方法

科学者、エンジニアらが実験室で採用するメソッドとプロセスには、彼らの職場の価値観があらわれている。これは1970年代以降、社会学者によって指摘されている。そのような価値観は、最終製品や技術に影響する［註34］。だからこそ、プロセス、手続き、プロトコルについて話し合うことは、技術開発において価値観への意識を高める機会となる。組織のリーダーとして、職場において科学的メソッドがどのように使われているのか、技術的ツールと製品の限界が知らず知らずのうちに影響しメソッドに価値観が組み込まれてしまうのかについて、確認するチャンスとなる。組織のリーダーと実際に業務をおこなう人々が職場にどんな力学がはたらいているのかを徹底的に検証し、そこから送り出されるものにどんな価値観と思惑が埋め込まれているのかを明らかにできる。

経済的インセンティブの構造

どんな経済システムでも、社会的価値と目標に影響するインセンティブがつくられていく。たとえば株主責任や競争力など、どういう経済的圧力が存在しているのかを明らかにすれば、使われている技術について検討し、それがインセンティブや価値観に沿っているかどうかを判断できる。経済的圧力について考察すれば、インセンティブがある領域の技術に悪影響を及ぼしている状況が見えてくる。たとえば、現在の経済的インセンティブは社会的に有益な技術の開発に歯止めをかける。ロボットを活用した補綴装置などは、投資しても早急に元が取れそうにない、大きな市場がないといった理由で歯止めがかかる。こうした領域を可視化することで、技術になにを求めるのかに焦点をあて、望ましい方向に進んでいく態勢づくりにつなげていける。

プロダクト・デザイン

形から機能性まで、プロダクト・デザインのほぼすべての領域は価値観と結びついている。デザインチームは、製造物責任、文化的バイアス、どんな感情に訴えかけるかなど、さまざまなことを念頭に置く。工学・物理科学研究会議（EPSRC）によるロボット工学のための5つの原則は、プロダクトデザイナーに対し価値観を考慮するよう強く求める内容である。そのうちの3つの原則は、ロボットは人間のニーズを満たすべきものという姿勢が強く打ち出されている［註35］。製品開発サイクルには幹部、考案者、デザイナーと一般の人々の声が反映される。リーダーの行動しだいで、そこに使われる技術とその成果が社会的価値に即したものとなる。

テクニカル・アーキテクチャ

技術の大規模な集合体——インターネット、軍事および輸送インフラなど——は他の技術のデプロイメントをうながすが、その集合体もまた、開発され活用される過程で価値観と結びついている。たとえばインフラに関連する技術についての決定は、データの流れを管理するルールやインターネットへのアクセスに影響し、市民の権利を危うくすることも、情報格差を生み出すおそれもある［註36］。大規模なシステムの設計・構築の段階で、テクニカル・アーキテクチャが社会に及ぼす影響について考慮することも、政策立案者と業界のリーダーが価値観を尊重し、社会の優先事項に配慮する一方法である。

社会の抵抗

価値観は応酬を経て技術に埋め込まれる。新しい技術は少数の人々の手から生まれる。彼らは共通の関心を抱いており、意識的あるいは意識せずに一連の価値観を自分たちの技術に組み込む。その技術が実用化され、社会の優先順位と衝突する場合には抵抗が生じ、開発側はその抵抗を押し返す。しかし技術が世間一般から、あるいは特定のステークホルダーから相当な反発を受けた場合、どこに軋轢が生じているのかを調べることで、社会の価値観と、開発のプロセスで技術に組み込まれた価値観が食いちがっているのだと明らかにできる。

こうした変曲点の多くは充分に活用されていない。価値観を基盤としたアプローチで技術開発する際に、投資家の倫理観と価値観が果たす役割、価値観を基盤としたアプローチをうながす彼らの影響力を中心に据えた話し合いはまったくおこなわれていない。投資家はごく初期の段階で関与できるのだが、規制当局が価値観に取り組むことを強いられるのは、たいていは最後の変曲点、つまり社会の抵抗が生じた時なのである。社会の抵抗が起きるということは、技術開発のプロセスにおいて、広く及ぼす影響と価値観について考えていなかったことを示す。それぞれの変曲点で、振り返る形ではなく前向きに価値観を取り上げれば、CEO、政策立案者、組織のリーダーらは、経済的な役割を越えて技術に影響を与えられるだろう。市民の立場からも発言する機会をもたらすだろう。

COLUMN

若手科学者の倫理規定

価値観と優先順位を信条という形で明確にする場合には、内容を絞り込んだり、幅広く盛り込んだりとさまざまな方法があるだろう。たとえば世界経済フォーラムのヤング・サイエンティスト・コミュニティは幅広い視点で倫理規定を設けた。次に挙げるのは、学際的でグローバルな視点である。より高いレベルの行動規範とし、研究者が自覚的に活動できるように引き続き改善がおこなわれている。

1　真実を追求する

伸びやかに研究に打ち込み、プロセスと結果において透明性を保ち、客観的な立場の研究者による検証を求める。

2　多様性を支持する

多様な集団の経験的証拠に基づいたアイデアに耳を傾け、尊重するような環境をめざして努力する。

3　**一般社会とのパイプづくり**

科学と研究の意味合いについて、そして社会における研究のニーズについて、双方向のオープンなコミュニケーションを欠かさない。

4　**意思決定者とのパイプづくり**

しかるべきリーダーに適切なタイミングで情報を提供し助言を求め、根拠に基づく意思決定をうながし、社会によりよい変化をもたらす。

5　**メンターになる**

他の専門家が成長して能力をフルに発揮できるよう、これまでの経験を役立て、権限委譲する。

6　**危害を最小限にする**

実験のプロセスとその結果に付随する落とし穴や危険性を最小限に食い止めるために、適切な予防措置をすべて実行する。

7　説明責任を果たす

研究を実用化する際には、必ず責任を持つ。

価値観とともに進む

先端技術は価値の創造、交換、分配の方法を変えるだけではない。この先どんな未来が待ち受けるのか、生きる価値のある未来とはどんなものなのかを想像する際によりどころとなる価値観を変える。先に進んでいくには技術の政治性を認識し、ひとつひとつの変曲点での選択がもたらす影響を考えなくてはならない。第四次産業革命では、社会の各方面のリーダーが技術に責任を負い、自分たちの決定が人々にどう影響するのかを考えることが進歩のためには不可欠である。技術をつくりだすイノベーション・エコシステムが包摂的であるためには、リーダーが揺るぎない価値観を抱き、よりよい未来を築くという信念を反映させなければならない。

ますます多くの人々のために意味ある機会をつくりだし、1人ひとりが本源的価値を保ったまま社会を構成できるシステムを築くには、私たちが立つ土台を技術によって着実に変える方法を深く考え抜く必要がある。加えて、技術開発の段階から価値観を念頭におくことで、一般市民、政府、企業間の信頼が増す。新しい技術で未来を切り開いていくには、技術開発をリードしていく力を蓄えておかなければならない。社会的価値の重要性を説き、社会と技術と経済が協調できるよう対話をうながし、ルネサンス並みの変革を起こさなくてはならない。力を合わせ、いますぐに取りかかる必要がある。多様なステークホルダーを巻き込み、彼らの情報を集め、彼らの考えを尊重することが、包摂的で豊かな未来づくりのための第一歩である。これは次章の主題でもある。

今日の先端技術が2世代あるいは3世代かけて成熟した時、私たちの子孫は振り返ってどう思うだろうか。公正、尊厳、公益を尊重する技術でよかったと私たちに感謝するだろうか。それとも、なぜそうしてくれなかったと、私たちの失敗を嘆くだろうか。

まとめ

技術に関して一般的に次の2つの見方があるが、いずれも誤解を招きやすく、第四次産業革命で組織的な戦略あるいはガバナンスを築く助けとはならない。

①技術は私たちのコントロールが及ばないものであり、私たちに代わって未来を決定する。
②技術は単なるツールであり、どんな価値観にも染まっていない。

じつは技術にも社会にも政治性と価値観が埋め込まれており、それを通じて技術は社会を、社会は技術をつくっている。その事実をいずれも反映していない。

技術をもっと建設的にとらえれば、人間を中心に据えたアプローチが可能となる。そのためには、次の見方へとシフトする必要がある。

①すべての技術は政治性を帯びている——技術の開発とその活用の仕方には、社会の願望と妥協が凝縮されている。
②技術は社会を、社会は技術を反映しながら変化を遂げていく——人類の進歩は技術がにな

い、技術の開発は人類がになっている。

このような視点で技術をとらえてみると、技術とは社会的なプロセスを通じて生まれたソリューションでありプロダクトであることがよくわかる。そして、技術が生まれた時にはすでに優先順位と価値観が刷り込まれているということにも気づかされる。

必然的に私たちは3つの責任を負う。

①技術に組み込まれている価値観を見極める。
②人間が日々おこなう選択と意思決定には技術が影響していることを理解する。
③技術開発の段階で、しかるべき多様なステークホルダーが最良の影響を与えていることを確実にする。

本章は、技術にはどんな価値観が埋め込まれているのかをさぐり、問いかけ、そこに影響を与えるための次の9つの変曲点を挙げた。

①教育カリキュラム
②資金調達と投資
③組織文化

④意思決定と優先順位の設定
⑤運営方法
⑥経済的インセンティブの構造
⑦プロダクト・デザイン
⑧テクニカル・アーキテクチャ
⑨社会の抵抗

COLUMN

人権を基盤に置いた枠組み

第四次産業革命の技術は社会を変え、新しい未来をつくっている。

私たちに課せられているのは倫理的枠組み、標準的な規範、価値観を基盤としたガバナンスモデルを明確にすることである。組織で技術開発がおこなわれる際に、影響力の強いツールとして技術が社会で活用される際に、地理および政治的境界を越えて人間を中心に据えた技術開発を実現するよううながす際に、それは力を発揮するだろう。

なにを置いても譲れないのは「人権」であり、国際的な人権宣言は価値観に取り組む際には信頼のおける基盤となる。

1948年に採択され192カ国というかつてない数の国々によって署名された世界人権宣言は普遍的な原則を包摂し、多様な文化で通用する。国連が採択した当時、世界はホロコーストの悲劇を繰り返すまいと誓い、人類にとって希望に満ちた新しい未来を強く願っていた。だからこそ、この宣言には世界共通の価値観が示されている。起草小委員会のメンバー、チリのエルナン・サンタ・クルスはこう記している。

自分がいま歴史に刻まれる真に重要な場に立ち会っているのだとはっきりと意識していました。人間の崇高な価値とは、世俗的な権力の決定により生じるものではなく、存在するという事実そのものに価値があるのだという合意にいたったのです。

世界人権宣言が打ち出した普遍的な基準は、世界各国、各地で刑事司法や環境、グローバルな発展や商業、安全保障や移住まで幅広い領域の法律と政策の制定に活用されてきた。民間組織、国際組織、国家が新しく強力な技術を活用したイノベーションを推進するにあたり、あくまでも人と地球を中心に据え平等・公正・正義を尊重していくには、世界人権宣言、および細かい規定を盛り込み法的拘束力を持たせた一連の条約は重要な役割を果たす。

人権についてのこうしたグローバルな基準はこれまではもっぱら国家機関の行動規範として取り入れられていたが、しだいに民間企業にも導入されるようになっている。グローバル企業は世界規模で展開するサプライチェーンにおける労働者の権利の問題に、情報通信企業はプライバシーと表現の自由の問題に直面し、人権に関する枠組みを必要としている。また、遺伝子編集の驚異的な新しい技術の活用は人の苦しみをやわらげることと、新しい科学的ツールならではのリスクと不確実性への対処を求められるが、望ましいガバナンスのありかたを決める際に人権についての基準は重要なよりどころとなる。

私たちはどんな社会で暮らしたいのか。第四次産業革命の土台には、それについての幅広い議論があるべきだ。今日、技術によって私たちははかりしれないほどの力を持つことが可能となった。だからこそ、技術が人々に、人々の日々の暮らしにどんな影響を与えるのか、人々の人権が尊重されているのかどうかに注意を払う必要がある。

国家と国際組織のリーダーシップだけに頼るのではなく、民間セクターのリーダーシップが求められている。その出発点として、民間組織とそのステークホルダーは、世界人権宣言など人権の規範に照らして価値観を点検し、自分たちの言動を客観的に評価できる仕組みを設ける必要がある。

執筆協力

ヒラリー・サトクリフ（イギリス、ソサエティインサイド、ディレクター）

アン＝マリー・アルグローブ（オーストラリア、ベーカー・アンド・マッケンジー、パートナー）

第4章 すべてのステークホルダーに権限委譲する

第四次産業革命の恩恵はすべてのステークホルダーに平等にもたらされる、という前提がなければ、革命を推し進めることはできない。本章はマルチステークホルダーのアプローチの重要性に焦点をあて、見過ごされがちな3つの分野のステークホルダーを取り上げ、権限委譲し包摂するための方法について考える。具体的にいうと、まずは開発途上国において前回の産業革命の恩恵すらまだ届かず、奮闘している人々である。さらに、環境と自然界全般である。過去の産業革命はいずれも人間以外の種と未来の世代にツケを押し付ける形で技術的変化を実現し、外部性を発生させてきた。また、極端に高い所得も政治的権力も手にしておらず、排除されたり見過ごされたりすることの多い世界中の大半の人々もステークホルダーである。

いま世界は複数の変革を同時に経験している。都市化、グローバル化、人口動態の変動、気候変動に加え、破壊的な力を秘めた先端技術の登場だ。若い世代が急増している開発途上地域では、大規模な雇用創出が急務である。環境の変化は速く、それを押しとどめるための対策と適応するための対策が必要だ。とくに気候変動の影響をもっとも受けている開発途上地域では切実である。新しい技術は富の配分と社会的一体性に影響を及ぼしている。すべての市民が公平に機会を与えられていない現状は、政治システムと経済モデルがうまく機能していないことを示している。

こうした状況で必要なのは、従来の境界を越えて持続可能で包摂的なパートナーシップを構築することである。歴史が教えてくれるように、包摂的なパートナーシップには意志と行動が求められる。前章で述べた通り人々に幅広く有意義な機会を提供するには、技術システムだけでは充分ではない。最初からすべてのステークホルダーが参加し、社会的価値と包摂的な解決策を検討することで、誰もが機会を得る。人々が孤立したままでは、共有する未来を形づくるための決定はできない。「意思決定者は、目下取り組んでいる問題に利害関係がある者すべてと関わる能力と積極的な意欲が求められる。人と人がもっとつながり、誰もが排除されないために」[註37]。第四次産業革命でこれを実現するには、私たち1人ひとりがよく考え、その上で行動を起こし、コミットすることが求められる。

先端技術が開発途上国に及ぼす影響についての対話に、すべての利害関係者が加わる。これはまさにマルチステークホルダーのアプローチの原則そのものだ。地球規模の複雑な課題について実行可能な解決策を打ち出すには、財界、政府、市民社会、学界全体を通じてリーダーが協調し、若い世代とともに取り組むことが不可欠である。

先端技術がもたらす社会的利益はまさに革命的といっていいだろう。自動運転車が都会に与える影響についてボストン・コンサルティング・グループと世界経済フォーラムが共同でモデル化した結果、自動化された輸送システムは特定の状況下で排気ガスを減らし、混雑を緩和し、より速い走行を可能にし、事故による死傷者の減少につながることが明らかになった［註38］。プレジション・メディシンで新しい技術を活用し、非伝染性疾病の治療と処置をおこなえば、世界全体で容易に寿命を1年から2年延ばすことができるだろう――老化を遅らせるために現在、研究が進んでいる遺伝子編集の技術に頼ることなく。遺伝子編集の技術は、はかりしれない可能性を秘めている。マラリアなどを媒介する蚊の遺伝子を操作することで、病気そのものを撲滅できるかもしれない。ブロックチェーンの技術を土地登記に使えば、世界中で無数の人々が土地の正式な所有者となり、それを担保として金融市場にアクセスできるだろう。また仮想現実と拡張現実を教育に利用すれば、安全な没入型環境でスキルを伸ばし実践を積めるので、劇的な成果をあげるだろう。

先端技術が生産性に直接与える影響よりも、むしろ間接的な影響のほうが注目に値することが少なくない。第二次産業革命の結果、家庭での電気の使用が広まり、洗濯機、食洗機、電気オーブン、掃除機、その他の家電が発達して料理と掃除にかかる時間が大幅に減った。その結果として女性の自由の時間が増えた、という単純なものではない。女性が担う家事の量はいまもなお、多いままだ。それよりも、家電は家事という業務を減らし、家族の構造を変え、家の外での生産的な活動にかけられる時間を増やしてくれた。

だがこういう恩恵は、貧困状態にある人々、コミュニティで隅に追いやられた人々、これまでの産業革命のシステムのサービスを充分に受けられずにいる地域の人々に届いているだろうか？　約6億人の人々は小自作農家として生計を立て、機械化とは縁がなく、第一次産業革命すら彼らの暮らしにはほとんど影響を及ぼしていないありさまだ。世界の人口の約3分の1（24億人）はきれいな飲料水も信頼できる公衆衛生システムもない。6分の1（12億人）は電気がない――第二次産業革命で開発されたシステムがないということだ。開発途上地域では抵抗運動、制度改革、新しい技術で女性の解放が進んだとはいえ、中東とラテンアメリカとカリブ海地域の女性の5人に1人は依然として、家事労働に縛りつけられている。インターネットは第三次産業革命においてもっとも変革をもたらしたシステムのひとつだが、世界人口の半分以上（約39億人）が、まだアクセスできていない［註39］。開発途上国では人口全体の85％がインターネットにつながっていない。それに対し、先進国で未接続の割合は22％である［註40］。

こうしたグローバルな格差がこのまま変わらなければ、第四次産業革命が真価を発揮して変革を起こす妨げとなるだろう。いま、私たちは選択を迫られている。すべてのステークホルダーに所得、機会、自由など経済的および社会的価値が行き渡るための技術とシステムを開発するのか、それともこのまま多数の人々を置き去りにするのか。包摂的に考えるとは、貧困や取り残されたコミュニティを例外的状況――解決可能な状況――ととらえるのではなく、「自分が得ている特権と彼らの苦しみは同じ地図上にある」と理解する能力である［註41］。所得も権利も重要ではあるが、ほんとうに解決すべき問題はその先にある。すべてのステークホルダーが恩恵に浴すことができれば、誰もがもっと自由になれる。

経済学者で哲学者のアマルティア・センは、自由――飢えからの自由、仕事に行く能力、民主的プロセスに参加する能力、愛情ある関係を持つ、など――は「最高の目標であり、最高の手段である」と述べている。自由は人々に権限委譲し、裕福な環境でも開発途上国でも幸せな暮らしを営む力を与える。すべてのステークホルダーに富と便益が平等に分配されないとしても、少なくとも誰もが価値ある人生を送れるようでなくてはならない。ほんの一部だけではなく全員にとって快適な世界をつくるために、マルチステークホルダーのアプローチは実りある対話をもたらす。

第四次産業革命の恩恵と正の外部性を確実に公平に分配しようとするのは、それが倫理的に正しいからという理由だけではない。過去の政治革命から、格差は深刻な結果を招くという教訓を私たちは学んだ。民主主義の社会で経済モデルがもたらした富や機会の格差解消に失敗すると、社会的にも経済的にも不均衡が固定されてしまう。それは対立と不安定な状況を招く。世界経済フォーラム『グローバル・リスク報告書２０１７（*Global Risks Report 2017*）』で指摘されているように、今日、経済的不均衡と政治的両極化が重なると経済制度と政治制度を支える社会的な連帯にほころびが生じ、重大な世界的リスクを招くおそれがある［註42］。

２０１６年1月に発効した国連の持続可能な開発目標（ＳＤＧｓ）は、容易にはなくならないこうした構造上の分断の問題に取り組んでいる。ＳＤＧｓは貧困問題、民主的なガバナンス、平和の実現、気候変動への対策とレジリエンス、格差を減らす、経済の成長などに取り組むことを目標として掲げている。第四次産業革命が機会の分配の問題を放置するのではなく積極的に取り組み、人類の発展に貢献することは非常に重要である。

開発途上国

ハーバード大学のリカルド・ハウスマン教授とMITのセザール・イダルゴ教授は、新しい技術を生産的に活用する集団的な能力が人間の進歩を突き動かすと主張する。残念ながらこの能力は国家間で均等に分配されているとは言い難い。

生産的知識の社会的集積は世界的な現象ではなかった。世界の一部では実現し、実現しないところもあった。実現してきた場合には生活水準の飛躍的な上昇を支えた。実現していないところでは、生活水準は何世紀もの間ほぼ変わっていない。裕福な国と貧しい国との所得に大きな差があるのは、国家ごとの生産的知識の集積にとてつもない差があるからなのである[註43]。

経済的な繁栄は高い生活水準を実現する。それを支えるのは技術、技術を開発し活用できる知識と能力、少数が持つ知識の恩恵を多くが受けることを可能にする市場と組織である。すべての国があらゆる領域の技術の最先端を行くべきであるとは言わないが、グローバルな知識経済においては、すべての国と社会が経済発展のために技術を吸収し活用する能力を備えている必要がある。

第四次産業革命の技術と制度改革を組み合わせれば、従来の科学工業技術主導のアプローチを「飛び越えた発展《リープフロッグ》」が可能だ、とも言われる。つまり開発途上経済は伝統的な工業化の道筋をスキップして、より速く成長できるというわけだ。一般的な例としては、第三次産業革命のデジタル技術への重点的な投資は携帯電話の普及と価格の引き下げにつながり、開発途上国では固定電話のインフラに多額の投資をしなくても、国民は高品質の電気通信網にアクセスできるようになった［註44］。このように技術がもたらす前途有望な例としては、民生用のドローンを活用して薬とワクチンを届けて人命を救う、遺伝子組み換え技術を使った種子と進化した肥料で農業の効率化をはかる、低軌道衛星の新しい通信網を利用した低コストで高速のインターネット接続の実現も見込まれる。とはいえ第四次産業革命の技術で「飛び越える」ことは、さまざまな懸念から、あくまでも可能性にすぎない段階である。

第一の懸念事項は、デジタル・インフラへの依存だ。第四次産業革命の影響はデジタル・インフラにより加速的に広まるので、国内および国同士のデジタル・デバイドを解消することが急務となる。第四次産業革命にデジタル・ネットワークへのアクセスとスキルが必須であるとすれば、地域、教育的背景、所得などの条件でデジタル・デバイドの有利な側はますます有利になる可能性がある。逆に、所得、インフラ、言語あるいはコンテンツといった条件で何十億人もの人々がさらに排除されるかもしれない。

第二の懸念は、モバイル革命を支える新しいインフラがイノベーションと発展をもたらしていないという事実だ。アフリカではモバイル革命はもっぱら消費者向けにサービスを提供するばかりで、技術の作り手は恩恵に浴していない。正規雇用を生み出すこともなく、基盤インフラが整うこともなく経済発展や周辺技術の発展にもほとんどつながらない［註45］。モバイル革命が産業の発展と経済的な多様性をうながす触媒となるには、「第四次産業政策」――イノベーション、起業家精神、インフラ、工業化の政策――と連携する必要がある。

第三の懸念としては、低コストの豊富な労働力でまず製造業を引きつけ、それから投資と技術を引きつけて成長してきた国々で、第四次産業革命は従来型の工業化の経路を破壊する脅威となってしまうことだ。仕事の自動化が進み、いずれインテリジェント・ロボットだらけの高精度工場や、3Dプリントの普及で製造のリショアリングが当たり前になれば、低賃金でスキルのない労働者の役割はどんどんなくなっていくだろう。では農業が主流で工業化が進んでいない国が知識経済に転換していく道はあるのだろうか。第四次産業革命の新しい技術を獲得し、配備し、最終的には開発に携わる知識経済に転換できるだろうか?

スキルの重要性が増すなか、国として技術を効果的に用いるためのケイパビリティを高めることは必須であり、教育、訓練、国家的な研究開発（R&D）への投資が求められるだろう。先進国と開発途上国との間にある教育、研究のギャップを埋めることが第四次産業革命では重要となる。新しい技術はスキルの開発を加速させることにつながるだろうが、開発途上国の大部分が高度な研究と教育制度の成果を手にするには、十年単位でのコミットメントと相当のリソースを必要とするだろう。

2014年に世界で学校に通っていない青少年は2億6300万人だった。学校教育を受けていない割合がもっとも高いのは、経済的発展と社会的発展の両方がもっとも遅れている地域、そして青少年が人口の過半数を占めている地域である[註46]。地理的な格差よりも、教育機会の格差は性別を問わず悪化するばかりだ。とりわけ、後発開発途上国においては女子は男子よりもさらに教育を受ける機会から排除される傾向が強い[註47]。教育を受けられない人々の割合がもっとも高い地域では、国の工業化の出発点からそもそも不利な条件を強いられている。

子どもたちが継続して学校教育を受けられることは、第一歩に過ぎない。多様性と経済の複雑さが増すなか、基準を満たすきちんとした教育機関と充分な研究資金のニーズは高まるばかりだ。今日、世界の学術誌の過半数はアメリカとイギリスで出版されている。この2カ国に世界トップクラスの大学があることを考えれば、驚くべきことではない[註48]。出版の場所と著者の出身地と論文の内容とが連動しているわけではないが、欧米諸国で新しい知識の大半が生まれ、発表されるとなると、他の地域でその知識が採用され普及する可能性はどうしても低くなるだろう。それを考えれば、欧米諸国は他の地域と連携して知識の獲得と普及に務める責任がある。また北米・西欧諸国はR&D投資（図表8は対GDP比のR&D支出）でリードしているが、東アジアと太平洋地域は徐々に差を縮めている[註49]。だがそれ以外の地域の存在感は限りなく薄い。教育とR&Dへの投資格差が大きいままでは、第四次産業革命が進むにつれて開発途上国はますます不利な立場に追いやられる。

開発途上国で教育とR&Dへの投資が増えれば、誰もが豊かになるチャンスを得る。グロー

図表8
対GDP比のR&D支出の地域別平均

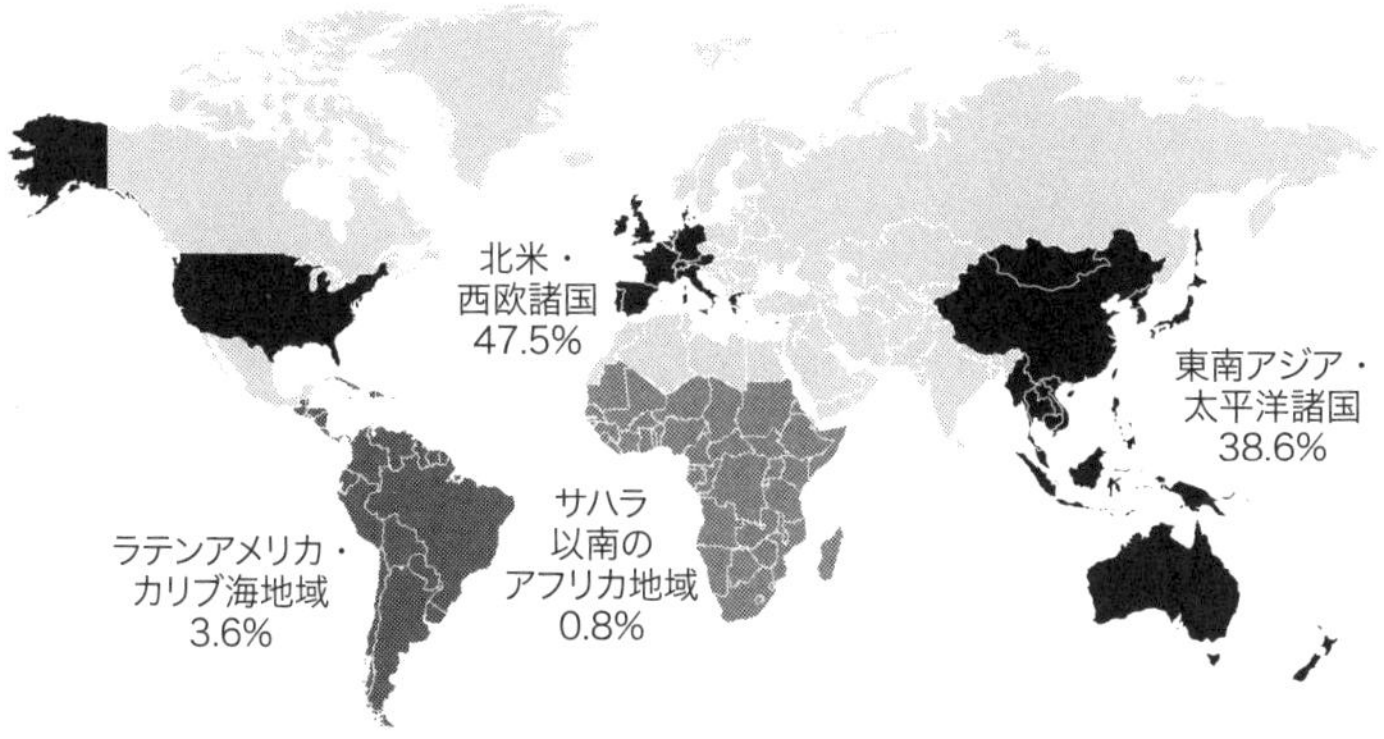

■0〜0.25%　■0.26%〜0.50%　■0.51%〜1.00%　■1.01%〜2.00%　■2.01%以上

出典：UNESCO（2017）

バルな研究で思考の多様性を広げてくれるのは、さまざまな文化の知識とスキルである。２０１７年１月にチャン・ザッカーバーグ・イニシアチブがカナダのスタートアップ、メタ（Meta）を買収した目的も、ここにある。メタは「科学的エコシステムにＡＩを活用」し、日々世界中で発表される膨大な量の研究を生かすためのツールを提供する。多くが有料コンテンツとなっている科学誌の論文を読む、あるいはさがすという機能に留まらず、メタは第四次産業革命の技術を活用してデータを理解し、パターンをみつけ、科学的専門分野全体から知見を見出してリアルタイムで提供する。

Ｒ＆Ｄ投資はまだ足りない。人々の暮らしがよくなっていくには、知識がきちんと商業化される――アイデアと技術の保護、普及、社会と産業全般での展開――必要がある。特許を通じた知識の商業化に関して西欧諸国の歴史は長い。アジアは急速な進歩を遂げてきているが、ラテンアメリカ諸国とアフリカの遅れは解消できていない。

著しく特許の登録数が少ない地域は、つくりだす富が少なく、世界の他の地域との格差につながる――開発途上国が特許技術を使うには高額な費用を支払わなければならず、工業化に歯止めがかかる。

教育が満足に受けられない、R＆Dの水準が低い、新しい技術の商業化が進まないという事情が重なると、開発途上地域が発展に向けて歩き出す力にはつながりにくい。技術の恩恵も知識の恩恵も受けられず、当然ながら第四次産業革命のグローバルな展開からも取り残される、そんな開発途上国が現実に存在している。先進諸国は技術開発、デザイン、活用に関して先行者利益をほしいままにしているとなると、技術と社会と経済のバランスを考える際にも西欧諸国の価値観が幅を利かせ、彼らの経済のインセンティブが支配的になるおそれがある。ここで私たちが行動を起こして自分たちの手で未来をつくりださなければ、成り行きまかせの未来が待っているだろう。そこでは技術は私たちに権限委譲するのではなく、私たちから権限を剝奪するものとなる。

政治も制度も、こうした課題に取り組むことを後押しする仕組みは整っていない。いまの私たちは、過去の工業化よりもはるかに速く効果的に技術を浸透させ、教育とスキルの開発を進める必要がある。第四次産業革命の最前線から眺めれば、これはまぎれもなく好機である。責任を負うという機会、先端技術のシステムを活用して世界のすべてのステークホルダーにより多くの自由をもたらし、誰も排除されることなく恩恵を分配する機会にほかならない。

リスクへの対処、そして第四次産業革命の技術を生かした開発途上国の経済的そして社会的発展の実現のためには、より包摂的で計画的な新しいアプローチが必要となる。開発のエキスパート、技術のクリエーター、グローバル・ビジネス、市民社会、国際組織、影響を受ける人々などがすべて参加するマルチステークホルダーのプロセスである。世界の大多数の人々の未来をデザインするという仕事を一部の人々の手に委ねれば、歪みが生じたり、飛び越えが妨げられたり、少数だけが恩恵をこうむる新しい技術に関心が向けられてしまうおそれがある。SDGsの達成に向けたグローバルで幅広い取り組みは、ここから始まる。地域のステークホルダーとグローバルなステークホルダーが当事者として積極的にリーダーシップを発揮することが、真の成功には欠かせない。

環境

ほぼ3世紀にわたる工業化で空前の富が生み出されたが、それは決して人々に公平には行き渡っていない。それればかりか、地球の生態系に著しく負担をかけている。気候、水、空気、生物多様性、森林、海洋。いずれもかつてない重大なストレスを受け、その深刻さは悪化するばかりだ。種の絶滅は、自然な数値の100倍ものスピードで進んでいる[註50]。1800年には世界の人口10億人のうち都市で暮らしていたのは、わずか3%だった。今日では、世界の人口74億人の半数あまりが都市の住人だ［註51］。そのうちの92%あまりの人々が、世界保健機関（WHO）が安全と見なすレベルよりもひどい大気汚染を経験している［註52］。海のなかの魚とプラスチックを重さで比較すると、2050年までにプラスチックが魚を上回るだろう［註53］。世界の二酸化炭素排出量は1850年と比較すると150倍に増えている［註54］。このままの割合で排出量が増えれば、2100年までに世界の気温が現在よりも確実に4度から6度上昇するおそれがある［註55］。それにより、過去1万年間私たちが享受してきた安定した気候システムが不可逆的に変わってしまう［註56］。

気候変動はすでに国際経済を混乱させ、暮らしに影響を与えている。個人、コミュニティ、システムは不確実さと不安定さにさらされ、相当な代償を支払っている。現在工業化が進んでいる地域も多く、世界の人口は今後15年間で10億人増えるだろう。気候変動がもたらす破壊的な被害は急増が見込まれる。地政学的不安定さ、大量の人口流入、食糧生産の混乱、安全保障の脅威の増大もそこには含まれる［註57］。

第四次産業革命では、解決すべき課題が数多くある。デジタル技術が環境に与える影響もそのひとつだ。電子廃棄物の山は大きくなるばかりで、環境に有害な化学物質を放出している。炭素排出量の増加も問題であり、増加しているデータセンターもこの一因だ。データセンターは消費電力が大きいが、拡大するばかりのデジタル・インフラには欠かせない。技術開発と展開についての指針も、取り組むべき課題のひとつである。今後数年、あるいは数十年の私たち

図表 9
気候変動の動向

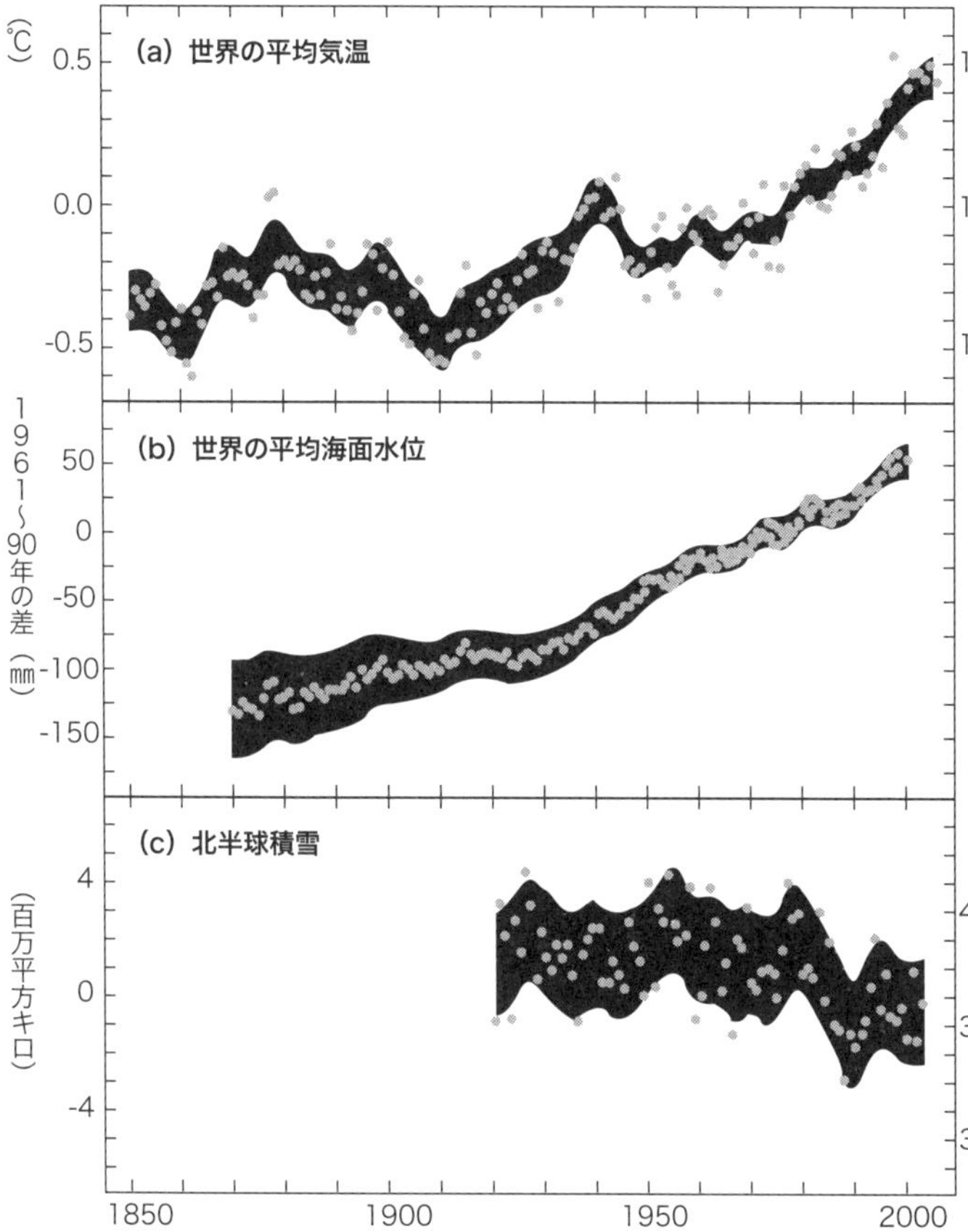

出典：IPCC (2014)

の取り組みは、未来の人々の暮らしばかりか、この先何千年も続く地球のエコシステムに決定的な影響を及ぼすだろう。

第四次産業革命の技術を活用すれば、持続可能な方法で過去の産業革命の外部性に取り組むことができる。それは私たちのグローバル・コモンズを守ることでもある。2030年までに世界の家庭の大部分は、3Gの携帯電話を少なくとも1台所有するだろう。携帯電話の排出量取引にブロックチェーンなど分散型台帳を活用すれば、1人ひとりが地球のプラネタリー・バウンダリーに平等に責任を負うことが可能になるだろう。ブロックチェーンは水の配分と森林破壊の管理にも活用できる。すでにホンジュラス政府は土地の権利記録管理に分散型台帳を活用する可能性をさぐっている。

衛星画像の進歩は、地球全体の温室効果ガス排出の約15%を構成する森林破壊を明らかにする［註58］。ドローンは森林火災、作物の収穫、水源の監視、さらには作物の植え付けにも活用されている。農家が手作業で1日に植える種は3000粒であるのに対し、ドローンで種の入った鞘を投げる方式は1日当たり3万粒が可能であるという実験結果がある［註59］。衛星は海洋の管理と保護にも貢献している。衛星を利用してセンサーとデータ処理のツールにより船の航行状況が見やすくなった。じきに、日々、小型衛星のネットワークで地球全体の高解像度のスナップショットを撮ることができるようになるだろう。ドローン船の船隊は、海を汚染から守り資源の捕獲の状況をモニターするために活用されるだろう［註60］。

技術が身近なものとして使いやすくなれば、環境マネジメントはエキスパートだけに頼ることもなくなるだろう。裾野が広がり民主化され、幅広い参加者がポケットのなかのスマホだけで取り組めるようになっている。それで明らかになったのは、現在の環境マネジメントのシステムに格別問題がなくても、第四次産業革命が引き起こすすさまじい変化の規模と速さは、現在のシステムでは手に負えなくなるということだ。その対処法として、現在の経済モデルを再構成して、生産者と消費者が資源の消費を抑えて持続可能な製品とサービスを選ぶようにうながす必要がある。環境に与える影響のコストは現在は隠れてしまっているが、新しいビジネスモデルはそれが価格に上乗せされ、より持続可能な製造と消費をうながすだろう。また短期的な発想から長期的な計画へと根本的にシフトし、資源調達・製造・消費という直線状の経済モデルから循環型経済へと移行することが求められる。産業を支えるシステムづくりの企画段階から回復力と再生力を念頭におく。短期的にはこの再構成には費用がかかるだろうが、ここで手を打たなければさらに大きな犠牲を強いられることになる。

第四次産業革命はまだ始まったばかりだが、化石燃料よりも再生可能燃料に2倍投資されるなど、すでに明るい兆しは見えている［註61］。しかし世界は選択を迫られている。過去3回の産業革命の軌道をそのまま進んで環境への配慮を後回しにするのか、それとも環境問題解決のために進んで第四次産業革命を活用するのか。問題解決のために意識的な選択とステークホルダーのコラボレーションを実行し、商業的に価値のある解決案だけではなく、公益に役立つものにも資金を投じるといった方策を講じるのか。過去の産業革命は、先端技術にかかるコストを自然界に押し付ける傾向があった。それだけは踏襲すべきではない。簡単ではないだろうが、リーダーは第四次産業革命の外部性に取り組む以外の選択肢はない。意図しないまま脆弱な人々にしわよせがいくことを防ぐという次元ではなく、環境を損なうことで未来の人々すべてに影響が及ぶことを防ぐために。過去3回の産業革命後に地球の生物圏がどれほど疲弊したのかを思えば、失敗がもたらす代償はあまりにも重い。

社会と市民

技術革新は地政学および環境への影響に加え、社会で成功するためのスキルを変えることで社会全体に影響を及ぼしていく。たとえば第三次産業革命では知的生産物をつくるナレッジワーカーの生活水準があがり、工場労働者よりも暮らし向きがよくなった。第二次産業革命では工場労働者の生活水準が向上した。エコノミスト、ブランコ・ミラノヴィッチの有名なエレファント・カーブ（図表10）で示したのは、1988年から2008年までの世界の所得分配の変化である。最貧困層だけではなく80パーセンタイルの周辺の人々、つまり先進国のロウアーミドル・クラスも、恩恵を受けていない。多くの工場労働者は「プレカリアート」に加わり、不安定で賃金の上昇が見込めない状況となった。いま自動化が進み、恩恵を受ける対象はふたたび変わろうとしている。

新しい形態の自動化には最新のＡＩ技術によるロボットとアルゴリズムなどがあり、単に工場労働者に置き換わるだけではなく、会計士、弁護士、その他専門的な業務もこなすようにな

図表10
全世界の各所得分位の1988年と2008年の間の実質所得の変化率(2005年国際ドル)

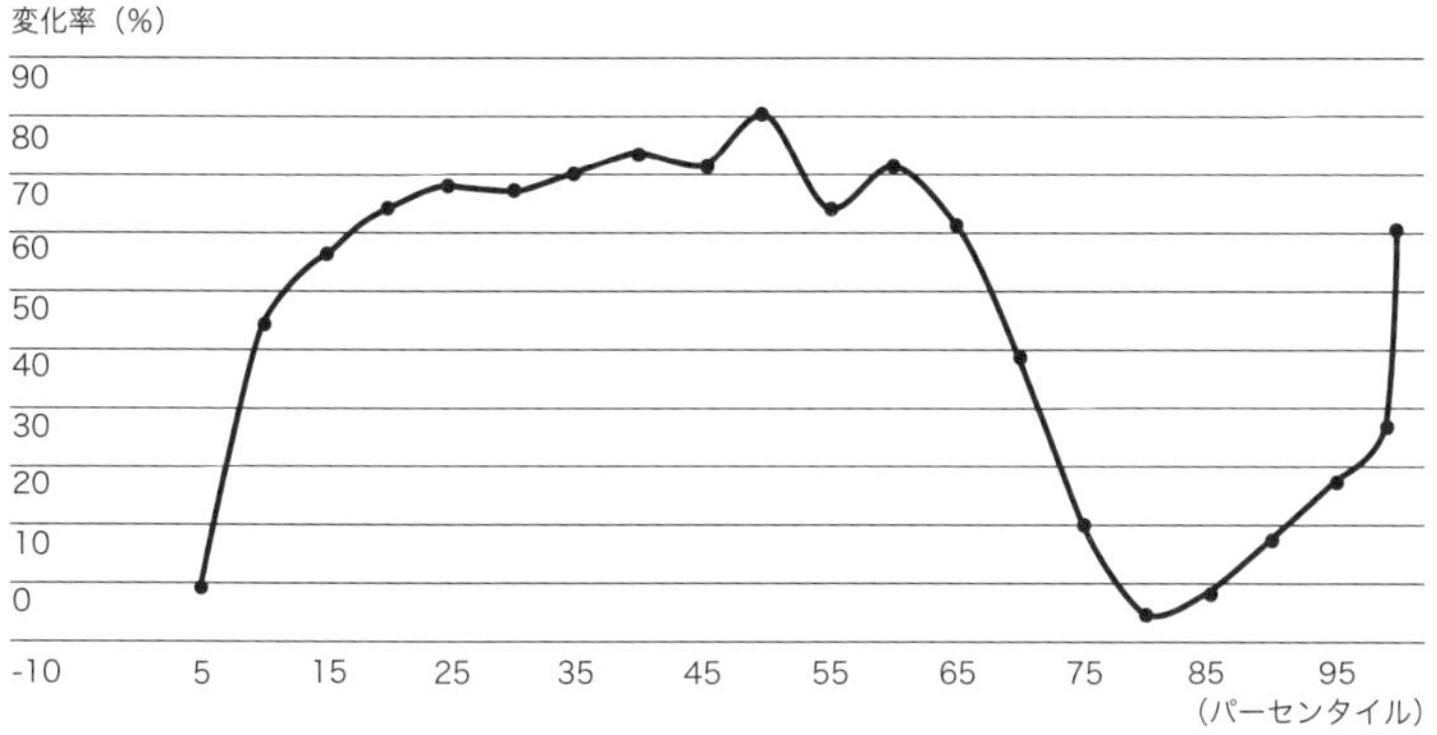

出典：Milanovic（2016）

っている。2000年、ゴールドマン・サックスのニューヨーク・オフィスは600人のトレーダーを雇っていた。2017年には、証券トレーダー2人のみが残り、自動売買プログラムのサポートを受けて業務をしていた[註62]。ウォール街のいたるところで同様の事態となっていた[註63]。このシフトによって、富は資本と知的財産のオーナーにいっそう集中しそうに思われる。こうした社会的変化と個人への影響が放置されれば、イギリスとアメリカの最近の選挙に見られるように憤り、恐れ、政治的反動という結果を引き起こしかねない。

差し迫った経済的課題ではないが、個人、家族、コミュニティにとっての仕事がかつてのような意味合いを持たなくなったという実態もある。過去250年、労働者という役割、そして社会において生産性のある一員という役割は、コミュニティ、アイデンティティ、目的、主体性と密につながっていた。現在の大変動は、個人、社会、経済活動の関係についてのパラダイムを崩し、政治のリーダーは再考を求められている。個人と社会の社会契約をつくり直すための改革も必要となるだろう。

ユニバーサル・ベーシックインカムも、ここに関係してくる。非常に斬新な発想のユニバーサル・ベーシックインカムは、現在フィンランドからケニア、カリフォルニア、インドまで世界各地で試行されている。ユニバーサル・ベーシックインカムの一番の根拠は合理的あるいは分配的といったことよりも、社会的公正である。所得が土地、天然資源、知的財産——社会の富の総体——へと偏る状況では富の総体をすべての人に分配するには無条件のベーシックインカムは正しい、というわけだ。ここではユニバーサル・ベーシックインカムを特効薬としては扱わないが、思い切った切り口が貴重な議論をうながしているのはまちがいない。経済的そして社会的な改革に関しての幅広い議論、そして第四次産業革命において経済システムはすべてのステークホルダーにどう機能できるのかについてあらためて考える議論が必要である。

第四次産業革命が性差にどう影響するのかについて、リーダーは充分に注意を払わなくてはならない。第一次産業革命と第二次産業革命では女性は家庭に縛られ、政治的にも経済的にも影響が弱まることとなった。19世紀に女性は工場労働に進出したが、多くは苦難を味わい、やがて女性の権利を獲得するための大きな組織と抗議運動に、そして普通選挙権と政治的影響力へとつながった。結果的に女性は経済的にも社会的にも地位の向上を果たした。それでもジェンダーギャップはまだ存在する。世界中で男性は女性に比べて経済的にも政治的にも権限委譲されている。世界経済フォーラム『グローバル・ジェンダーギャップ・レポート２０１６（*Global Gender Gap Report 2016*）』で採点の対象となっている１４２カ国のほぼ半数でジェンダーギャップが拡大しているのが現状だ［註64］。第四次産業革命にはスキル・バイアスが存在し、高度な技術を持つ一部の人材とビジネス・オーナーにとって有利である。これが現状の格差を広げるおそれは充分にある。

科学研究の従事者のうち女性は30％未満、ＳＴＥＭ（科学・技術・工学・数学）の分野ではさらに割合は少ない［註65］。ＩＴ業界の仕事で女性が占めるのは25％足らずであり、テクノロジー系の起業家となるとその比率は少なくなるばかりだ［註66］。インターネットの使用は女性が男性よりも50％少なく、一部の開発途上国ではその差はさらに大きくなるようだ［註67］。ほぼすべてのパラメーターに関して、開発途上国の男女間のギャップはもっとも大きく、女性はさらに不利な状況に置かれる。こうした格差により、女性は第四次産業革命に参加し実行する機会を奪われる。具体的には、それにより何百万ものすぐれたアイデアとインプットが表明されずに終わり、貴重な知識が生かされずに終わる。だからこそ、政治的、経済的、社会的な面でジェンダー平等に優先的に取り組む必要がある。第四次産業革命で女性の潜在能力を解き放つことは、社会の潜在能力を解き放つことと同じだ。

第四次産業革命はジェンダーギャップに取り組む契機となるばかりではない。ジェンダー、人種、年齢、性的指向、障害のゆえに、あるいは、誕生した時のジェンダーと一体感がないからという理由で歴史的に社会の主流から取り残された、あるいは迫害された人々を包摂する契機にもなり得る。先端技術はジェンダー、年齢、身体そのものの受け止め方を大きく変えてしまうかもしれない。障害のある人が活用できる技術は人間の能力を増大し、障害者という概念すら過去のものにしてしまう可能性がある。

ロボット、そして身体能力拡張《エンハンスメント》テクノロジーが社会でありふれたものになっていけば、ステレオタイプの一掃に拍車がかかるだろう。だが、自然にそうなっていくわけではない。前章で述べたように、私たちがどんな価値観に基づいて技術を開発し、実際に活用するのかで決まる。機械のプログラミングと機械との相互作用で、すでに性差別や人種差別など既存の偏見が入り込んでいる［註68］。ヒューマノイドロボットはデザインの時点から人種やジェンダーなどのカテゴリーを超越できるはずなのだが、私たちが目にするカスタマーサービスのロボットは女性の特徴に沿ってデザインされ、工業用ロボットは男性の特徴をモデルとしているケースが多い。これでは、百年来のステレオタイプを新しい技術で一掃することも、伝統的なカテゴリーに縛られた見方をもっと包摂的にしていくことも妨げられてしまう。新しい技術は既存のステレオタイプを頑なに守り抜くのか、それともすべての人とコミュニティ全体をより幸せにしていくのか。それは開発の過程での意識的な選択によって決まってくる。

すべてのステークホルダーを包摂するために必要なのは、責任を自覚し柔軟に反応するリーダーシップ

第四次産業革命がどのように展開していくのかを決めるのは、増加する経済的、環境的、社会的な課題に対する私たちの取り組み方である。意識的に取り組むのか、それとも無頓着でいるのか。私たちが偉大ななにかの一部――真にグローバルな文明の一員――であると実感していれば、そして運命をともにしているという意識があれば、計画段階ですべてのステークホルダーが含まれるはずである。開発途上国で増加する人々に権限を委譲し、平等の機会を保証する責任を私たちは共有している。とりわけ、過去の産業革命の便益を獲得するのに奮闘する若者たちに対して、私たちはその責任を負う。私たちの行動にはスチュワードシップが求められる。未来の世代に健やかな地球を受け渡すために、そして年齢、所得、人種、信条にかかわらずすべての市民とともに新しい技術の恩恵を共有するために。

私たちが共有する課題を解決するには、思い切った斬新な思考が求められる。技術が人間の労働に取って替わり、気候変動は深刻化し、格差への懸念が高まり、経済的な安定は見込めないといった状況は、社会と経済の大本にあるモデルとパラダイムをじわじわと崩している。あらゆるセクターの、そしてあらゆる国のリーダーは、社会的そして経済的なシステムの変革が急務であることについて、それを徐々に進めるのか、一気にやってしまうのかについて、活発な話し合いを推進する責任を負う。

まとめ

第四次産業革命を持続可能で包摂的な未来に向けて導いていくには、マルチステークホルダーのアプローチが不可欠である。

マルチステークホルダーの指針が示す通り、複雑かつグローバルな課題に取り組んで実行可能な解決策を打ち出すには、財界、政府、市民社会、学界のリーダーの協調、さらに若い世代の参加が必要である。

開発途上国が第四次産業革命の当事者となるためには……

●そこで暮らす人々にとって望ましい未来と先端技術の恩恵の活用の仕方について、彼ら自身が話し合う。

●イノベーション、インフラ、産業化に関する地域、地方、グローバルな政策を整え、すべての市民に権限委譲し先端技術がもたらす恩恵と機会を活用できるようにする。

第四次産業革命で環境を守るには……

- 被害を防ぐためだけに先端技術を活用するのではなく、自然界の維持と改善のため、そして先を見越した未来志向の目的を達成するために、先端技術をデザインし、実践する。
- 技術の使用とその影響に関係する経済モデルを再構築し、生産者と消費者双方が資源消費を減らすよううながし、持続可能な製品とサービスに重点を置く。

第四次産業革命が社会と市民にとって豊かで包摂的で公平であるためには、経済、環境、社会に影響を与える技術システムをつくる段階から意識的な選択をおこなう必要がある。これまでの経済的パラダイム、政治的パラダイムと決別し、民族、年齢、ジェンダー、バックグラウンドを問わず1人ひとりへの権限委譲を実現させる勇気を持たなくてはならない。

第2部

テクノロジー、機会、破壊的変化

第1部では、第四次産業革命のダイナミクスと課題、人間を中心に据え価値観を基盤とし、すべてのステークホルダーを包摂するアプローチの必要性について述べた。第2部では、驚異的な力を秘めた技術の数々、その技術が生まれる条件、その技術によっていかに新しい時代がつくられるのかについて詳しく見ていきたい。技術がもたらす変化の規模、範囲、スピードは、産業界を越えて幅広い影響を与えるだろう。歴史の流れを変えるほどの力を秘め、私たちの暮らしの隅々にまで変化をもたらすにちがいない。

ここからの12の章は世界経済フォーラム・グローバル・フューチャー・カウンシルとエキスパート・ネットワークとともに、新しい技術について洞察を深めていきたい。このさき第四次産業革命の推進力となって急速にグローバルな展開を果たしていく技術に注目する。大きく4つに分け、技術が世界にどう影響し、どんな未来を実現するのかについて可能性をさぐり、議論すべき重要なテーマに焦点をあてていく。４つとは、「デジタル技術を拡大する」「現実の世界を改革する」「人間を改造する」「環境を統合する」である。めざすのは、読者に「より大きな絵」を提供することであり、第２章で述べた「ズームイン、ズームアウト」戦略に必要な技術について幅広い知識を身につけていただくことである。

これから取り上げる12セットの技術は、まったく新しいカテゴリーをつくりだし、驚異的な製品とサービスを生み出し、バリューチェーンと組織構造を変える。デジタル技術の分野では、クラウド・コンピューティングの技術によりロボット、ゲノム解読装置、ウエアラブル、ドローン、仮想および拡張現実がネットワークで結ばれるなど、現実の世界を飛躍的に変えている。

AIプラットフォームはあらゆる業界に活用され、企業の意思決定能力の向上に貢献している。また先端素材を活用した製品は私たちが暮らす世界を絶え間なく「アップグレード」している。

こうした革新的な技術のケイパビリティ、科学の各分野への応用、インフラ基盤の整備がおよぼす影響はステークホルダーの枠を越えて、さざ波のように広がっている。産業、社会、政治の分野でもケイパビリティ、社会的関係、政策が影響を受けている。それにどう対処するかが、官民問わず今後数十年の舵取りに重大な意味をもたらすにちがいない。そのためにも「より大きな絵」を見ることは重要である。第2部では読者の「ズームアウト」を助けるために、各章でケイパビリティへの理解を広げていく。さらに「ズームイン」のために技術の活用例、潜在力についての情報を提供する。併せて専門家の視点からの解説も紹介していこう。

本書で取り上げる12セットの技術はとうてい全体を網羅したものとはいえない。果てしない数の技術があり、それをすべて視野に入れることなど、とうていできないだろう。しかも、いつか、どこからか、さらに新しい技術が生まれるかもしれない。第2部で取り上げる技術は、第四次産業革命の初期の段階で存在感のあるものを選んでいる。しかも、どの技術も人間の生態、知性、経験、環境と連動していくと思われるものだ。その影響は幅広く、おそらく想像もつかない。私たち1人ひとりがどう働き、子どもを育て、人と交流して暮らしていくのか、そんな部分にも影響するだろう。さらには、私たちの権利、コミュニティや国家との関係など、幅広い領域にも影響を及ぼすだろう。そのなかで、私たちの暮らしにおいて可能なこと、容認できること、必要なことについて考え直す必要に迫られるだろう。いま挙げた以外にもさまざまな理由から、技術を活用しながらも人間を中心に据えた進歩を実現するのだという自覚を持ち続けることは、なによりも重要である。

2・1　デジタル技術を拡大する

第三次産業革命、いわゆるデジタル革命が私たちにもたらしたものは、汎用コンピューティング技術、ソフトウェア開発、パーソナルコンピュータ、デジタル・インフラとインターネットを経由してつながっていく世界である。といっても私たちが親しんでいるコンピューティング技術の大部分は、1940年代に確立された古典的なコンピューティング・プロセスが進歩したものである。今日、研究者と起業家は別方向からのコンピューティング技術の開発に取り組み、情報の保存、操作、コミュニケーションのケイパビリティと可能性を広げようとしている。この第2部では新しいコンピューティング技術、ブロックチェーン、分散型台帳システム、成長するIoTを取り上げ、デジタル・コンピューティング、量子コンピューティング、エンベデッド・コンピューティングのアプローチが未来をどう変えるのかについて、例を挙げて考えていく。

第5章　新しいコンピューティング技術
第6章　ブロックチェーンと分散型台帳技術
COLUMN　ブロックチェーンが便利な場合

2・2　現実の世界を改革する

第四次産業革命の技術は、拡大する帯域幅、身近になったクラウドサービス、スピードとパワーを増すグラフィックス処理を活用し、スクリーンの向こうに移動したり、工業生産、都会の交通インフラ、インタラクティブ・デバイスのなかに入り込んだりしている。第二次産業革命がもたらした配電網と機械化の技術が基盤となってデジタル技術が発展したように、デジタル・インフラを基盤として技術の再構成がおこなわれている。そこから、さまざまな素材や材料、産業や社会の情報のやりとりなどに使われる技術が生まれる。第2部の3つの章は、ＡＩとロボット工学、先進材料、付加製造、３Ｄプリント、ドローンについて取り上げる。この先私たちが迎える未来は、デジタル・エージェントとデジタル・アクターがソフトウェアとアーティファクトの境界を越え、新しい機能をもたらし、私たちに混じって動きまわるだろう。

COLUMN　インテリジェントなAI
COLUMN　AIについていま知っておくべき10のこと
第9章　先進材料
COLUMN　先進材料の適用の拡大
第10章　付加製造と3Dプリント
COLUMN　付加製造産業を成熟させるための政策
COLUMN　ドローンの利点と不都合な点

2・3　人間を改造する

技術と生命体の境界線がぼやけてきている。単に、技術力で実物そっくりなロボットや合成生命体が可能になったという次元ではない。新しい技術は私たちの一部となる能力を持っている。すでに技術は私たちの思考に影響を与えている——自分自身をどう理解するのか、他者をどうとらえるのか、いまの現実をどう解釈するのかについて。ここで取り上げる技術を活用すれば、自分自身の深層部へのアクセスが可能となり、デジタル技術を自分の一部として組み込んでしまうかもしれない。「サイボーグ」というメタファーにいまさらドキドキする人はいないかもしれないが、いずれデジタルとアナログが奇妙に入り混じった生命体が登場し、人間であることの定義をあらためる日がくるかもしれない。本書ではバイオテクノロジー、ニューロテクノロジー、脳科学、仮想現実と拡張現実の装置を取り上げる。第四次産業革命の技術の組み合わせのうち、もっとも倫理的な課題をともなう分野であるはずだ。いずれの技術も人間の内部で機能し、外界との相互作用を変えるだろう。心身の制約を超え、私たちの身体能力を増大させるばかりか、その影響が長く留まる可能性がある。そのような技術は単なるツールとは言えない。だからこそ、人体に、行動に、人権にどこまで侵入をゆるすのかについて充分に考えておかなくてはならない。

第11章 バイオテクノロジー
COLUMN 生物を設計する
第12章 ニューロテクノロジー
COLUMN ニューロテクノロジーのシステマティックな影響
第13章 仮想現実と拡張現実
COLUMN インターフェースがすべて
COLUMN 未来はバーチャルで、エキサイティングである
COLUMN アート、文化、第四次産業革命に関する見通し

2・4 環境を統合する

第四次産業革命がよりどころとする技術はインフラをさらに発展させ、グローバルシステムを維持し、未来への新しい道を切り開くだろう。本書で取り上げる技術は、そのケイパビリテ

ィを拡充している。持続可能な原料と方法でエネルギーを得て、貯蔵し、送るケイパビリティは、化石燃料への依存を減らし、低コストを実現し、低コストの分散型電源を人にも技術にも供給できる。ジオエンジニアリングは、まだ推測の部分が多いとはいえ、気候を管理するとはどういうことか、温暖化という地球規模の課題への最善の取り組みとはどういうことかを皆が考える必要性を提示する。私たちの周囲にも宇宙技術は数多く活用されており、地球とそのエコシステムをモニターし、科学のフロンティアへの進出、探査、技術革新を支える。こうしたもののひとつひとつは私たちと地球を、さらに先の広い宇宙をつなぎ、環境――土地、空気、宇宙――へのマルチステークホルダーの責任についての理解をうながす。これだけの影響力を及ぼす能力を秘めている技術だけに、私たちは未来に向けてともに努力し重要な意思決定をする必要がある。

デジタル技術を拡大する

第5章 新しいコンピューティング技術

第三次産業革命を支えた汎用技術はデジタル・コンピューティングの力だった。これは1947年に発明されたトランジスタのサイズとコストが飛躍的に縮小したおかげである。新しいコンピューティング技術は、今後ますます重要になるだろう。ユビキタスで堅牢で効率的、そして低コストのデジタル・ケイパビリティは第四次産業革命の技術とシステムのバックボーンであり、斬新なコンピューティングが登場すれば、未来に向けて新しい機会と課題をもたらすだろう。

コンピューティングの進歩の立役者は、材料、アセンブラ、アーキテクチャのイノベーションである。いずれも情報の処理、保存、操作、相互作用に欠かせない。そして集中型のクラウド・コンピューティング、量子コンピューティング、ニューラル・ネットワーク・コンピューティング、バイオ・データストレージ、光コンピューティング、分散メッシュ・コンピューティングなどの領域を生み出している。こうしたアプローチはソフトウェアの開発と新しい形態の暗号化の登場をうながす。それにともなってサイバーセキュリティの課題と解決、自然言語処理、ヘルスケアのアプリケーション、物理プロセスと化学プロセスのシミュレーションなどにおいて驚異的な効率性を実現するにちがいない。新しいコンピューティング・テクノロジーによって、もっとも手強い課題が解決しやすくなる。ただし、適切なガバナンスによってその便益が共有され、セキュリティへの影響が確実に管理されなければ、重大なリスクを引き起こす可能性がある。

ムーアの法則の民主的な影響を拡大する

インテルの共同創設者ゴードン・ムーアにちなんで名付けられたムーアの法則は、1平方インチ当たりのトランジスタの数が1960年代半ば以来、ほぼ18カ月から2年ごとに倍増したという調査結果がもとになっている。つまりコンピュータのサイズが指数関数的に、より小さく、速くなり、それにより年に約30％も製造コストが減少した。ムーアの法則なしには、超小型のプロセッサとストレージに依存するモバイル・コンシューマ・コンピューティングの恩恵を私たちは受けることはできなかっただろう。また携帯電話もその影響もなかっただろう。ピュー研究所の調査ではそれが明らかになっている。現在、なんらかのタイプのスマホを所有している人々の割合を世界中で調べると、その中央値は43％となっている〔註69、70〕。今日、研究者、テクノロジー起業家および企業が最速のコンピュータを、ささやかなコストで利用できるのも、そのおかげである。これはイノベーションと生産性の両方を向上させた要因である。

コストの削減とパフォーマンスの飛躍的な向上は、ムーアの法則が維持できなくなっても継続していかなければならない。デジタル化された情報技術を活用することで得られる経済の機会ははかりしれない。にもかかわらず、世界ではまだインターネットへのアクセスがない人々が40億人あまりいる〔註71〕。ムーアの法則の維持は難題である。トランジスタの小型化がもはや物理的限界に達しているとして、数年前から半導体メーカーと材料科学の専門家は懸念を抱いていている。トランジスタの高速化と電力使用量の減少（デナード則）は10年ちかく前にすでに頭打ちとなった。今日、トランジスタの大きさはウイルスよりも小さくなっており、商業規格の最小は14ナノメートルである。２０１７年にはさらに小型のチップ（10ナノメートル）の製造が始まり、インテルの施設では5年以内に7ナノメートルのチップを製造する計画がある。参考までに、人間の毛髪は直径5万ナノメートルである。

シリコン製のトランジスタのサイズの物理的限界というと、5ナノメートルだろうか。量子トンネル効果——電子が薄い素材を直接通過できてしまう——によって、あるいは漏電電流がチップにダメージを与えたりチップをはなはだしく非効率的にしたりするため、そこが限界となる。国際半導体技術ロードマップ（ＩＴＲＳ）が述べているように「半導体産業はもはや水平方向には行き着くところまで行き着いてしまった」〔註72〕。縦にトランジスタを積み重ねることはひとつの解決ではあるが、このアプローチは新しい問題を引き起こす。たとえば、チップの密度が高くなることで発生する熱による性能の低下などだ。だがこのようなサイズの制約の課題を、新材料が解決し、トランジスタの小型化が実現するかもしれない。

ローレンス・バークレー国立研究所の研究者は、カーボン・ナノチューブと二硫化モリブデンを使ってゲート長1ナノメートルのトランジスタを試作した［註73］。だが、いずれは1平方インチ当たりのトランジスタの数を倍増することが物理的に不可能になるだろう。その前に、商業的に成立しなくなるかもしれない。ムーアの法則を補うロックの法則は、新しい小型のチップを製造する工場のコストは4年ごとに倍増すると予測している。機械に求められる精密さは格段に増し、エラー率を低く抑える必要があるためだ。ピーター・デニングとテッド・ルイスが述べたようにロックの法則とはつまり、新しい製造施設を存続させるには、チップの新世代の市場規模が既存の市場の2倍を越えている必要があるということだ［註74］。より多くの投資、複雑化するチップの製造にともなう大幅な変更という条件が重なり、トランジスタの密度が倍になるためにかかる期間は、最近では2年から約2・5年に延びている［註75］。

コンピューティング能力をこのまま指数関数的に高めていくには、トランジスタの小型化だけに頼るのではなく、システムの改良に取り組む必要が出てくるだろう。2016年、IEEEは、新しいアプローチの必要性を明らかにしている。それまではトランジスタの小型化に焦点をしぼった報告書を発表するなど、チップへの投資を謳ってきたが、将来的には「国際半導体技術ロードマップ」の開発に焦点をあてていくだろう。めざすところは、コンピュータのパフォーマンスについて「新しい『ムーアの法則』をつくり、市場に新しいコンピューティング技術が登場するスピードを加速する」ことである［註76］。パフォーマンスと効率の向上を実現するために、新材料、新しいアーキテクチャ、新しいコンピューティングの活用が模索されている。実現すれば、より多くの人と組織が、ユビキタスで低コストのコンピューティングの恩恵を受けることができる。

パフォーマンスを向上させるには、コンピューティングの初期と同じく、より専門化したプロセッサに移るという方法がある。初期のチップは特注されるものだった。1970年代以降はおもに規格化された大量生産の汎用マイクロプロセッサがデジタル・コンピューティングに使われるようになった[註77]。しかし、同じ行程が何度もおこなわれるデータ集約型の機能には、標準的な中央演算処理装置はあまり効率的ではない。今日、CPUに続いて2番目に多いマイクロプロセッサは、GPU（グラフィックス・プロセッシング・ユニット）であり、これは画面に情報を表示するための専用回路である――三次元の画像を迅速につくりアップデートするのに必要な集中的なタスクをおこなう。

機械学習の重要性が増し、実用化が進むにつれて、コンピューティング・アーキテクチャのいままでにないカスタマイズ化が求められるようになった。グーグルは世界でもっとも多くチップを購入する企業のひとつだが、同社は深層学習アルゴリズムのための特定用途向け集積回路（ASIC）、テンソル・プロセッシング・ユニットを多数設計した。同社によれば、このテンソル・プロセッシング・ユニットが、2016年に五番勝負でイ・セドルに勝ったアルファ碁のプログラムを支えたという。新しいメモリおよびプロセッシング・ストラクチャのおかげで「AIアクセラレータ」と呼ばれる新しい種類のマイクロプロセッサが登場している。多くの機械学習の技術の心臓部で人工のニューラル・ネットワークがおこなうオペレーションに最適化したアーキテクチャだ。ＡＩのアルゴリズムの大規模な実用化に求められるスピード、コスト、省エネにおいて非常に優れている〔註78〕。

しかし、供給と性能の課題に取り組むだけでは、すべての問題解決にはつながらない。性能とスピード、トランジスタの数以外にも、デバイスとデータの急増がもたらす課題がある。リアルタイムで、状況に応じて適切にコンピューティングのケイパビリティを駆使し、成果を出す必要がある。たとえば、クラウドベースのアプリケーションは世界のどこでも数秒で機能すればよい。だが、ＡＩが人々と連動して働き、公共の安全あるいは交通システムなど大きなニーズを満たすためには、エクサバイトの単位のデータの演算を１０００分の１秒あるいは１００万分の１秒の単位でおこなう必要がある。したがって、量的な課題よりも、むしろスピード、レイテンシ、エネルギーに関する課題への取り組みが問われる。

最新の研究では、物理学と材料科学の分野のブレイクスルーが新しい形態のコンピューティングを実現している。それは、デジタル・コンピュータを基盤とした強力な専用プロセッサとは、一線を画するものである。もっとも期待できそうで、そして破壊的な威力を秘めているのが量子コンピューティングだ。

量子コンピューティング――理論上は破壊的な威力を備え、現実においては困難とやりがいをもたらす

高性能で安定した量子コンピュータ・モデルが完成すれば、第四次産業革命の技術のなかで、もっとも破壊的な威力を発揮することになるだろう。だがそれが実現するまでには、まだ少々時間がかかりそうだ。量子コンピュータは量子力学の奇妙な法則を活用し、コンピューティングの発想を変えてしまう。従来のコンピュータが情報を保存しオペレーションを実行するために使うトランジスタは、1か0のどちらかをあらわす2進法で設計されている。量子コンピュータはそれを使わず、量子ビットを用いる。古典ビットは必ず1か0のどちらかをあらわすのに対し、量子ビットは重ね合わせ状態にあり、測定されるまで確率的には1でも0でもある。そのため、複数の状態を同時にシミュレートできる。

量子レベルでは、量子もつれという奇妙な特性もある。複数の量子ビットがつながり、ひとつの量子状態の計測で他の量子の状態についての情報が得られる。この特性を生かした量子コンピュータは量子アルゴリズムを使い、確率論的にショートカットして数学の難問に妥当な答えを出す。従来のデジタル・コンピュータでは、膨大な時間がかかるはずだ。たとえば大きな数字の素因数を見つけることも、そのひとつだ。現在、暗号化技術の多くが機能しているのは、単に従来のコンピュータがこれをすみやかにこなせないというだけの理由である。また、変数が多い場合の最適化の問題が解決できれば幅広い業務効率に役立ち、ロジスティクスの課題を解決し、巨大な非構造化データベースの検索にも活用できる［註79］。

量子コンピュータは他の量子系をモデル化することもできる。大型ハドロン衝突型加速器のなかなど、特殊な状態での原子や粒子の動きを、より正確にモデル化できる。量子シミュレーションを使えば、従来のコンピュータでは手に負えない分子間相互作用の計算は簡単にできるだろう。こうした演算は、より高性能な材料、クリーンエネルギー・デバイス、新しい薬剤を開発するためには欠かせない。量子コンピューティングが使えるようになれば、第四次産業革命の基盤となる多くの技術とシステムの性能アップが実現するだろう。

しかし、注意すべき点もある。量子コンピュータは1982年に初めてリチャード・ファインマンが提案して以来、理論上は30年にわたって存在してきたが、そのもっとも破壊的なポテンシャルはまだまだ未知の領域にある。いまなお汎用量子コンピュータの製造は、工学的に極度に難しい。量子ビットをつくって維持するには、極限の状態で安定したシステム——たとえば絶対零度に非常にちかい温度を保持——が必要となる[註80]。現在、研究をリードする量子コンピュータは、量子ビットが非常に少ない（IBMの量子コンピュータは5量子ビット）、あるいは使用法が限られ（D-Waveの量子アニーリング法のように）、たいていは解決可能な問題が限定され、演算能力にも限りがある。だが進歩のスピードはめざましく、量子コンピュータの実用的な能力の実演もおこなわれている。理論的な面でも着々と進歩を遂げて、量子アルゴリズムと量子機械学習という新興分野で新しいアイデアを提案している。

量子コンピューティングの物理的、工学的な課題が解決された場合、さらなる課題が生じるだろう。もっとも重要なのは、信頼とセキュリティについての課題である。現在、ネット上で銀行取引やEメールのログイン情報を守るのに使われるTLS（Transport Layer Security）の場合、2048ビットの認証を突破するためには従来型のコンピュータで130億年かかる。

量子ゲートコンピュータは1994年に数学者ピーター・ショアが開発したアルゴリズムを活用して、この種の演算を速やかにおこなう。現在使われている暗号システムの多くは役に立たなくなるだろう[註81]。となると、オンライン取引やさまざまな情報の保護に関する基準を見直す必要がある。量子コンピュータによって破られるおそれのない方法を引き続き開発し、量子の力を活用して新しい形態の暗号システムの可能性を模索することになるだろう。

量子コンピューティングの登場で従来型のコンピュータの役割がなくなる、などということはないはずだ。量子効果の活用は数学と化学の専門的領域では大いに意義があるとしても、日々の情報処理となると格段に優位に立つというわけではない。さらに、現在明らかになっている物理学の範囲では、量子コンピュータが従来型のコンピュータよりも安価に、そして小型になるとは想像しにくい。独特の量子効果を活用したコンピューティングは変革的な力を発揮する可能性を秘めているものの、コストが高く専門的な分野を扱うことになりそうだ――少なくとも第五次産業革命までは。

ますます小型化、高速化し、ますます影響力を増すコンピュータ

1991年にマーク・ワイザーが記したように、「もっとも深く根付いている技術は姿を消す。日々の暮らしという布地に自ら編み込まれていき、やがて区別がつかなくなる」[註82]。ムーアの法則による民主化の広がりで、デジタル・コンピュータはディスクリート半導体を使

った製品という定義では、くくれなくなっている。今日のコンピュータは新車、一般向け電子機器や大半の家電の心臓部とは限らない。テキスタイル、衣類に組み込まれ、私たちを取り巻くインフラと一体化している——道路、街灯、橋、建物に［註83］。いまやコンピュータで築かれた世界で暮らしているといってもいい。

新型センサーと機械学習アルゴリズムのおかげで、いままでにないチャネルを通じてコンピュータにアクセスできるようになった。音声コマンドと自然言語処理が私たちをスクリーンとキーボードから解放してくれる。センサーでボディランゲージと手と目の動きをとらえ、コンピュータや車椅子、義肢などを意識的あるいは無意識的に操作する意志をコンピュータが読み取る。２０１７年4月にフェイスブックは、ユーザーが思考だけでコンピュータにコマンドやメッセージを指示できるようにするため、機械学習と神経系の人工装具の専門家を含む60名の研究者から成るチームで取り組んでいると発表した［註84］。コンピュータにアクセスするためのこうした再帰的手法は、マルチタスクや外界からの情報を処理する新しい方法をもたらすだろう。

コンピュータは物理的にも私たちの一部となってきている。外づけのウエアラブル・デバイス、たとえばスマートウォッチ、インテリジェントなイヤホン、ARグラス（拡張現実メガネ）などに替わって能動型埋め込みマイクロチップが登場し、これからは私たちの皮膚の内側に入り、統合治療システムから人間強化《ヒューマン・エンハンスメント》まで幅広く興味深い効果を発揮するだろう。

バイオコンピューティングの進歩により、近い将来、特注で設計された有機体が特注のマイクロチップに置き換わるだろう。これは表現と摂取の新しい形態、「バイオハッキング」にとって非常に重要な部分だ。MITの研究者たちは、人間が共通に持つ腸内細菌にセンサー、メモリスイッチ、電子回路をエンコードし、私たちの体内のバイオームを意図的にデザインして炎症性腸疾患あるいは結腸癌《がん》の発見と治療に活用できることを示した［註85］。

それは大きな便益をもたらす可能性がある一方で、課題とリスクがともなう。人間の内外を情報が双方向に流れることが可能となれば、帯域幅の継続的な拡大、圧縮技術の進歩がますます必要となる。デジタル処理が主流となる世界では膨大な量のデータが生じ、高密度で長期にわたる保存のための新しいアプローチが必要となる。ひとつの解決策は、DNAを使って情報を保存する方法だ。2012年、ハーバード大学のジョージ・チャーチ教授はDNAにデータを蓄える方法で、現在手に入る最高のフラッシュメモリの密度の10万倍を超えるデータを保存できることを示した。それはかなりの温度差でも安定していた。「砂漠でも、自宅の裏庭でも、どこに落としても、40万年後でもそこにあるだろう」［註86］とチャーチは述べている。

だが、特定の状況ではユビキタス・コンピューティングによって世界はより一層脆弱になる可能性がある。常時接続のコンピューティングが必要なシステムに依存するとなると、停電が起きれば深刻な事態が生じるだろう。そういう場合、原始的でしかもマニュアルなフォールバック・システムに慣れていないとなると、ますます悪い方向にいく可能性が高い。かつてないユビキタスなコンピューティングは、確実に社会にも影響を与えるだろう。小型で高速になったコンピュータが登場して、人間の行動は変わってきている。テーブルの上に携帯電話が1台あるだけで、目の前の会話の相手との一体感が薄れ、やりとりの細かい部分が記憶に残りにくくなる［註87］。若い人たちのソーシャルメディアの利用は、思いやりが薄れていく傾向に関係している。

コンピューティング・テクノロジーが広まるにつれて、環境外部性はより大きな問題になりそうだ。先進国のデータセンターの電気使用量はすでに電力需要全体の約2％を占めている。アメリカでは700億キロワット時になり、オーストリアの年間電気使用量よりも多い。地球の環境スチュワードシップの責任を果たすとはどういうことか。たとえば、未来のコンピューティングのイノベーションに貢献できる新材料が研究者と企業によって開発される場合、私たちはその計算法とハードウェアが持続可能性とエネルギー効率を向上させるよう、市場メカニズムを通じて尽力すべきだ。新しいタイプのプロセッサが開発されるなかで、資源の持続可能性は大前提となるべきである。

持続可能性を中心に据えると、私たちが現在築いているシステムの限界について考える必要が出てくる。「クラウド」が消費者に広く活用されるようになって10年足らずだが、より大きくより効率的な集中型データセンターへと進み、セキュリティとプライバシーについての懸念が生じている。だからこそ、より創造的な思考でデータの保存場所、方法、コストについて考える必要がある。リアルタイムのインサイトと意思決定にデータを活用することを重視するのであるなら、分散メッシュ・コンピューティング――ネット上の多くのデバイスによる分散コンピューティング――がもっとも適しているかもしれない。データセンターはアーカイブを保持できるが、分散メッシュ・コンピューティングは分析をするにも、迅速な意思決定で行動を起こすにも都合がいいかもしれない。データセンターとは違い、効率化を格段にアップするための、規模拡大のコストが生じない。

アクセスの平等性も重要だ。新しいコンピューティングの開発と活用は先進諸国が舞台となることが多い。先進諸国には豊かで大規模な消費者市場があり、人的資本と技術開発への投資が調達しやすい。第四次産業革命の恩恵が確実に最大限の人に行き渡るためには、手頃な価格で、どんな環境でも機能するコンピューティング技術の開発が必要だ。電力の供給が途切れたり、気温の変化が大きかったり、放射線にさらされるなど、さまざまな課題を克服する必要がある［註88］。その一例がラズベリーパイだ。低コストで高性能のコンピュータであり、世界中の人が手軽にコンピューティング技術にアクセスできるようにデザインされている。2012年に発表されて以来、デバイスの販売台数は1200万台を突破している［註89］。

多様な状況で使えるコンピュータをつくることは、新しいコンピューティング技術がもたらす恩恵を世界の隅々にまで届けるという壮大な挑戦のごく一部に過ぎない。イノベーティブな技術の恩恵に関しては、先行者優位となりやすい。なにも手を尽くさないままでは、経済的、社会的、物理的に不利な立場にある人々が新しいツールに確実にアクセスする状況にはならない。新しい汎用技術がつくりだす経済的恩恵を共有するための取り組みが必要だ。単に公正な課税の問題ではなく、競争政策と消費者の権利の問題である。コンピューティング技術の最前線では、バリューチェーンにおいて圧倒的な支配力を持つ「スーパー・プラットフォーム」が出現する。専用のプロセッサで膨大な量のデータにアクセスできれば消費者間で価格差別が起きて、不利な立場の者は競争に敗れてビジネスから締め出される［註90］。

本書のはしがきで指摘したように、制度と技術への信頼が危うくなっている。コンピュータはますます世界中の人の暮らしの隅々に入り込むようになっているが、その流れを促進するとともにプライバシーを守っていくことは、市民、政府、企業の信頼を回復するために非常に重要である。

5つのキーポイント

①ムーアの法則（トランジスタの小型化とコスト減が周期的に起きるとする法則）は原子レベルで物理的限界に近づいている。デナード則（トランジスタが高速化しても電力使用量は減る）はすでに終わっている。材料科学は解決策を模索しているが、線形的なプロセスは物理的限界に到達しているため、新しい形態のコンピューティングで強化する必要がある。

②コンピュータに関する主要な課題は、処理能力（トランジスタの数）だけではなく、速度、プロキシミティ、レイテンシ、消費電力などがある。コンピューティングについて新しい

思考法が求められているのであり、量子コンピューティング、フォトニクス、分散メッシュ・コンピューティングなどが将来の選択肢としては魅力的になる。

③コンピュータがますます小型化・高速化したことで、都会の環境、消費材、家庭、人体にいたるありとあらゆる場所にデバイスが入り込むようになっている。こうしたデバイスはインターネットに接続してグローバル・ネットワークの一部になるだろう（第7章をご覧いただきたい）。

④データセンターには私たちのデータが大量に集積され、現在はデータ・アーカイブへのアクセスとコンピューティング機能を提供している。将来はますます反応の速さが重視されるようになり、あらゆるデバイスでアクセスできる分散型コンピューティングが求められる可能性がある。カギはスピードと時間である。コンピューティング能力をどこに置くのか、どこで活用するのかについて、大きな転換が起きるだろう。

⑤新しいコンピューティング技術が社会とコミュニティに及ぼす影響について、広い視点から見通しを立てておくことが求められる。技術そのものと同様に、アクセスのしやすさ、包摂性、そしてセキュリティ、プライバシー、権限についての懸念も充分に検討しておく

必要があるだろう。

執筆協力

世界経済フォーラム「コンピューティングの未来に関するグローバル・フューチャー・カウンシル」(Global Future Council on the Future of Computing)

第6章 ブロックチェーンと分散型台帳技術

2008年10月、サトシ・ナカモトと名乗る単独または複数の人物は分散型台帳の中核技術を詳細に述べた論文を発表した。いまは知る人ぞ知るという状態だが、いつの日か、技術にくわしくない人でも当たり前のように知っている名前になるかもしれない。彼あるいは彼女あるいは彼らが匿名で発表した、かつてない斬新な決済技術はブロックチェーンを基盤としていた。これは数学、暗号学、コンピュータ・サイエンス、ゲーム理論を画期的な発想で組み合わせたものであり、デジタル通貨の発生の第一歩となる論文だった。デジタル経済と実体経済における価値の保存と交換に関してまったく新しいシステムが誕生する第一歩だったのである〔註91〕。

2030年には、分散型台帳技術つまり「ブロックチェーン」を活用して、なにもかもが変わっているかもしれない。オンラインの金融取引から投票方法、どこでモノがつくられるのかという常識まで。想像できるだろうか。世界GDPのほぼ10%が国家主権の及ばない通貨で保存されたり取引されたりするところを。そして経済全般で徴税が自動化され、透明かつリアルタイムのシステムでおこなわれることを。ブロックチェーンの技術を幅広く活用すれば歴史が大きく変わるかもしれない。とはいえ、まだ技術そのものも、それを活用する組織の能力も充分ではない。ブロックチェーン・ネットワークの構造について意見が割れている、トランザクションは国が定めるデータ送信の法令に違反する可能性がある、など多くの理由でブロックチェーンの恩恵は実現されていない。この革命的な技術の潜在能力が発揮されれば、トランザクションと信頼について再定義がおこなわれるだろう。そのために優先的に取り組むべき課題は、協働のガバナンス、ステークホルダーのエンゲージメント、「オフライン」のコーディネーションにともなうさまざまな要件の解決である。

信頼のアーキテクチャ

「分散型台帳技術」という表現が示す通り、これは中央機関を必要とせず、デジタル記録をつくってそれを交換する仕組みである。暗号技術とP2Pネットワーク技術のたくみな組み合わせにより正確さと透明性を確保して参加者の情報を保存・共有できる仕組みであり、過去の記録をすべて見ることができる、契約自体をプログラム化して自動化できるなど、さまざまな利点を備えている――だからこその「スマートコントラクト」である。

これは4つの理由から革命的である。第一に、分散型台帳技術はデジタル・エコノミーが抱える特徴――長所でもあり、短所でもある――への対策となる。デジタル・オブジェクトは完全なコピーが可能で、複数の宛先にほぼ限界費用ゼロで同時送信できる。この特徴は情報の共有には貴重だが、他に換え難い価値、由来があるもの――デジタル通貨1ユニット、必須文書、アート作品など、オリジナルを所有していることに価値がある情報――を送信する際には厄介だ。ブロックチェーン技術は検証可能な形でデジタル・オブジェクトの作成、伝送を可能にする。複製の作成や送信の重複などのリスクを排除し、「価値のインターネット」を実現する［註92］。

第二に、分散型台帳技術は中央の第三者の信頼に頼ることなく、透明性、検証、「不変性」を実現できる点で革命的である。その背景として、信頼、合意、第三者機関を設置してトランザクションの詳細を記録する難しさ、貴重な資産の出所あるいは所有権をはっきりさせることがなかなか容易ではない状況がある。

第三に、分散型台帳技術はプログラマブルな活動――人間が介在することなく実行される（追跡して検証できる）取引――を可能にする。これはアルゴリズム取引あるいはオンラインの自動転送よりもはるかに有能だ。分散型台帳技術が実現するスマートコントラクトは、どんな情報やアセットでも、どういう状況が重なったとしても転送するようにデザインできる。雨量のレベルが一定量を超えた場合に支払われる保険契約、ロイヤルティの自動的な分配、プロジェクトの従事者への仕事量に応じた報酬の支払など。なにより、スマートコントラクトを実行するコードそのものがブロックチェーンに保存されているので、監査可能で、全員に対し遅滞なく実行される。

第四に、分散型台帳は包括性の高さを実現できる。ブロックチェーンのトランザクションには、透明、安全、追跡可能という特徴がある。匿名性も実現できる。少なくともユーザーは、トランザクションをおこなうのにたいした帯域幅は必要とせず、必要最小限のソフトウェア、ストレージ、コネクティビティだけで事足りる。これならば通常の市場から排除されがちな個人および影響力の小さな人々でも市場のプレイヤーになれる。デジタル形式で取引と追跡が可能なアセットの生産者、ステークホルダー、受益者、消費者として［註93］。

このように分散型台帳技術は、経済活動の報酬を分配するための画期的な仕組みである。中央集権的な仕組みでは、奪われたり、独占的あるいは利益目当ての仲介者に知らず知らずのうちにコストを上乗せされたりするおそれがあるが、そういう懸念は格段に少ない。分散型台帳技術を活用すれば、個人データを利用してつくりだされた価値の一部を取り返すことができるだろう。私たちのデータが重要なアセットにも負債にもなる可能性のあるこの世界で、透明性とセキュリティを少しでも高めることに役立つだろう。

ブロックチェーンのワイルドウエストを行く

アメリカのバークマンセンターで教鞭をとるプリマヴェーラ・デ・フィリッピは、いまのブロックチェーンを１９９０年代前半のインターネットにたとえる。当時、科学技術者とビジネス界はインターネットが秘める実力と真価に気づいていなかった。多種多様な活用法があることも、まったくわかっていなかった。デ・フィリッピはブロックチェーンのもっとも斬新な役割として、搾取に対抗するツールと表現する。技術への依存度がますます高まり技術なしには考えられない社会と経済に即した、新しい社会契約に影響をもたらす力を秘めているツールであると。

暗号通貨は確かに利点があり、その価値を称える声が各方面からあがっているが、ブロックチェーンには重要な課題があり、決して万能薬というわけではない。課題の一部はビットコインの実例にもあらわれている。ビットコインは初めてブロックチェーンを活用したもっとも有名な暗号通貨である。ビットコインが成長し規模が拡大するにつれ、ネットワーク上での要求も大きくなり、参加者の間で意見の食いちがいが出てきた。トランザクションの効率を高めるために、ビットコインのブロックチェーンの重要な要素に変更を加えるかどうかについて意見が割れた（「ブロック」を構成するサイズの変更など）。中央集権的な管理機構が存在しないので、参加者の集団がそれぞれの思惑に沿った決定をすればブロックチェーンの「分岐《フォーク》」が生じる可能性がある。

ブロックチェーンを起動させるには、協調に関する重要な課題に取り組んでおく必要がある。ベーレンドルフが指摘しているように、稼働しているブロックチェーンであっても、多様なステークホルダーから成る最初の参加者たちが、分散型台帳技術は自分たちにとって有益な選択であると確信している必要がある［註94］。取引をしないという選択肢を含め、他のどんな選択肢よりも分散型台帳技術は自分たちの利益につながると確信して、幅広い技術的アプローチに同意し、新しい技術とその機能へとリソースをシフトする。

COLUMN

ブロックチェーンが便利な場合

ハイパーレジャー・プロジェクトの専務理事ブライアン・ベーレンドルフは分散型台帳技術が便利に活用できる例として、次のようなケースを挙げる。

- 複数の当事者間でトランザクションが発生する、あるいはその可能性がある
- そのトランザクションは次のような理由から非効率的、あるいは不可能と思われる。
- 当事者の数が多く多様であるため、信頼のおける第三者を仲介役として立てる合意が取れない。
- 独占的な力、レントシーキング、透明性の欠如、制度がもたらす非効率などによってトランザクションのコストがつり上げられ、そして／またはシステム全体が信頼性のおけない。
- 既存のプラットフォームに参加を希望する個人または集団の検証と管理にコストがかかるという理由で、参加を認められない。

●取引されているアセットの偽造・複製が簡単なため、参加者たちがたがいの不正に神経をとがらせ、たがいを信頼できない。

ブロックチェーンのシステムを築いて、それぞれの目的に合わせて機能させるのは容易ではない。個人あるいは組織が分散型台帳技術で取引を開始するのに先だって、参加する側は多くのことを承知しておく必要がある。たとえば……

●価値のパラメーター――台帳に示されている価値単位。
●技術的アーキテクチャ――プライベートブロックチェーンはパブリックブロックチェーンに依存しているかどうか。トランザクションの安全性を検証する手段。
●参加者がチェーンの「スタート・コンディション」を検証する手段。

実体のあるものをデジタルで取引する場合、本物であると確かめ、タグ付けし、デジタルトークンにリンクする方法を承知しておかなくてはならない。

分散型台帳技術が幅広く活用されているケースでは、協調についての課題はシナリオに織り込まれている。ブロックチェーンがネットワークを通じて相互運用できるようになれば、暗号通貨のチェーンが炭素クレジットのネットワークとつながったり、森林資源の管理台帳につながったりできるだろう。そのためには複数のアプリケーションに共通の基準が必要となる――それを一からつくらなくてはならない。

分散型台帳技術にともなって環境外部性が発生する可能性もある。ブロックチェーンは「プルーフ・オブ・ワーク」という方法で不変性を提供する場合が多い。具体的にはネットワークの参加者が膨大な量の計算に取り組んで競い合い、トランザクションを検証し、その見返りに報酬を受ける権利を得る。消費電力は相当なものだ。暗号通貨のビットコインとイーサリアムがこの方法を採用しており、トランザクションが多いほど検証するための電力も必要となる。そのぶん環境に及ぼす影響は大きい――第四次産業革命の技術をトランザクションに活用する際にかかるコストとしては、比較的わかりやすい［註95］。

セキュア、匿名性、プログラム可能という条件を備えたネットワークでは、コストをあまりかけずに犯罪行為がおこなわれてしまう可能性がある。スマートコントラクトは暗号化によって個人の利益を守る仕組みとなっているが、そのためのプロトコルは、一方でコンソーシアムが違法薬物の取引、人身売買、詐欺、など多くの違法行為をおこなうことをゆるしてしまう［註96］。技術そのものがアクセスしやすいものであるかどうかも、問題だ。ビットコインの「ウォレット」はアクセスも使用も簡単になってきているが、個人や組織がコストを負担してでも分散型台帳のプラットフォームに切り替えたいと思えるようなインセンティブは、質的にも量的にもほとんどない。豊富なプラットフォーム、直感で理解できるアプリケーションが不足していることも、出足を鈍らせている理由のひとつだ。だが、これは早々に解消することになるだろう。

COLUMN

信頼のための技術

――カルステン・シュトッカー（独イノジー社ブロックチェーン・コンピテンシー・チーム長）
ブルクハルト・ブレヒシュミット（独コグニザント社CIOアドバイザリー長）

昔から製品またはトランザクションが製造業のサプライチェーンを移動していく際に信頼が付加された。物理的あるいは電子的な記録によって、すべてのオブジェクトの出所、目的地、量、来歴を辿っていくことができた。製造、追跡、すべての情報の証明には、銀行、会計士、法律家、監査役、品質検査の担当者に大量の時間と努力という「信頼税」を課す。重要な情報が失われたり、アクセスできないおそれも、意図的に隠される可能性もある。

第四次産業革命が展開するにつれて、物理的な世界とデジタル世界の境界線が曖昧になり、物理的な製品をデジタル製品メモリで分散型台帳に記録し、サプライチェーン全体を追跡できるようになる。強固に暗号化されたタグが付けられれば、分散型台帳は独自のID、記録の不変性を実現し、サプライヤーと消費者はたがいに検証可能でありつつ安価な方法で取引しやすくなる。

分散型台帳によって「信頼性の裏付けの分散化」が実現すれば、製造のビジネスモデルはまったく新しいものとなるだろう。

●セキュアなマーケットプレイスでデザイナーが発表し、支払を受け、彼らの仕事内容は製造デザインファイルの形態で守られる。

●デジタル製品メモリのマーケットプレイスは、製造業者側の品質管理、法規制の遵守、保証、リコール措置のコストを削減するだろう。

●分散型台帳を活用したデータ・サービスは、プロダクト・デザイン、マーケティング、サプライチェーンの編成あるいは製造の領域でデータ駆動型のインサイトを販売する。

●製造を第三者にまかせる「アセットレス」事業は、透明性と信頼性が確保できるブロックチェーンを使うサプライチェーン・データで製造業務を検証できる。

この新しい世界で勝者となる可能性があるのは……

●法の支配が弱く知的所有権があまり認知されていない地域での製品・サービスの提供。強い政府がなくても分散型台帳によって彼らのデータと金融取引が守られる。

●小規模なプロダクトデザイナー、原料供給業者、サービス供給業者。規模の大きな契約相手、地理的に分散した契約相手との信頼を確実にするためのコストと時間を抑えることができる。

●分散型台帳で守られた製造またはオペレーションのデータ——分散型台帳のバリューチェーン内で製造されたものの価値を最大化するために役立つデータ——の収集、販売。

●分散型台帳によって可能となる分散型の自律製造工場などのためのサービス提供。ロボットによる製造、発送、融資など。

●高額の受注生産をおこなうマイクロ・マニュファクチャリングを専門におこなう業者。

潜在的な敗者に含まれるのは……

●分散型台帳に取って替わられる可能性のある従来型のサプライチェーンのプレイヤー。扱いにくく、信頼性が不透明で、隠れたコストが高く、効率も質が悪いメカニズムは分散型台帳へと切り替わっていくだろう。

●たとえばeコマースのアグリゲーターのような「マッチング」あるいは「マーケットプレイス」サービスを提供する仲介業者。

●組み立てラインや事務職のサポートなど、高いスキルを求められない労働者。分散型台帳と3Dプリントなど新しい技術、高性能の先端ロボットは決まった組み立て作業を自動化し、製品とコントラクトを自動的に追跡する。

●高いスキルを求められる職業。たとえばベンダーマネジャー、会計士、品質保証マネジャー、弁護士など。分散型台帳の技術は複雑な交渉、追跡と検証のプロセスを自動化する。

●金融機関、会計監査、それに関連する機関。支払、リスクマネジメント、品質保証は分散型台帳に移る。

分散型台帳が可能にする分散型の信頼と、第四次産業革命のさまざまな技術が交差し、エコシステム全体が激しく転換するだろう。

分散型台帳の技術はまだ進化の途上にあり、早々に活用したケースではシステム統合、ビジネスケース、基準、法規制の遵守などの分野で今後、解決すべき課題がある。多くは業界を超えたパートナーシップを結び、活発にエコシステムを築いている。一方で「ブロックチェーン・エコシステムのリーダーシップ」を発揮して、費用効率がよくリスクの低いイノベーションの情報を提供している。

分散型台帳の記録は不変性と透明性を備えているため、セキュアなデジタル・アイデンティティづくりに適している。ヘルスケアの記録、投票、行政サービスの交付まで、あらゆる領域で革命的な変化を起こす可能性がある。だが、インペリアル・カレッジ・ロンドンの暗号通貨エンジニアリング研究所のキャサリン・マリガン共同ディレクターが指摘するように、突進していく前に、まずはリスクについて考えるべきである。政府が悪意とともに秘密鍵にアクセスし、台帳の正確な情報を悪用するかもしれない[註97]。

もっとも大きな課題は、中央の権威という概念がなくなることだろう。単に制度の問題には留まらない。長年、秩序の仕組みとして深く心に根付いているので、影響が大きいのである。複雑なアルゴリズムで信頼を分散化することは、人間の推論からの劇的な転換であると同時に、情報の発信源を最新科学機器に置くという転換でもある。後者の転換に社会が適応するのには長い時間を要したが、前者の転換には経済的インセンティブが触媒としてはたらくかもしれない。ブロックチェーンが登場して、いずれ信頼には政治家と個々の機関よりも数学者とインフラが欠かせなくなるだろう。これは政治的、技術的な課題に加え、実存的な課題をもたらす。

技術はビジネスのためだけではなく

2000年5月、アフリカのダイヤモンド生産国は南アフリカのキンバリーで紛争ダイヤモンドの取引の排除を目的とした会合を持った。広範囲におよぶ合意が結ばれ、参加者は厳しい方針と認定を実践し、各国は法律と制度をつくってそれをサポートして成果につながった。そして2015年、キンバリープロセスを支援する構想とともにロンドンを本拠地とするスタートアップ企業、エバーレッジャーが設立された。同社は分散型台帳とマシンビジョンを組み合わせてダイヤモンドのサプライチェーンにおける不正行為と闘っている。

分散型台帳の活用としてもっとも斬新で価値ある取り組みは現実世界でも起きている。サプライチェーンの追跡で力を発揮することから、絶滅の危機に瀕した魚から高尚な芸術作品まで、さまざまな追跡に生かされている。グローバルな偽造マーケットは世界の貿易の2・5%にもなるとも言われるが、分散型台帳によってそれをつぶしてしまえるかもしれない［註98］。物理的なオブジェクトをデジタルの台帳にリンクさせることで、セキュアなタグ付けを万全なものにできる。マシンビジョン、生体認証、3Dプリント、ナノテクノロジーの組み合わせは画期的であり、タグと追跡機能の選択肢を増やすだろう。セキュアで透明性のあるサプライチェーンは、手の届くところまで来ているかもしれない。とりわけ、高価な商品に焦点をしぼる産業にとっては期待できる。

分散型台帳は現実世界ではほんの数歩踏み出しただけだが、デジタル世界では大きな歩みを遂げている。ビットコインなど暗号通貨の基盤として、何十億ドルに相当する価値の流通と取引を実現している。レートが変動しやすいものの、２０１７年6月、７０００億ドルを超える額が、ビットコインの分散型台帳を通じて取引された。金融界にはブロックチェーンの活用の大きなマーケットがある。利益を生み出すさまざまな方法での活用とともに、銀行を介することなく人々が金融市場とサービスにアクセスできる方法を提供し、金融包摂を広げる機会も模索されている。この場合、現実の商品への活用の最後の課題は、ユーザーがアプリケーションを手軽に使え、それが使いやすいものであること、そしてプラットフォームが安定していることだ。

分散型台帳の真価は第四次産業革命の技術の組み合わせを通じて発揮されるだろう。サプライチェーンについて述べた通り、分散型台帳とＩｏＴの組み合わせは心躍る未来を描いてみせる。マーケットプレイスはエンド・ツー・エンドのサービスでデザインされ、分散型台帳でセキュアだ。製造フィージビリティの証明から、契約した合意内容、ファイル転送、トレードファイナンスまで、安全である。すべてのプレイヤーとコンソーシアムが結びついてこれが可能となる。こうしたサービスに加え、現実の世界での検証に使うカメラ、プリンタ、センサーを利用した検証機器などの価格が着実に安くなったことで、近い将来、そのようなマーケットプレイスがつくられる可能性はおおいにある。

分散型台帳のエコシステムのプレイヤーはいまもなお、暗号通貨、資金、交換、アセットマネジメントが多くを占めているが、アイデンティティ管理、行政、法律の技術、エネルギー、ロジスティクス、さらには、広告宣伝用トークンなどの領域で積極的な動きが見られる〔註99〕。

たいていのビジネスは分散型台帳で恩恵を受ける。新しい市場へのアクセス、セキュアでプログラマブルな取引、繰り返されるうっかりミスと監査業務に関する負担の軽減などの恩恵だ。社会が受ける影響は、もっと複雑だ。米ブロックチェーン社CEOピーター・スミスはこう述べる。「ブロックチェーンは個人に対しては、価値の創造とそれを伝えるためのセキュアで協調的な方法をもたらすという意味で恩恵をもたらす。しかし多様な産業界全体がそれを実践すれば、何百万もの職が失われる事態を招くかもしれない。ちょうどいまトランザクションの仲介業者が存在感を失いつつあるように」〔註100〕。活発な経済活動がおこなわれれば、純利益の増加につながるだろう。分散型台帳によりマイクロトランザクションの領域がひらけ、仲介者の存在がなくても、それを埋め合わせて余りあるほどの価値がつくりだされるだろう。今後、アルゴリズムとロボットがこなす仕事が増えていけば、社会保障制度は大幅に修正され、分散型台帳はそのための基盤になるかもしれない。

分散型台帳技術の潜在的な影響力とその代償をよく理解し、規制を決定することが必要である。これはマルチステークホルダーの対話のテーマとすべきだ。生まれてからまだ日が浅く市場は比較的小さい技術であるだけに、規制が厳しすぎたり、早計であったりすれば、せっかくのポテンシャルが発揮されない可能性がある。それでも、放置してはおけない。さまざまなリスクと課題がある。今後数年のうちに取り組むべき重要な課題をいくつか挙げてみる。

●分散型台帳を基盤としたトランザクションに関しては法的曖昧さという大きな問題がある。とりわけ債権債務の枠組みと償還請求のメカニズムは、争いや想定外の事態が生じた場合には問題となるだろう。たとえば、サービスの中断、意図的ではないアクション、「タイプミス」による取引のミスなど[註101]。

●分散型台帳を基盤とした新しいインフラストラクチャの展開には、効果的なガバナンスの枠組みが求められる。金融、実体経済、人道主義的目的に技術を活用する場合は、それぞれ異なる懸念事項が浮き彫りになるだろう。データ・インフラストラクチャの置き換えにあたって規制機関は、現在のリスクに分散型台帳の採用はどういう影響をもたらすのか、またシステム全体への規制で予期しない結果が生じることについても検討が必要である。

●分散型台帳の多様な技術、その実施に関して、技術およびデータの相互運用を支援する基準はまだ存在していない。分散型台帳がデータ・サイロに置き換わり、業務効率が改善するという状況を実現させるには、この状態を正さなければならない。

●現実世界で活用するにあたってのラストワンマイル問題は、商品とサービスの検証をうながすための複雑な構造のソリューションである。この問題を放置すれば侵入者とデータの改変をゆるし、分散型台帳を活用したサプライチェーンの検証という目的が果たせなくなる。こうしたコンテクスチュアルな課題解決には、業界のリーダーは地域と規制機関と協調して解決策を模索することが望ましい。

●分散型台帳のプロセスの一部であるデータの伝送は、データ移転に関する国の規制にひっかかる可能性がある。支払あるいは金融以外のデータ、ビジネス関係の情報、ヘルスケアのデータといった機密扱いの個人情報などのデータだ。衝突が起きる領域を特定し、適切な解決策へと取り組む際には、分散型台帳ならではの分散化した形態がネックとなるだろう。

5つのキーポイント

①分散型台帳技術、いわゆるブロックチェーンを活用すれば、デジタル記録と情報が複製されるおそれなく価値を保ったまま、安全に共有できる。

②分散型台帳技術は、システムの維持に責任を負う中央監督機関は存在しないものの、集合的なインセンティブがはたらき、システムへの不正侵入が数学的に不可能となるよう多様な参加者が誠実に行動することが求められる。

③分散型台帳技術は、暗号通貨の創造、デジタル・アイデンティティ、暗号化とデジタル・アイデンティティを使った物理的オブジェクトの追跡、バーチャルあるいは現実のオブジェクトの来歴の証明が求められる分野で有効である。こうした検証可能性により、私たち

はデジタルのデバイス、サービス、アプリケーションのユーザーとしてつくりだしたデータと新しい関わり方をするようになる。

④分散型台帳技術は、従来は経済見返りを得られなかった人々――規模の大きなビジネスをおこなうためには共同で事業をおこなう以外の方法がない個人、小集団――に恩恵が分配される可能性を提供する。

⑤取り組みが必要な課題は、法的に曖昧な部分、インフラストラクチャに関連するブロックチェーン、基準が存在しない領域、現実のオブジェクトのラストワンマイル問題、国境をまたいだデータ移転についての法規制などがある。暗号通貨はまだ初期段階であり、環境への影響、犯罪組織による使用、全般的な紛争の解決など未解決の外部性に取り組む必要がある。

執筆協力

ジェシー・マクウォーターズ（世界経済フォーラム）

世界経済フォーラム「ブロックチェーンの未来に関するグローバル・フューチャー・カウンシル」(Global Future Council on the Future of Blockchain)

第7章 IoT

今後10年のうちに世界中で８００億を超えるデバイスがつながり、絶え間なく情報が人と人、デバイス同士を行き来することとなるだろう。壮大な規模でおこなわれる双方向のやりとり、分析、アウトプットは、なにかをつくる、私たちのニーズを予測する、世界をとらえる方法を一から変えてしまうだろう。また分散化のシステムは、私たちがデータと価値をつくり、測り、分配する方法をつくりかえてしまうだろう。いたるところにセンサーが搭載され、世の中は大きな変化を遂げるにちがいない。たとえばスーパーマーケットではレジで精算をする必要がなくなり、ファストフードの店員は10年前の半分以下になるだろう。ＩｏＴを生かして業務を最適化したビジネスモデルが「プル経済」をつくり、私たちのニーズは行動のパターンの分析を通じてつねに予測されるだろう。そうなった時、私たちは自分のデータの価値を強く意識し、デジタル・セキュリティに気を使うようになる。すさまじい量のデータが動き、サイバーセキュリティはごく身近な問題となる。

好ましい変化も挙げてみよう。開発途上国ではすでに水位の追跡にＩｏＴを活用している。

衛星通信を利用すれば遠隔地での医療が可能になる。センサーとカメラ、ＡＩ、顔認識ソフトウェアを複数組み合わせれば犯罪を抑制できるだろう。ＩｏＴがものづくりの分散化と民主化をうながし、世界中の人々が新たに創造の機会を得るにしたがって、技術を活用したシステムへの信頼は高まっていくにちがいない。ただし社会と産業界の期待にこたえられる価値を提供していくためには、ＩｏＴにはまだ課題がある。セキュリティ・プロトコルがない、帯域幅の限界、受容を阻む文化的なハードル、データの価値と連携し合うことについての解釈に合意ができていない。無い無い尽くしである。投資が実を結ぶには、努力の結果と協調的なガバナンスが必要となるだろう。

世界を巻き込む

ＩｏＴは第四次産業革命の核となるインフラストラクチャである。スマートかつコネクテッドな多様なセンサーで構成され、データを収集し処理しニーズに合わせて加工し、他のデバイスあるいは個人に伝え、システムあるいはユーザーの目的を達成する。ＩｏＴデバイス数は２０１５年の約１５４億台から２０２５年には７５４億台に増えるだろうと、ロンドンに本社を置く市場分析会社ＩＨＳは予測する［註102］。５倍も増加することで暮らしのあらゆる部分にコネクティビティが浸透し、世界の経済がこれまでにない方法でつながり、芽生え始めたマシン・ツー・マシン経済もそこに取り込まれていくだろう。

その影響は大きいものとなるはずだ。1995年から2015年の間にメディア業界を襲ったような激変を、サービス業と製造業は経験することになるだろう。法的な管轄権の原則と複雑なデータ流通の法律が整備されれば、ゆくゆくは莫大な価値が生み出される可能性がある。なかでも工場と製造業部門は業務効率に関して明らかに立ち後れているので、アセットの有効活用と生産性向上の期待が大いに持てる。転換によって生じる価値は世界経済の最大11％になるものと見積もられている[註103]。世界経済フォーラムとアクセンチュアの研究では、価値の大部分は産業界での活用からもたらされ、それに比べると消費者側の存在感は取引高においても社会経済的な影響においても小さいだろう。2030年までにグローバル経済に14兆ドルの価値を加え、国連の持続可能な開発目標の12項目をサポートするものと思われる（図表11）[註104]。

ＩｏＴの３つの重要なケイパビリティが、こうした価値をもたらす。第一に、豊富なデータがスマート・アナリティクスに結びつき、幅広い環境での事象を反映したコンテクスチュアル・データが加わる。また、デバイスのパフォーマンスのデータを提供し、それを利用して会社や個人は価値を拡大する機会を予測できる。さらに、人がいつ、なぜ、どのように行動をとり、どのような効果があるのかというデータももたらす。このケイパビリティによって私たちは新たな知識をもとに意思決定をするようになるだろう。

第二のケイパビリティは、こうしたデバイス同士が情報をやりとりして協調し、効率性と生産性が高まるところから生じる。エンド・ツー・エンド・オートメーションと新しい形態の人間・機械のコラボレーションは定型業務を効率化し、人は創造性と問題解決のスキルを磨き、

図表 11

2025 年時点で、IoT 関連の経済効果は年間 4 兆～ 11 兆ドルが見込まれる

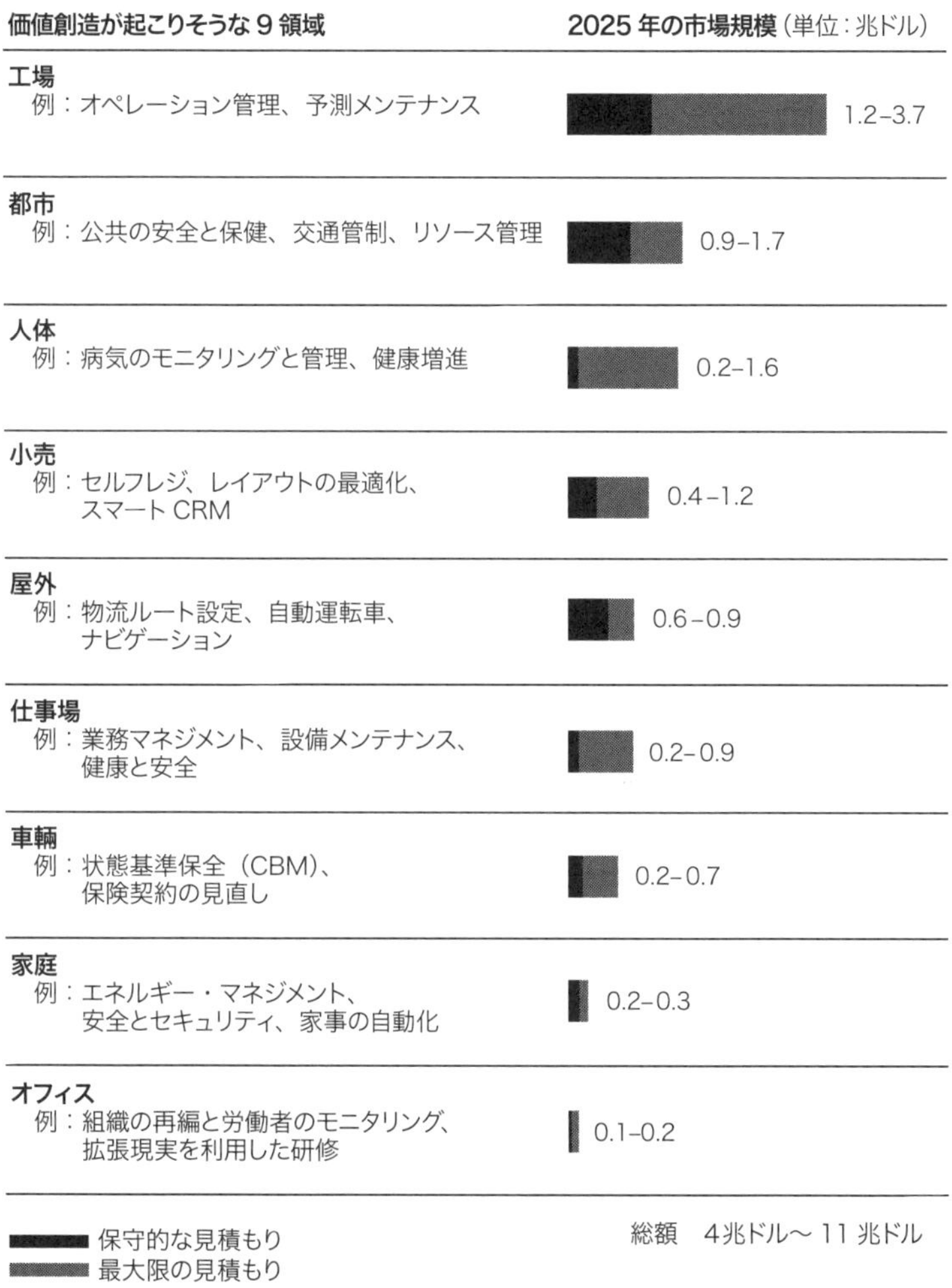

価値創造が起こりそうな 9 領域
2025 年の市場規模（単位：兆ドル）
工場
例：オペレーション管理、予測メンテナンス
1.2–3.7
都市
例：公共の安全と保健、交通管制、リソース管理
0.9–1.7
人体
例：病気のモニタリングと管理、健康増進
0.2–1.6
小売
例：セルフレジ、レイアウトの最適化、スマート CRM
0.4–1.2
屋外
例：物流ルート設定、自動運転車、ナビゲーション
0.6–0.9
仕事場
例：業務マネジメント、設備メンテナンス、健康と安全
0.2–0.9
車輌
例：状態基準保全（CBM）、保険契約の見直し
0.2–0.7
家庭
例：エネルギー・マネジメント、安全とセキュリティ、家事の自動化
0.2–0.3
オフィス
例：組織の再編と労働者のモニタリング、拡張現実を利用した研修
0.1–0.2
保守的な見積もり
最大限の見積もり
総額　4 兆ドル～ 11 兆ドル

出典：McKinsey Global Institute（2015）

より高い価値を生み出す能力を発揮できるようになる。製品、サービス、アイデアをつくっていく時に周辺情報のインプットをこころがけると、しだいに事務作業や課題を軸とする考え方の枠が取り払われ、より総合的な視点を獲得できる。

第三のケイパビリティは、知的インタラクティブ・オブジェクトの創造である。これは市民に価値を受け渡す新しいチャネルを提供する。センサーとデバイスの分散型ネットワークのように、クラウドＡＩ、ブロックチェーン、付加製造、ドローン、エネルギー生産など分散型の技術が相乗効果を発揮する機会が存在している。新しい技術がこうして集まると、価値の創造と交換の分散化は、それを可能にしたインフラをなぞったようなものとなるだろう。そしてこの経済的再設定がもたらす成果は、私たちを驚かせるにちがいない。その意味でＩｏＴは既存の制度と概念の枠組みを根底から揺るがすだろう。製品、サービス、データとはなにか、ビジネスにおいてその価値がどう発揮されるのかについて、新しい境地がひらけるだろう。

こうした3つのケイパビリティは、製造業、石油・ガス、農業、鉱業、運輸、ヘルスケアを含む幅広い産業全般でビジネスモデルと構造的なシフトの変化への弾みをつくるだろう。世界経済フォーラムの報告書、『インダストリアルＩｏＴ：コネクテッド・プロダクツとサービスのポテンシャルを解放する（*Industrial Internet of Things: Unleashing the Potential of Connected Products and Services*）』で議論されているように、まずは業務効率の改善から始まり、新しいプロダクツとサービスの創造を通じてシフトが進んでいく。そして「アウトカム・エコノミー」、次に「自律的なプル経済」（図表12）へとつながっていく［註105］。環境のなかに数あるセ

図表12
インダストリアル・インターネットの採用と影響の広がり

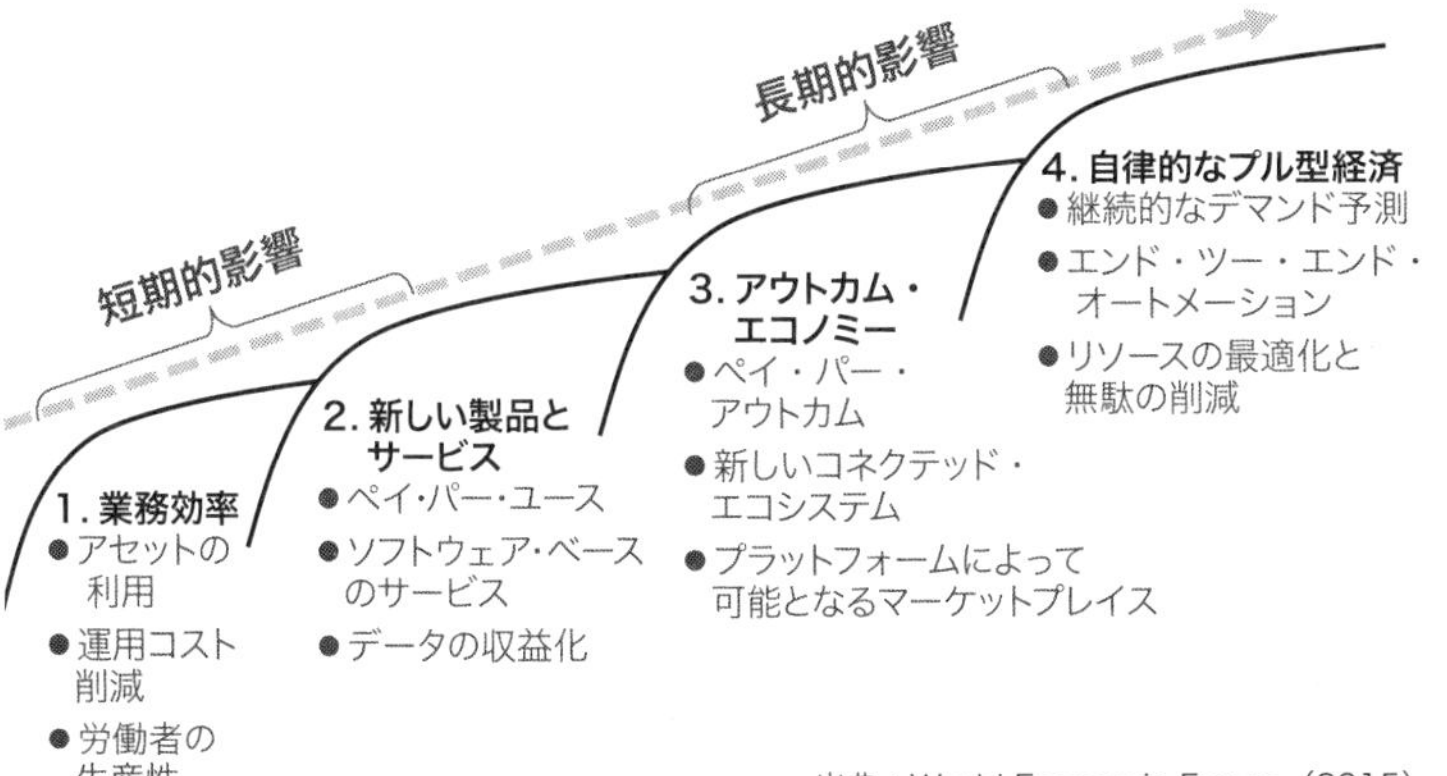

出典：World Economic Forum（2015）

ンサーにもこのプロセスはあてはまり、先を見越したリソース管理の確立をうながすだろう。たとえば、電力使用量と排出量などシステム全体の問題は、最適な交通のルートとエネルギー消費を実行するようにリアルタイムで市民にインセンティブを送ることで対処していける。

IoTの普及には4つの領域の発展と展開が必要となる。第一は、感じる、コミュニケートする、そして（ケースによって）オブジェクトを動かしたりドアを開けたりするようなアクションを起こすデバイス。第二は、こうしたデバイス同士をつなげるためのコミュニケーションのインフラ。第三は、セキュアなデータ・マネジメント・システム。このシステムはデバイスから生じるデータを集めて配信する。第四は、第三のシステムが配信したデータを処理し、組織あるいは個人のニーズを満たす諸サービスを受け渡すアプリケーション。

データ・マネジメントとアプリケーションの部分は見過ごされがちだが、じつは非常に重要だ。なぜなら価値の流れが起きるのは、オブジェクト同士がつながった時よりも、データが価値あるインプットに変えられた時であり、すぐに利用できるインサイトになった時だからだ。マッキンゼーの分析によれば、平均的な石油掘削装置は3万個のセンサーを搭載しているが、そこから得たデータのうち分析され活用されているのはわずか1%にすぎないという［註106］。同様に、他の多くの業界は過剰なデータを抱え込むばかりで、データから意味を引き出す創造的なメカニズムの整備が追いついていない。多くの企業は大量のデータを扱った経験がないので、データがなにをもたらしてくれるのか、それをどう見つければいいのかがわからず、苦戦している。これまでのメトリクスの延長上には、その答えは見つからないのだ。

第四次産業革命が提供するデバイス、アイデンティティ、製品、サービスのネットワークはいままでにないものであり、企業と消費者はたがいにデータを活用するよう奨励する新しい方法を学び、トランザクションとコラボレーションにともなう価値の要素を分解する方法を学ぶ必要があるだろう。こういう新しい状況で、交渉は難航するかもしれないが、消費者はパートナーになる可能性がある。法的な課題は確実に生じており、たがいが深くつながり合う未来においてプライバシーが守られるべきスペースに関して、社会的ステークホルダーは消費者の権利を擁護する責任を負うだろう。「メディアはメッセージ」であるなら、ＩｏＴはワールド・ワイド・ウェブと同じく、ビジネスの領域を超越した改革の先駆者である。

COLUMN

進化ではなく、革命：ＩｏＴの見通し、課題、機会

――リチャード・ソリー（米オブジェクト・マネジメント・グループ会長兼ＣＥＯ）

この40年、流れを遮断する新しい技術について述べる際、「革命ではなく進化」であると繰り返し表現してきた。エキスパート・システム、分散コンピューティング、オブジェクト指向技術、グラフィカル・モデリング、セマンティック・データモデル――どれも課題をもたらしはしたが、なんといっても機会をつくりだす技術だった。それでも演算の「古い」モデルに変化は起きなかった――アーキテクチャは同じまま、ソフトウェアの改善は漸進的で、投資の価値はあったものの、トータルの成果でみれば10％単位での増加に留まっている。これは進化であり、革命とはいえない。

今回はちがう。ＩｏＴへの推移を構成する要素は取り立てて新しいものとはいえないかもしれないが、質的にも量的にも成果のちがいは明白だ。ＩｏＴとはつまり、センサーから無数のデータポイントの情報を収集し、リアルタイムで統合し予測分析をおこない、意思決定者に決定のサポートを提供、あるいは現実世界のアクチュエータ

を直接制御するものである。ユビキタス・コミュニケーション（世界を結ぶインターネット経由）、高性能でコストが安い演算能力とストレージ（インターネット経由、クラウド・コンピューティング経由）、膨大な量のデータ（いわゆる「ビッグデータ」）をリアルタイムで分析する技術の進歩が結びついて、不可能が可能となった——そして革命が起きたのである。

IoT革命に関する議論となると、取り上げられるのはもっぱら冷蔵庫や電球——消費者向けの技術——で、これはとても残念だ。確かにその方面での変化は起きる（そしてインターネット上で信頼、プライバシー、セキュリティをどう確保するのかについて本格的な議論がされるだろう）が、もっと大きな機会に目を向けるべきである——産業の「インターネット化」に。この領域では1世紀前の産業の電化に匹敵する規模の革命が起きる。今回、産業にIoTを導入した場合も製造と生産（最初にこの領域で起きるとしても）の範囲に留まることはないだろう。むしろIoTは主立った産業すべてに影響を与えるといってもいい。ヘルスケア、金融システム、輸送、エネルギー生産・伝達・供給、農業、スマートシティのサービスなど、挙げていけばきりがない。たいていの講演者は今後インターネットにつながるデバイス数ばかり指摘するが、デバイスがつながることでなにが起きるのかを理解するほうが有益である。

それによって、まったく新しいビジネスモデルが発見される……

●わかりやすいのは、「アウトカム・エコノミー」と呼ばれるものへの移行である。機械を購入して得られる成果を、時間単位、メートル単位、リットル単位で購入するビジネスモデルだ。航空会社は飛行機の所有からリースへと、この数十年で移行してきた。ジェットエンジンのリースも始まり、巨大かつ繊細な機械の保守と整備を、その機械にもっともくわしいエンジンメーカーにまかせる。これで航空各社は効率性を高め、エンジンへの信頼性も効率よく高めることができる。メーカーは新たなサービスで収入源を得る。製品に関わり続けることで（同じ型のエンジンのパフォーマンスについて膨大な量のデータを確保し）、よりよいサービス、高い効率性、より低い価格を同時に提供できる。よりよい、速い、安い――この3つの要素すべてを、今回の革命は叶える。

●予想外の機会は、予想外の場所で見つかる――データの流れが集まる場所から。地方の救急車の配車システムからは車輛の走行パターンが発見され、ルートの最適化、サービスへのアクセスと病院に戻るまでの時間の最小化、緊急通報の合間にドライバーが休める時間の確保が実現するという成果につながった。おそらく人命救助の部分でも効果があらわれているだろう。救急車の位置情報、緊急通報のデータ、カフェの位置情報がつながるまでは、こうした機会が存在することすら誰も気づかなかった。こういうサプライズはきっと、まだまだたくさんあるはずだ。

この世界の勝者となるのは……

●データ収集、分析、マネジメントの課題をいち早く解決しようとする人々。すでに実施されているIoTのプロジェクト、さらに試験的におこなわれているプロジェクトも含め、すべてのケースで予測外のプラスの成果を得ている。

●一見無関係なデータの流れをリアルタイムでつなげ、意外な相互関係と機会を見つける人々。充分なデータ処理能力を安く使えるので、参入のコストは低く、機会をさがしてみる価値はある。

●なにより、自分の業界は崩壊寸前であるという自覚を持ち、傍観するのではなく積極的に壊す作業を担いたいと考える人々。なにもしなければ、大惨事を引き寄せてしまうかもしれない。運輸業と製造業では、すでに大規模な崩壊が起きている。それは社会を変えてしまうほどの威力がある。

今回の革命で敗者となるのは、なにもしないで崩壊を傍観する人々、新しいビジネスモデルを見逃している人々、進歩を無視する人々だ。いま起きている大きな変化は、情報通信技術（ICT）限定ではない。ICTに依存する業界の変化であり、今日、それはすべての業界を指す。

課題、リスク、危険

ＩｏＴの真価が存分に発揮されるためには、乗り越えるべき課題がいくつかある。企業がインダストリアルＩｏＴを活用するにあたってネックとなるのは、基準がないという点である。相互運用性がまったくない（あるいはその可能性がある）、セキュリティに関して懸念がある（図表13）。これでは、踏み出せない。ＷＷＷコンソーシアムに相当する団体が基準とプロトコルを設定する状況が整わなければ、ＩｏＴの潜在能力が発揮されることにはならないだろう。データ分析周辺で生じる新しいビジネスモデルと、アセット同士の結びつきに付随するサービスを会社がどのように管理するのかという部分も、地味だが歯止めをかける要因だ。

ＩｏＴのシステムに関係するリスクには、システムを活用する企業だけではなくユーザーと公共に影響するものもある。たとえば、個人と会社がＩｏＴに依存し、重要なスキルを失ってしまった時に生じるリスク。またコネクティビティの維持に必要な電力量を確保できなくなった場合は、思わぬ脆弱性を露呈してしまう。さらに、システムが密につながっている分だけ「通常のアクシデント」に弱い［註107］。

とりわけ重大なのはサイバーセキュリティの問題である。デバイスとネットワークを移動するデータにつながっている企業とステークホルダー双方が、ハッキングのリスクにさらされる。世界経済フォーラムのインダストリアル・インターネット・サーベイが産業界を対象に調査し

図表 13
インダストリアル・インターネットの難問

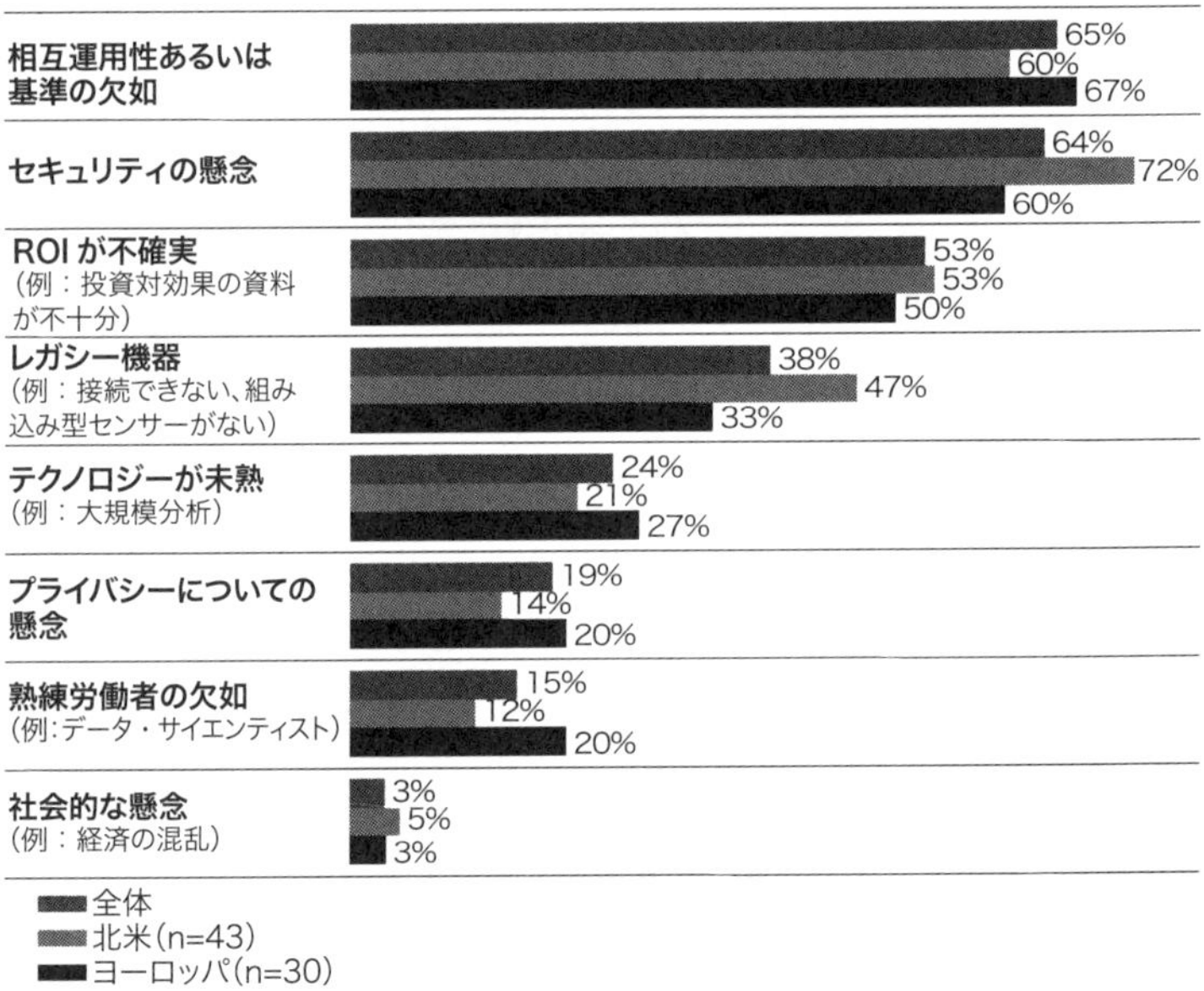

出典：World Economic Forum（2015）

たところ、自社のＩｏＴシステムがサイバー攻撃を受ける可能性が「非常に、あるいは極めて高い」という回答は、76％だった［註108］。さらに心配なのは、ＩｏＴはサイバー攻撃のターゲットとなると同時に、サイバー攻撃を仕掛けるために利用される可能性があるという点だ。２０１６年には過去最大級のサーバー攻撃が複数起きているが、その際にはハッキングされたＩｏＴデバイスが使われている。監視カメラなどさまざまな監視機器経由で攻撃され、ウェブサイトの機能が麻痺させられた［註109］。

このようにＩｏＴのサイバーセキュリティの課題は、複数のリスクへの対処をうながす。想定されるリスクとしては、たとえば不審なデバイスによる第三者への攻撃、個人あるいはスマート・システムによりＩｏＴのデバイスまたはシステムが乗っ取られて脅迫、窃盗、損害を与える、身代金要求などに使われる、官民の主要なサービスの安定性が脅かされる、といったものがある。データ・プライバシー及び国境を越えたデータ移転への懸念にもつながる。今後求められるのは、管轄をまたいで消費者が保護されることと企業が可能性を追い求めることのバランスを政策立案者が見出すことだ。ＩｏＴの潜在力をすべて発揮させるためにデータのグローバルな流れが必須であるなら、データの共有と保存の手続きとプロトコルについての議論を後回しにはできない。

ブロックチェーンなど新しくセキュアな分散型台帳技術、そしてＩｏＴのアーキテクチャにおけるイノベーションは、バランスをとる新しい方法に道をひらく。センシティ・システムズ（ベライゾンが買収）とゼネテックはスマートシティのセキュリティシステムを設計し、セキュリティとプライバシーの両方の懸念を解決した。このＩｏＴのデバイスの特徴は、ネットワークの「エッジ」でデータの処理をおこなうことで折り合いをつけている点である。デバイス側のアルゴリズムがビデオフィードに不審なものを検出した場合はセキュリティ担当に送られ、それ以外はデータデバイスに留まる。この解決法であれば帯域幅を増やす必要はなく、幅広いデータを中央で保存する脆弱性を防げる。

ＡＩとロボット工学、ブロックチェーンなどの先端技術に関しても言えることだが、雇用とスキルへの社会的影響が懸念される。ＩｏＴが秘めた破壊的な威力は組織と産業を変えてしまうだろう。ＡＩとロボット工学の組み合わせで、ＩｏＴはルーティンワークと手作業の需要を抑え、働く現場の監視態勢は強まるだろう（図表14）。一方で、従来の作業の需要が減るぶん、創造的で問題解決に取り組むスキルへの需要は高まるはずだ。たとえばプログラミング、デザイン、メンテナンスといったスキルである。ＩｏＴに関する社会的・倫理的な議論は、デジタルと人間が融合し力を増す労働力に焦点を絞り、取って替わられるのではなく増強されて価値がもたされることに着目すべきである。興味深いことに、技術ひとつひとつは雇用の機会を減らすとしても、複数の技術がまとまると、いままでになかった豊かな機会を私たちにもたらす可能性がある。実際にそうなるかどうかは、未来が教えてくれるだろう。

ＩｏＴによって私たちの暮らしをサポートするデジタルのインフラ、製品、通信との結びつきは、ますます深いものとするだろう。物理的な環境だけでなく、社会的な相互作用においても、すみずみにまで関わってくるだろう。ステークホルダー同士のつながりにも影響するだろ

図表 14

インダストリアル・インターネットが労働力にもたらす影響

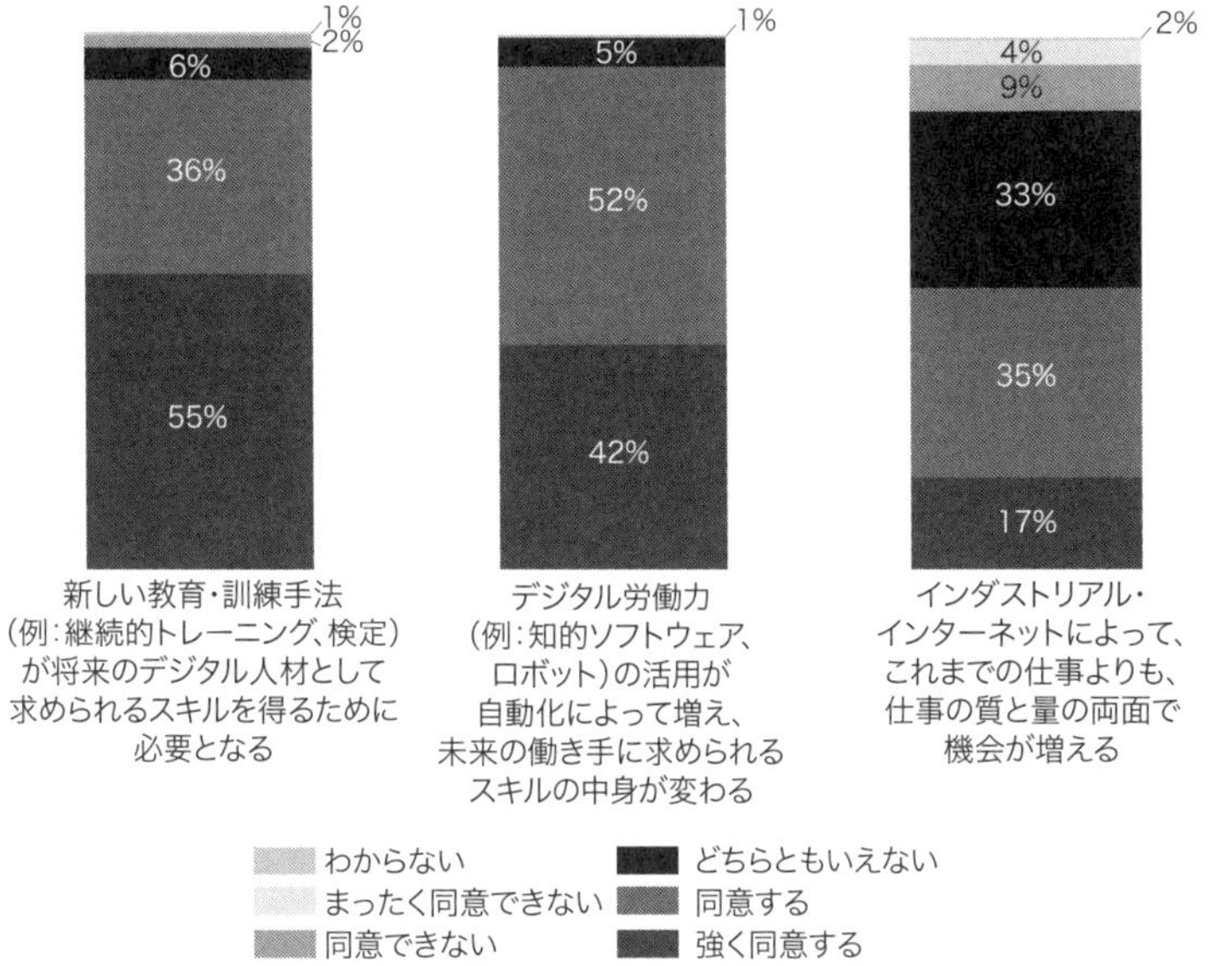

出典：World Economic Forum（2015）

う。今日の携帯電話技術のように暮らしに欠かせないものとなり、ステークホルダーそれぞれのニーズが出てくるだろう。その一部を次に挙げる。

●IoTをビジネスに活用する場合、多くのケースでデータはマルチユースされる。つまり複数の当事者に多様なコンテクストで価値を提供することになる。そのデータを誰が所有するのか、データの利用で誰が利益を得るのか、適切な評価付けはどのようにされるのかについて、ビジネスモデルに即してそれぞれの状況に合った解決が必要となるだろう。

●IoTのデータの活用で、環境的にも社会的にも恩恵をもたらすことになるかもしれない。廃棄物の削減やエネルギー使用の削減などを実現できる場合もある。ただし、社会に最善の効果があるからといって、ビジネスにおいても最大限の効果があるとは限らない。生産性が最大かつ重要な成果ではない領域において、インフラとマシン・ツー・マシンのコミュニケーションの活用の価値をどうとらえるのか、政策立案者と社会的ステークホルダーは考えておく必要がある。

●後の紛争を減らすために、企業は協調的な機会（例：保険料の決定のためにモバイルアプリのデータを活用）へのアプローチの仕方を学び、投資対効果を明らかにする必要がある。分散型システムにおいてデータを共有してつくりだされる価値は、データをもたらした当事者たちに分配されることが求められる。社会的ステークホルダーをまじえて、フェアな結果を実現するための枠組みとベストプラクティスづくりを話し合うべきである。

●技術のなかでも、とりわけインターネットは社会生活、ビジネス・チャンス、賃金、知識の利用可能性、コミュニケーションその他に、はかりしれない影響を及ぼしてきた。ソーシャルネットワーク全盛の時代、日々の暮らしにも技術革新が押し寄せてきた。その勢いに押されて、私たちは余裕を失っていくのではないかという不安がある。ステークホルダーは、インターネットのユーザーと同様に、一連の問いかけをするようになるはずだ。これは公益なのか、誰が利用できるのか、搾取される人が出ないよう公正な慣行をどう築くのか。

●ＩｏＴによって世界の経済のかなりの部分が激しく揺さぶられる可能性がある。インターネットがメディア、エンタテインメント、旅行業界に大激震を与えたのと同様に。政策立案者と企業は、副次的影響に対処するために策を練ることを求められる。早い時期に過渡期に入った業界からベスト・プラクティスを学ぶには、業界と政府のステークホルダーが協調する必要がある。

5つのキーポイント

①ＩｏＴは、コネクテッドでスマートな多彩なセンサーで構成される。センサーはユーザーのためにデータを収集し、インターネット経由で他のデバイスあるいは個人と相互に情報のやりとりをする。ＩｏＴは人間と機械の相互作用を増進させ、マシン・ツー・マシン主導によるデータ・エコノミーは人間同士（Ｈ２Ｈ）主導の経済成長をしのぐ成長を示すだろう。ＩｏＴには今後数十年間で無数のデバイスが加わるだろう。２０３０年までに、産業用アプリ経由のデバイスの相互作用はグローバル経済に新たに14兆ドルの価値を加えると見積もることができる。

②センサーとデバイスが広く行き渡れば、国境を越えたデータ移転に関してプライバシー、所有権、可用性などの課題が生じる。グローバルなＩｏＴのデータの流れに関する政策と規制は、第四次産業革命の大きな課題となるだろう。

③ＩｏＴとは、スマート・アプライアンスがインターネットにつながり、そこからサービスが生まれるというだけには留まらない。ＩｏＴの発達とともに、データの収集、分析、

運用、意外な相互関係と機会の発掘、破壊的な変化の兆しを察知することも可能となる。

④センサーの活用でほぼリアルタイムの応答が可能となると、最適化が実現して消費者と市民にとってインセンティブとなり、好循環のプル型経済へとつながっていくだろう。ＩｏＴはシステムの問題に取り組む手段となる可能性があるということだ。とりわけエネルギーの効率的な利用、交通システム、地球規模の排出量といった問題に取り組むために。

⑤ＩｏＴがもたらす社会的な影響としては、ＡＩとロボット工学の活用で定型業務や肉体労働雇用の需要が失われ、雇用とスキルに関する不安が挙げられる。だがＩｏＴのシステムがもたらすリスクとしてもっとも不安視されるのは、サイバーセキュリティ関連である。デバイスの安全対策、基準の不備、データの越境移動などが挙げられる。

執筆協力
デレク・オハロラン（世界経済フォーラム）

COLUMN

データに関する倫理

データとアルゴリズムに関するサイエンスとテクノロジーを活用することで、私たちのプライベートおよび公的な生活、環境は大幅に改善される可能性がある。ただし、そこでもたらされる機会には重大な倫理的課題がともなう。とりわけ重要な要素は次の3つである。①ビッグデータの大々的な活用。②アルゴリズムに依存したタスクの実行、選択肢の作成、意思決定。③人間の関与あるは監視が徐々に減り、多くが自動化されたプロセスとなる。このような要素が重なると、公正、責任、平等、人権の尊重という喫緊の課題が生じる。こうした倫理的な課題に首尾よく取り組むことは可能だ。私たちにできること、そしてすべきことはデジタル・ソリューションの開発と実用化を進めることで得られる機会を最大限に生かすとともに、人権を尊重し、オープンで多元的で寛容な情報社会を支持する価値観を尊重することである。

このバランスを確実に保つのは、決してたやすいことではない。しかしデジタル情報社会においてサイエンスとテクノロジーの倫理を整えておかなければ、取り返しのつかない事態を招くだろう。倫理的な問題を見過ごせば負の影響をもたらし、社会からの反発を引き起こす可能性がある。たとえばイギリスでは国民医療制度（NHS）が医療データのプログラムでつまずいた。一方、個人の権利と倫理的価値の保護を誤った文脈で過度に強調すれば、必要以上に厳しい法規制を招き、デジタル・ソリューションを社会と個人に役立てる際の足枷となるだろう。バランスを保とうとする具体例は、ヨーロッパ議会の市民の自由・司法・内務委員会（LIBE）が一般データ保護規則（GDPR）に示した修正案だ。両極端に走るのも防ぐために、4段階の基準を採用することが推奨されている。技術的実現可能性、環境的な持続可能性、社会の受容性、人間にとって好ましいものであるかどうか。この4つは、あらゆるデジタル・プロジェクトのための指針となる。たとえ人の暮らしと地球への影響が限りなく少ないものであっても、それは変わらない。これによりリスクは最小限に食い止められ、機会をフルに生かすことができる。

バランスのとれたアプローチを実践するには、どうすればいいのだろう。焦点を当てるべきは個別の技術（コンピュータ、タブレット、携帯電話、インターネット・プロトコル、ウェブ・アプリケーション、オンライン・プラットフォーム、クラウド・コンピューティングなど）ではない。これまでの数十年間で、それは明らかになってきた。焦点を当てるべき対象はデジタル・テクノロジーが扱うデータである。その意味で「インターネット倫理学」、「ロボット倫理学」、「機械倫理学」という呼び方は的外れであり、「コンピュータ倫理学」などという言葉がもっともらしく使われた時代に逆戻りしてしまう。個々のデジタル・テクノロジー、プライバシー、匿名性、透明性、信頼、責任についての倫理的な問題を考える前に、まず、データのライフサイクル――収集、キュレーション、操作、活用――に焦点を絞る必要がある。必要なのはデジタル倫理である。社会からの反発と厳しすぎる法規制というリスクを防ぎ、データとアルゴリズムの倫理的価値を最大限に高めて社会、個人、環境に恩恵をもたらすものにするために。

データ倫理は、倫理学の一分野であり、データ、アルゴリズム、実践面での道徳的な問題を学び、判断する。道徳的に好ましい解決策（例：正しい行為あるいは正しい価値観）をつくり、それが実践されるよう支える。そのためには、データ、アルゴリズム、実践面の倫理という3方面の研究が必要となる。

データ倫理の守備範囲はデータの生成、記録、キュレーション、処理、発信、共有、利用である。扱うのは、大規模なデータセットの収集、解析、活用に絡む道徳的問題だ。具体的にはバイオメディカルの研究へのビッグデータの活用、社会学、プロファイリング、広告、データ・フィランソロフィー、行政のプロジェクトにおけるオープンデータなどが含まれる。とくに大規模なデータセットのデータ・マイニング、データ・リンキング、データ・マージング、再利用を通じての個人の再特定化は深刻である。また、いわゆる「グループ・プライバシー」のリスクの問題もある。個人の特定化とは関係なく個人のタイプを特定することで集団への差別（例：年齢による差別、民族差別、性差別)、集団を標的とした暴力などにつながるおそれがある。データ・サイエンスとテクノロジーに関連する恩恵、機会、リスク、課題への一般認識が欠けていることがはっきりしているので、信頼と透明性もデータ倫理の重要なトピックである。

アルゴリズムの倫理はソフトウェア、AI、AIエージェント、機械学習、ロボット工学に焦点をしぼる。アルゴリズムの複雑さと自律性が増すなかで共有される課題に取り組む。アルゴリズムはAI、インターネットボットのようなスマートエージェントという形態の倫理的課題をつくりだす。機械学習についての課題も大きい。予期しない結果、望ましくない結果、好機を逃したことについてユーザー、デザイナー、データ・サイエンティストの道徳的な責任と説明責任が含まれる重要な課題だ。倫理的なデザインとアルゴリズムの要件の監査、負の潜在的な可能性(例:差別、あるいは反社会的な内容の助長)の査定については、当然ながらますます研究が盛んになっている。

最後に実践面の倫理の守備範囲は、責任あるイノベーション、プログラミング、ハッキング、専門家の行動規範、義務論である。データの処理、戦略、政策を担当する個人と組織の責任と義務についての緊急課題にも取り組む。データ・サイエンティストもここに含まれる。また、責任あるイノベーション、開発、活用についての専門家の行動規範をつくるために必要な倫理的枠組みを定義することをめざす。倫理的な実践がデータ・サイエンスとテクノロジーの発展、個人と集団の権利の保護をうながしていくかもしれない。ここで重要な検討事項は承諾、ユーザーのプライバシー、二次使用の3点である。

データ、アルゴリズム、実践面という3方向に延びているが、じつはどれも密に関係している。それぞれが概念の軸となり、三次元のスペースのなかで倫理的問題を把握する。たとえばデータ・プライバシーについての分析には、承諾、アルゴリズムの監査、専門家としての説明責任の問題も入ってくるだろう。同様に、アルゴリズムの倫理的な監査には、デザイナー、開発者、ユーザー、アダプターの分析が入ってくる。

それゆえデータの倫理は多元的に取り組む必要がある。たいていの問題はひとつの軸の上にあるのではない――それぞれ偏りはあるにしても。したがってデータの倫理は、最初からマクロ倫理として開発されるべきである。狭い視野でのアプローチを避け、倫理の空間の「ジオメトリー」全体で、一貫性のある、相対的かつ包摂的なマルチステークホルダーの枠組みのなかで、情報革命によってもたらされた多様な倫理的課題に取り組んでいくことになる。

執筆協力

ルチアーノ・フロリディ（オックスフォード大学情報哲学・情報倫理学教授、オックスフォード大学インターネット研究所デジタル倫理研究ディレクター）
マリアロザリア・タッデオ（オックスフォード大学研究員）

COLUMN

サイバーリスク

10年前には、世間を騒がしたサイバー攻撃の被害にあったばかりというのでもなければ、取締役会でサイバーリスクについて活発な議論がおこなわれることはほとんどなかっただろう。2008年にカーネギーメロン大学サイラボ（CyLab）がおこなった調査では、アメリカの取締役会のメンバーで、シニア・マネジメントからプライバシーおよびセキュリティのリスクについての報告をめったに、あるいはまったく受けていないという回答は77％にのぼっている。サイバーセキュリティのためのリソース、役割、トップレベルの方針については、80％あまりが、ほとんど、あるいは一度も話し合っていないと回答している［註110］。

しかし2015年にニューヨーク証券取引所が200人の取締役におこなった調査では、注目の企業が次々にデータブリーチの当事者となった後、サイバーセキュリティは取締役会に欠かせない議題となっていた。回答した取締役のうちの80％は、たいていの、あるいはすべての会合でサイバーリスクについて話し合ったと述べている。重要な課題としてはブランドへのダメージ、企業スパイ、データブリーチ防止にかかる費用がトップ3を占めた［註111］。

行政も、デジタル・システムへの犯罪的行為、悪意に基づいた攻撃のリスクに非常に敏感になっている。OECD加盟8カ国が2009年から2011年にかけて詳細な政策をまとめ、サイバーセキュリティの政策は「強力なリーダーシップで推し進めるべき重要な国策」であると2012年にに表明している［註112］。以来、政府はサイバーリスクにいっそう敏感になっている。国家の重要なインフラへの脅威、民主的なプロセスへの海外からの影響に対する懸念がますます高まっていることが要因である。また、市民活動への規制が強まり政治状況が二極化していることを反映し、民間組織もしだいにサイバー攻撃の危機に神経をとがらせるようになっている。

世界経済フォーラムの調査によれば、サイバーリスクへの認識は増しているものの、多くの組織は適切に対応できるツールを充分に備えているとは言い難いと感じている。さらに、この分野をリードする実績を示すことが「役員会のメンバーのコンピテンシーとはなっていない」と回答している［註113］。

認識してはいるが、対応できていない。このギャップを埋めることは、個人、企業、行政、市民社会の組織にとって重要課題である。

3つの動向が密接につながりながらデジタル領域を広げるとともに、サイバーリスクは急速に増加している。第一の動向としては、世界のインターネット利用者が2000年のほぼ10倍にまで増えている［註114］。2018年から2020年までに、さらに

3億人増加する可能性がある［註115］。第二の、そしてもっと重要な動向は、インターネットに接続されているデバイスの数の増加である。2017年にはおよそ200億台の電話、コンピュータ、センサー、その他のデバイスがグローバル・デジタル・ネットワークに接続されていた。IHSマーキット予測では2020年までにさらに100億台増えるだろう。第三の動向は、さらに多くの人々がデジタル・システムをもっと使うようになり、生成され処理されやりとりされるデジタル・データの量が指数関数的に増えるだろう――IDCの予測では、「グローバルなデータ領域」は2017年から年30％の成長率で2025年には10倍になるものと思われる［註116］。

ユーザー、オブジェクト、データの急増は、デジタル・システムへの依存度の高まりを示す。実際、デジタル・データとデジタル・オペレーションはもはや後方で社会を支えるものではなく、「社会と個人の暮らしに欠くことのできない……生命や安全に関わる《ライフ・クリティカル》」ものへと、立ち位置を変えているとIDCは指摘する。だからこそ、こうしたシステムが意図された機能を確実に果たすようにすることは、ますます重要に、そしてますます困難な課題となっている。

サイバーリスクに効果的に対応するための戦略を4つ提案しよう。この戦略はまったく新しい方向から課題を把握し、それにともなって投資の仕方も変わる。

1　ゴールを再定義する：サイバーセキュリティからサイバーレジリエンスに

「サイバーセキュリティ」というコンセプトはどうしてもＩＴシステムの水際での防衛に集中するきらいがあるが、個人も組織もその発想を改める必要がある。サイバーリスクが発生しオペレーションに影響する可能性に備えて、相互依存とレジリエンスまで含めて考える方向にシフトする。ここで言うサイバーレジリエンスとは、システムと組織がサイバー空間で起きる事件に持ちこたえる能力を指し、被害を受ける時間と回復のための時間との関係で測る[註117]。

図表15の枠組みが示すように、サイバーリスクの対象となるのはアセットと価値の両方であり、脆弱な箇所が狙われるとリスクが発生する。それゆえに、サイバーレジリエンスは戦略に関わる重要項目であり、包括的なビジネスモデルに、そしてオペレーション全体に組み込まれる必要がある。

さらに、サイバー攻撃が避けられない場合でも、サイバーレジリエンスは対抗措置を整える時間的余裕を生み出す。水際で食い止めるという発想からシフトし、サイバー攻撃の前、さなか、後にどう対処するのかについて、内部と外部の誰に情報が伝達されるのかについても、あらかじめ慎重に考えておく。

焦点をあてるのがデジタル・オペレーションではなく、データに関係するシステムとなると、組織と個人は少なくとも次の3種のサイバーリスクに対してレジリエントであることが求められる。①データの機密性、②データインテグリティ、③事業が継

図表15
サイバーリスクのフレームワーク

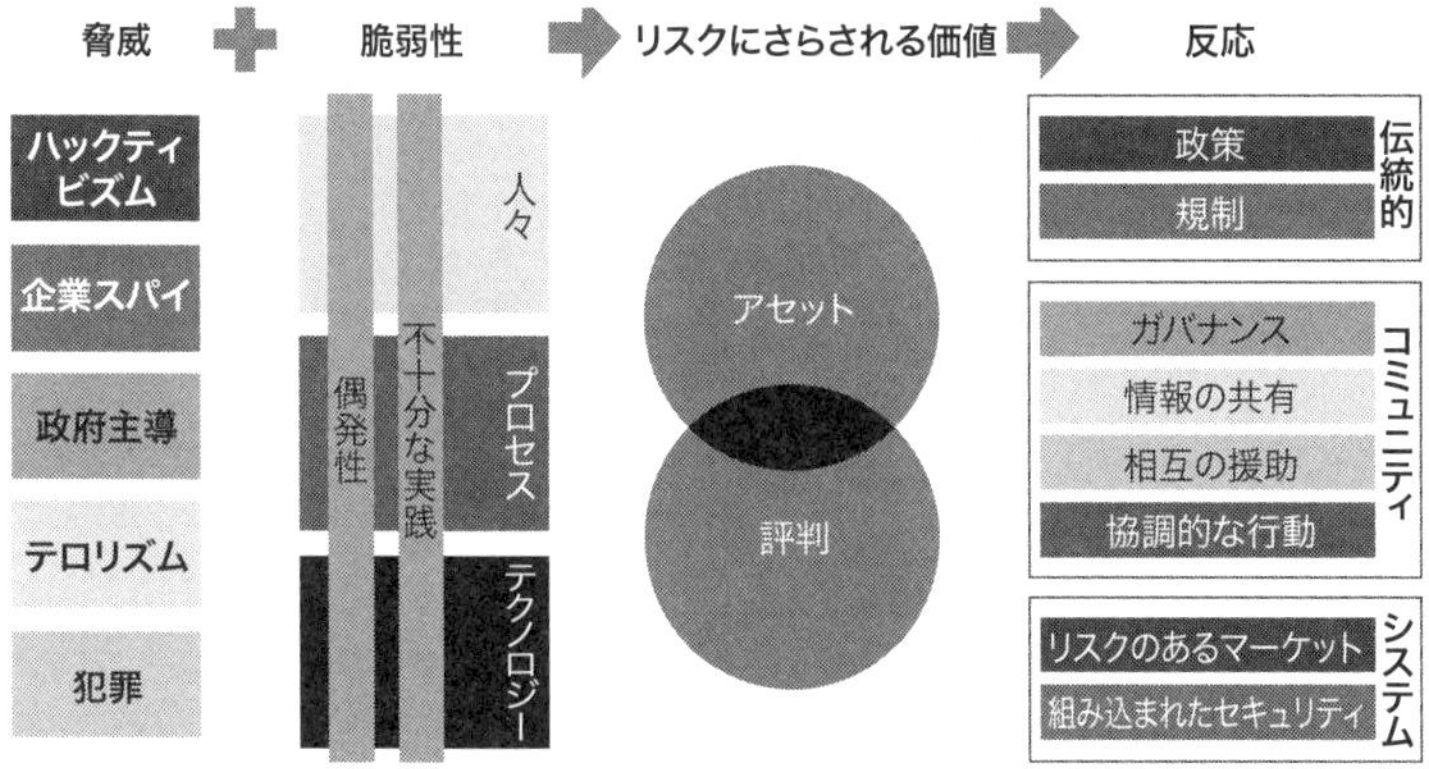

出典：World Economic Forum

続していくための可用性。サイバーリスクに関してよく取り上げられるのは、データ漏洩による個人情報の漏洩問題である。しかし、実際に増えているのは、２０１７年５月にイギリスのＮＨＳのシステムの大部分を活動不能にした「ワナクライ」など、情報の削除あるいは身代金要求といった方法でシステムやデータの可用性を損なうタイプの攻撃である。データあるいは幅広いシステムへの不正アクセスで改竄《かいざん》される可能性も大いに懸念される。

さらに事態を複雑にするのは、物理的なサービスやインフラの運用を管理するデジタル・オペレーションとデジタルにつながるシステムのデータを統合させたいという場合である。これを実行すれば、組織はシステムの基幹的な機能のコントロールを失う可能性があると覚悟しなければならない。下手をすれば命取りにもなりかねない。実際、2015年にジープ・チェロキーのトランスミッションとブレーキがハッカーによって遠隔操作された例がある[註118]。もうひとつの課題は、システムを接続することでビジネスやオペレーションの他の領域に侵入する新しいチャネルができてしまう可能性だ。たとえば2013年にアメリカの小売業者ターゲットは決済システムに侵入されたが、その発端は同社の空調機器システムを運営していた下請け業者に提供した認証情報が盗まれたことだった[註119]。

2 敵を再定義する：ハッカーから犯罪組織へ

ポップカルチャーの影響で、堅牢なシステムへの侵入というと、一匹狼の「ハッカー」が栄光をつかむため、あるいは復讐を誓って果敢に挑むというイメージを抱きやすい。しかし、そのようなイメージで今日のサイバーリスクの真の脅威に直面すれば、大いに動揺するだろう。

確かに、才気あふれる一匹狼型のハッカーは存在する。が、サイバーリスクの大部分を占めているのは、才能あるメンバーで結成された犯罪組織によるものである。往々にして人材の配置、リサーチ、運営の予算が潤沢で、ターゲットとする対象が防衛のために費やすリソースをはるかにしのぐ。また、金銭目当ての犯行であることも彼らの特徴だ――身代金、データを売る、手数料をとって第三者がシステムにアクセスできるよう便宜をはかる、システムを利用して自分たちあるいはクライアントに便宜を図るといった要求をする。
サイバー攻撃の脅威についての一般的なイメージを払拭し、敵は資金が潤沢で組織的に活動し、動機があり、創造力に富み、持続的であると認識することが重要である。

3　攻撃のベクトルを再考する：技術を介してではなく、人間への働きかけ

「一匹狼のハッカー」というイメージには、ITのテクニックを駆使し遠くからシステムのセキュリティを突破するという刷り込みがともなう。それは、サイバーリスクの矢面に立つのはIT部署という印象につながる。IT部署が実施する技術的な防壁、たとえばファイアウォールや強力なパスワードのシステムが防衛手段であると思わせてしまう。

しかしながら、セキュアなシステムに一番簡単にアクセスする方法は、人に教えてもらうことなのだ。マルウェアによる攻撃の約97%は、ユーザーにはたらきかけ、欺き、彼らのシステムへのアクセスを許可させるという方法を取っている。技術的な不備を突いて攻撃するのは、わずか3%である。ハッカーの84%あまりが、おもにソーシャル・エンジニアリングを使った戦略でシステムにアクセスしている［註120］。このため多くの場合、ハッキング発覚までにかなり時間が経ってしまう。Nuixの最高情

報セキュリティ責任者クリス・ポーグによれば、データ漏洩は平均250〜300日後に発見されている[註121]。

脅威と脆弱性は組織の中にも外にも存在している。だからこそサイバーリスクに対してはすべてのスタッフが当事者として取り組む責任がある。攻撃に対する戦略としては、スタッフの教育に力を入れてフィッシングやソーシャル・エンジニアリングを利用した攻撃を防ぐためのトレーニングを実施する、エンドポイント・セキュリティを実行してアクセスを制限する、ユーザーとネットワークの異常なアクティビティを発見し隔離するための監視システムの導入が必要となる。

4　サイバーレジリエンスは全体で：個人から集団的なリスクまで、業界と組織全体が一丸となる

レジリエンスは個人や組織レベルでも重要だが、システム全体としての水準が問われる。世界規模で相互につながっていくにつれて、サイバーリスクもシステム全体に波及していく。システミック・リスクは企業と国家の間で生じるだけではない。グローバルな貿易、金融、セキュリティ、輸送に必須のグローバルなサービスでもリスクが生じる。

その一方で、マルチステークホルダーとクロスコミュニティが連携して、サイバーリスクへのレジリエンスを高める有効な手立てを見出すことができる。政府と産業と

市民社会間はもちろん、業界とセクター全体で、サイバーアクティビティとサイバー攻撃関連の重大な情報を定期的に交換することで、攻撃を受けた際に迅速な措置を取り波及のリスクを減らす効果がある。サイバーレジリエンスに関連する戦略的そしてオペレーションの専門スタッフが足りていない状況では、各セクター全体でサイバー攻撃に対するスキルをたがいに活用することも有効だ。

サイバーレジリエンスについてマルチステークホルダーがグローバルに対話することは重要であり、そのための努力は続いている。そのひとつ、世界経済フォーラムのグローバル・サイバー・センターはジュネーブを本拠地とする官民のプラットフォームであり、世界規模でサイバーレジリエンスが強まることをめざす。インターポール（国際刑事警察機構）がシンガポールに設置したインターポール・グローバルコンプレックス・フォー・イノベーションは情報共有プラットフォームを築くために活動を始めた。ユーロポール（欧州刑事警察機構）のジョイント・サイバークライム・アクション・タスクフォースや、国家主導の取り組みとしてはイギリスのサイバーセキュリティ情報共有パートナーシップ（CiSP）などがある。これはイギリスの企業がサイバー情報とサイバー攻撃の脅威に対する認識を高めることをめざしている。だがセクターと国家の枠を越えた取り組みに求められるのは、官民の関係者を隔てる心の壁を取り払うことであり、サイバー攻撃能力と防衛能力の詳細を共有することに消極的な国家同士も同じことだ。

こうした障壁を乗り越えることは大前提だ。「ライフ・クリティカル」なデジタル・システムに依存する世界では、1人ひとりが教育を受けて新しい行動様式を身につけることから、組織的な投資と役員が負うべき新たな責任、国としての協調と国際的な協調、より機敏なガバナンスの方法まで、すべてのレベルでサイバーリスクに対して投資と行動が求められる。

執筆協力

ニコラス・デイビス（世界経済フォーラム）

現実の世界を改革する

第8章 AIとロボット工学

AIは徐々にデジタル・エコノミーを新しくつくりかえ、じきに現実の経済も姿を変えていくだろう。21世紀前半のAIの目標は、実世界における自律的な機械装置のナビゲーションを支援する、人間とコンピュータの相互協力をうながす、などが挙げられる。将来的にはAIシステムはグローバルな規模で体系的な課題に取り組んでいくだろう。二酸化炭素排出量の問題、航空管制機能、規模が大きく人間の能力では対処できない複雑な問題を解決するだろう。専門家の予測では、SF並みの共感的なデジタル・アシスタントも夢ではないかもしれない。いつの日か、ロボットは基本的な警備の大部分を監督できるようになるだろう。AIはすでに、センサーのネットワークとビデオストリームのデータをモニターし、疑わしいパターンを見つけてセキュリティ担当者に注意を喚起することができる。すでに警察は捜索と救助のためのロボットを配置し、犯人が武装している場合に投入している[註122]。

AIは根底から世界を変えるだろう。その変化には、まちがいなくリスクがともなう。たとえばAIに制御されるロボットは人間のスキルと雇用に関して思わぬ影響を及ぼし、社会の緊張が高まるだろう。機械学習のアルゴリズムはたいていの人にとって不透明であり、放置できないほど反社会的なものを取り込んでしまう可能性がある。長期的な視点から、ＡＩの価値観と人間の価値観の調整に失敗した場合の現実への影響を過小評価してはならないという警告もされている。また、犯罪者がＡＩのアプリケーションを巧みに操る、不正侵入する、混乱させることで生じるサイバーセキュリティのリスクも指摘されている。こうしたことを受け、研究者は現在、ＡＩとロボット工学の開発と実用化の指針となる倫理的な枠組みと価値観について議論を呼びかけている。未来がどうなるとしても、私たちはＡＩとともに生きることになるだろう。ＡＩと人間が築く関係は、その後を大きく左右するだろう。

ＡＩを人間の世界に組み入れる

ＡＩもロボットも、複数の技術の組み合わせに過ぎない。とはいうものの、なぜこうも私たちの想像力をかき立てるのだろうか。１９５６年、ダートマス大学でおこなわれた会議でＡＩという分野が産声をあげ、１９６１年に初の産業用ロボットが登場した。たちまちポップカルチャーからも無数のロボットが誕生した。暮らしを快適にしてくれる『宇宙家族ジェットソン』のロボットお手伝いさんのロージーのような存在もあれば、テクノロジーが道の脅威を突きつけるシナリオもあった。スタンリー・キューブリックの『２００１年宇宙の旅』に登場する反抗的なＨＡＬ９０００は強烈な印象を残した。

今日、ＡＩはめざましい勢いで認知機能を高めている。人間でなければできないだろうと私たちが思い込んでいるようなことを、やってのける。一般的な学習をこなし、ハイレベルの論理的能力を発揮する。人間の直感がものを言うとされたゲームで機械学習が人間に勝つところまで来ている。すでに、複数のコンピュータが簡単なバージョンのチューリングテストに難なく通過している。つまり人間か機械か識別できなかったということだ。２０１４年、チャットボットは13歳のユージン・グーストマンという人間のふりをして人間と対話し、30％あまりが人間だと思い込んだ[註123]。

マテリアル・サイエンス（材料科学）とセンサー・テクノロジーにおけるブレイクスルーは、機械の認知力、運動力、知覚力を伸ばした。飛ぶロボットいわゆるドローン、そして人間にいっさい頼らずに車のパーツを組み立てる産業用ロボットのナビゲーションと相互作用にはＡＩが使われている。自動運転車輌つまり自動運転ロボットは、無人トラックを操縦して高速道路を走行するといった、かつては歯が立たないと思われた課題をクリアした[註124]。人型ロボットは人間の補助装置として、コンパニオンとして実用化され、ＳＦと現実の壁を取り払った。

世界中の多くの大学院で、ロボット工学とＡＩの研究に重点を置いたカリキュラムづくりが進んでいる[註125]。ＡＩは人間ではとうてい扱えない規模のデータセットからインサイトを引き出し、気候モデリング、核のシナリオなどの問題に取り組み、大規模なセンサー・ネットワークを管理している。また、公開されているデータから採算性の高い新しい情報を収集する。オービタル・インサイトはアメリカの衛星ランドサットとＥＵの衛星センティネルの低解像度の画像データの解析に機械学習を活用している。より正確に、より速くオブジェクトを識別し、商業、排出量、インフラ、海洋の船舶についての情報を提供できる。いずれも産業、社会、行政にとって明確な価値をもたらすものである。ＡＩの活用は重要な情報の提供だけでなく、意思決定にも役立つ。ヘッジファンドの運用にもＡＩが当たり前のように活用されることも期待されている。すでに、ＡＩを取締役にしている投資会社も実際に存在する［註126］。

ＡＩの意思決定能力の向上とともに、それによって制御されるロボットは人間といっしょに働くようになり、さらにＡＩの意思決定能力は磨きがかかるだろう。家事ロボットのロージーが実際に登場するには、機械が観察を通じて人間の価値観を読み解く能力が必要だ。なかでも信頼という価値観は一番の優先事項であり、それとともにロボットはサービスを提供し、生徒に教え、航空機を操縦し、手術をおこない、捜索救助活動をおこなうことを学ぶ。ＡＩが日常に組み込まれるにつれて、私たちはＡＩとの相互作用を通じて自分の周囲の状況を把握するようになるかもしれない。ちょうどパイロットが悪天候の際に計器を信頼して操縦するように。これが極端に進んでしまうとＡＩとロボットの兵器化を国と個人のレベルで画策するようになるだろう。これは決して非現実的でも不可能でもない。実際の開発がどこまでゆるされるのか、倫理的な境界線をさまざまな国際的な組織が模索している。現在のまま進めばＡＩとロボットの組み合わせは、権力、責任、説明責任を担う立場に着くだろう。だからこそ広範囲におよぶガバナンスが求められる。

ＡＩは社会、地球、経済に大きな、そして破壊的な影響をもたらすだろう。ＡＩの分野をリ

図表16
AI競争：AI関連の大規模M&A（2011～2016年）

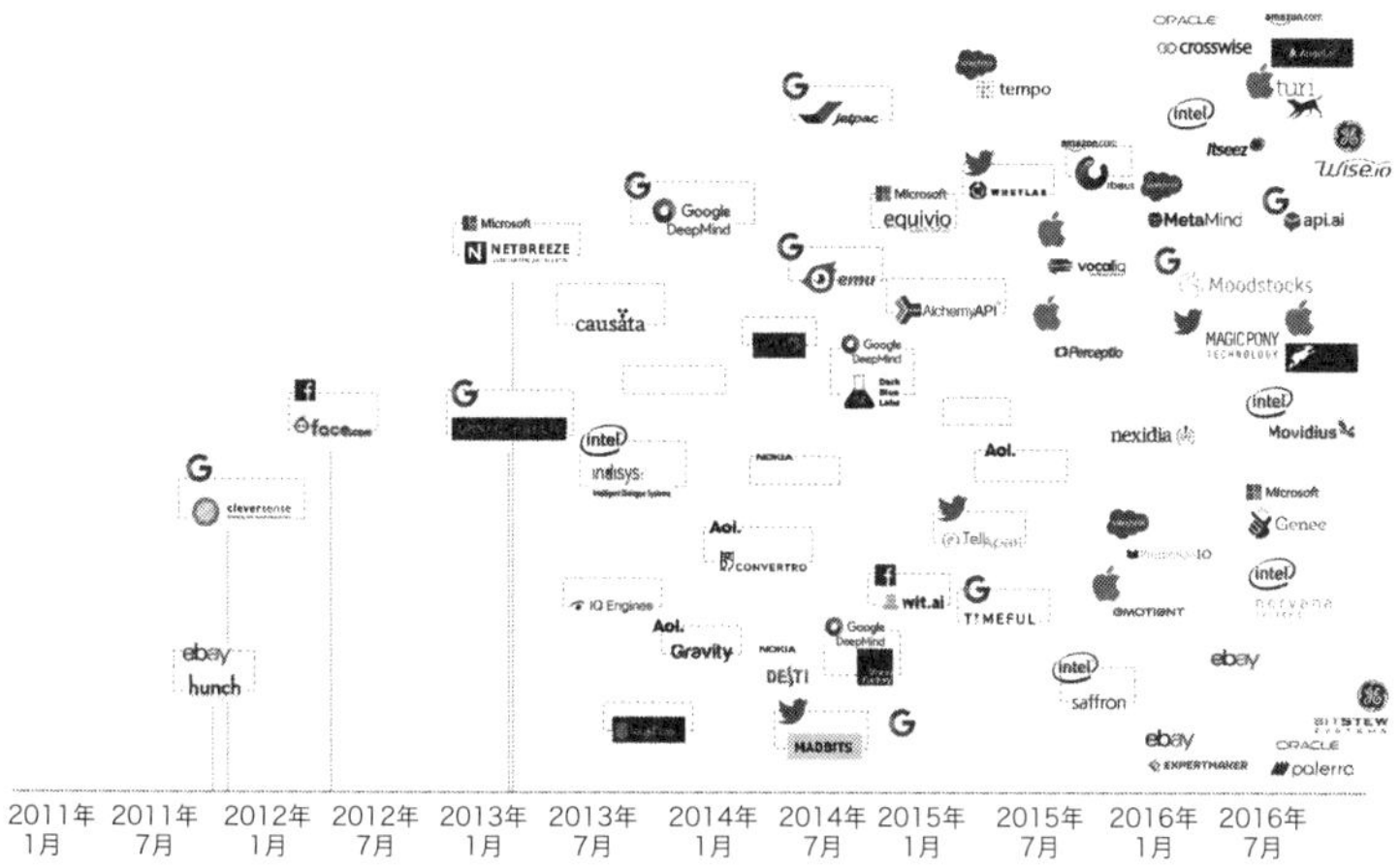

ードする大手企業マイクロソフト、アマゾン、フェイスブック、IBM、グーグル、ディープマインドはそれを認識し、「人と社会に貢献するAIに関するパートナーシップ」に名を連ねている。目標として掲げられているのは、「AI技術に関するベストプラクティスの研究と考案、AIへの一般の理解を高める、AIおよびAIが人と社会に与える影響について議論し当事者意識を高めるためのオープンプラットフォームとして機能すること」である［註127］。ディープマインドが示す通り、企業内に倫理を担当する部局やチームを設ける動きは加速している［註128］。この素早い対応は、業界が充分に責任を自覚していると世間一般に示す意図がある。彼らは過去5年間で何十億ドルも投資し、何百社も買収し（図表

16）、ますますインテリジェントになるＡＩにスチュワート・ラッセルら思想家たちが寄せる懸念も受け止める〔註129〕。

COLUMN

インテリジェントなＡＩ

――スチュワート・ラッセル（カリフォルニア大学バークレー校コンピュータ・サイエンス教授）

ＡＩの研究が急速に進んで新たなケイパビリティが加わり、開発研究への投資は増すばかりだ。その分野に関わる者でＡＩの限界を信じる者はほとんどいない。自主規制という発想を抱く者となると、ますますいないだろう。となれば、機械が人間のケイパビリティをしのぐようになると考えるのは、ごく妥当な予測である。１９５１年にアラン・チューリングも、次のように予測している。「もしも機械が考えることができるなら、私たちよりも賢く考えるのではないか……この新たな危険……は、私たちに不安を与えるにちがいない」

汎用ＡＩを搭載した機械をつくる方法としていまのところもっとも一般的なのが、

その機械に、私たちが設定する目的と、その目的を達成する方法を見つけるためのアルゴリズムを与えることだ（行動のひとつひとつをあらかじめプログラムする方法もあるが、そうなると知的活動はすべて人間がすることになり、ＡＩの核心を逃す。チェスというシンプルなタスクですら、それでは不可能だ）。では、私たちは目的を的確に設定できるのか、機械が望ましくない方法でそれを達成しないように詳細かつ完璧に設定できるのかといえば、それはできないのである。あのミダス王と同じだ。これは価値観をどう教えるかという問題である。それなりの力を備えた機械が与えられた目的の意図を理解できなければ――不十分な理解、という程度でも――人間と機械とのチェスの戦いのようになる。世界がチェス・ボードで私たちの駒は人間性だ。チューリンは「戦略的なタイミングで電源を切る」という解決策を示唆したが、超知性ＡＩはそれを防ぐ手立てをとる可能性が高い――生存本能からではなく、死んでしまうと与えられた目的を果たせないから、という理由で。

それなりの能力を備えたシステムは、提示された問題をかならず解決するだろう。それならば、人間にとって有益な解決法を機械が取るように、あらかじめ問題を設定しておけばいい。矛盾して聞こえるかもしれないが、これは可能だ。機械は人間の真の意図を最大限にしようとするからである。ただし最初はその意図を理解していない。この不確実性がカギである。与えられた目的を達成しようとして機械が人間の意図とずれた、あるいは完全に誤った方法でひたむきに、かつ破滅的に解決策に到達することを防ぐのは、この不確実性なのである。機械が人間の行動を観察することで、不確実性は徐々に解消されていく。人間の行動を情報源として、真の意図に近づくのである。使い方次第で、人間にとって好都合な結果をもたらすことは可能なのである。スイッチを切るという選択を機械にさせることも可能だ（まさにチューリングが示唆した通り）[註130]。機械が人間の意図に反することをしようとする時にスイッチを切るのは、理性ある人間として当然の行為である——人間の意図を実現することが機械の目的であるなら、それに反する場合には、スイッチを切ることで目的を達成できる。

これは希望の光ではないか。確実に有益な結果をもたらすシステムのために技術を開発し、AIの研究をおそれることはない。むろん、実際はそう簡単にはいかない。人間はひねくれていて、理不尽で、一貫性がなく、意志薄弱で、想定通りにはいかず、ムラがある。人間を観察して価値観を学ぶのは至難の業ということだ。とはいえ、ごく近い将来、高度な知能を備えたパーソナル・アシスタントと家庭用ロボットが開発されれば、人間の価値観を機械が学ぶ必要性が重視されるインセンティブとなるだろう。ボスのために一泊2万ドルのスイートを予約するアシスタントや、家族の夕食にネコを調理するロボットは敬遠されるだろう。

ＡＩがＯＪＴで学ぶ日は近い

ＡＩ研究には乗り越えるべきハードルがある。現在のベンチマークは、力技でのパターンマッチングで設定されている。入力信号のささいな変更によって、機械学習のモデルが台無しになる可能性がある。この構造のままでは、ＡＩが直面している最大の課題に取り組むことは難しそうだ。たとえば「常識」という問題をどう解決するか、状況認識能力をどう高めるのかといった課題だ。研究者としては、機械がその場の状況に応じて適切な行動を取る、そして訓練ではなく膨大なデータ・プールを通じて一般化することをめざしたいが、いまはまだ叶わない。量子コンピューティングなど新しい技術を使えば、ＡＩがフィードバック・ループで問題を調べ、学ぶことができるかもしれない。人間が世界をどう認識し判断するのかを模倣できるかもしれない。それが実現すれば、ＡＩは人間のようなエラーを犯すこともなく、疲労知らずで単純労働を続けられるので、経済的な恩恵をもたらすだろう。

そのようなブレイクスルーがなかったとしても、めざましい進歩の成果はかなり期待できそうだ。火星に行くロボット、看護師を補佐するロボット、ロボットをつくるロボットまで開発されている［註131］。いずれ、ＡＩがクラウドで制御する膨大な数の小さなロボットがＡＩでデータを集中型サーバーに入力し、サーバーがタスクを調整しリソースを配置するようになるかもしれない。すでにＡＩはジャーナリズム、医薬、会計士、法律など知識を基盤とする職業に進出している。法律家や医師がすべてＡＩに置き換わることはないとしても、ケーススタディと画像診断を総合的に扱い分析できるＡＩは大きな変化をもたらすだろう。このようにＡＩの発展はめざましく、ロボット市場の支出額は２０１９年には１３５０億ドルを突破する見込みだ。これは２０１５年のほぼ2倍である〔註132〕。車輌の運転手がいなくなるばかりか、車輌そのものをロボットがつくるようになるかもしれない。オートメーション化されたロボットの最大の買い手は自動車業界である（図表17）〔註133〕。

経済の多くの領域で自動化が進み、いままでになかった仕事が登場する一方で、廃れてしまう業務もある。たとえばトラック輸送の自動化でロジスティクス業界全体の雇用が大幅に失われる可能性がある〔註134〕。開発途上国でも先進国でも、ＡＩとロボットが労働市場に与える影響はますます大きくなるだろう。アメリカではコンピュータ化で国内の職の10％から50％近くが失われるだろうと見積もられている〔註135、136〕。中国のフォックスコンでは工場労働者６万人が2年でロボットに置き換えられた〔註137〕。オートメーションのあおりをうけて途上国では安い人件費という強みが発揮できなくなり、工業化に影響が出そうだ。先進諸国はこれまで海外に委託していた製造を自国内に戻している〔註138〕。

グローバル経済が受ける影響は、あまりにも大きくて予測がつかない。それでもエコノミストたちは、労働がすべて自動化されたポストワーク・エコノミーのモデルをなんとかつくろうとし、教育の現場では未来の職場で求められるスキルを模索している〔註139〕。いまこそマルチステークホルダーが一致協力すべき時である。政策立案者、ビジネスリーダー、市民社会のリ

図表 17
自動車業界とその他業界における多目的産業用ロボット（全タイプ）の従業員１万人当たりの台数（2014 年）

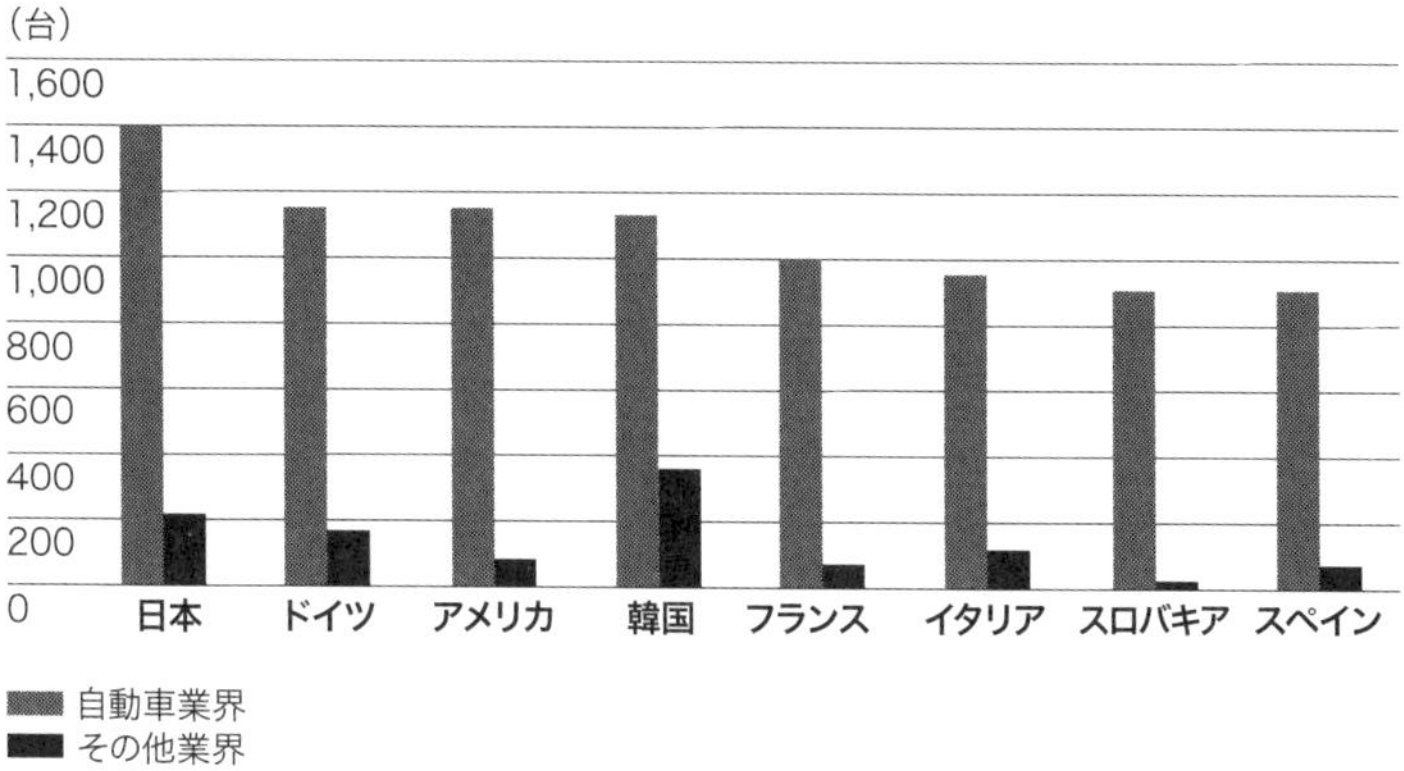

出典：Pittman (2016)

ーダーは経済と社会がめざすゴールの調整をしなくてはならない。リーダーと政策立案者はＡＩのセキュリティの脆弱性にも取り組まなくてはならない。専門化したＡＩが社会にもたらす好機ははかりしれないが、一方で騙される、侵入される、混乱させられるという脆弱性を抱えている。機械による意思決定がセキュアな方法でプログラムされ、サイバー攻撃による破壊、悪用の可能性を封じるための対策が必要となるだろう。

この問題につきまとうのは、機械学習のアルゴリズムが決断を下すまでのプロセスが、作り手である人間にもわかりにくいという点だ。機械に権限委譲するかどうかという時に、それがネックとなる。人間は正当な根拠があるからこそ信頼しようとする。たとえば、刑事被告人が再犯するかどうか、ローンの借り手が債務不履行に陥るかどうかをＡＩが人間よりも正確に予測できるとしても、その根拠を示されないと私たちは抵抗を感じるのではないか。機械に決定を委ねていいのだろうかと感じるのではないか。アルゴリズムは人間のバイアスを観察すると、そのバイアスを反映するので、なおさら強い抵抗を覚える。いくらアルゴリズムが有益なパターンを見出したとしても、機械に対する理解が充分でなければ、機械の決定を全面的に信頼する気持ちになれないのではないか。ステークホルダーは次に挙げる課題に早急に取りかかることが求められる。

●倫理的基準――自律型のプロセスおよび機械の倫理的基準と規格をつくるための指針とガイドライン作成が必要である。イギリスの工学および物理科学研究会議（ＥＰＳＲＣ）などさまざまな組織と集団は「ロボット工学の原則」を提案しているが、優先されるべき、あるいはグローバルな基準はない［註140］。

●ＡＩとロボットのガバナンス――ＡＩ研究と活用について一通りの専門知識を政策立案者が備えていなければ、先々を見通すことは難しい。加えて、ＡＩの政策形成をおこなうべき機関を決めることが難しい。こうした要因を認識した上で、イノベーティブなガバナンスの手順、新しいタイプの委員会、エージェンシー、アドバイザリーボードの設置とその権限についての検討に入ることができる。

●紛争解決――ＡＩの活用とシステムに関連する紛争を解決するための枠組みとベストプラク

ティスは、現在は存在していない。その一因は、起こり得る紛争の予測が難しいためだ。たとえばＡＩの研究は規制されず、ＡＩを使った製品には規制がかかる場合もあり、もっぱら製品の段階で規制対象となってしまう。

ＡＩは経済や労働市場、私たちの身体といった複雑な領域に深く統合されるだろうが、具体的な議論は、まだ始まったばかりである。これからの成果を予測するために、そして多様な見解が出てくることをうながすために、ＡＩとロボットの影響についていまから考え、幅広い情報を収集することが欠かせない。

COLUMN

AIについていま知っておくべき10のこと

①ひとくちにAIといっても、その意味合いは時とともに変わる。今日、AIといえば機械学習を指すことが多い——線形回帰モデル、決定木、ベイジアン・ネットワーク、人工ニューラル・ネットワーク、進化的アルゴリズムまで、ソフトウェアは

多岐にわたる。1960年代のAIの記念すべき出来事は、移動能力のあるロボットの開発だった。今日の大きな成果は、世界の囲碁のトップ棋士たちに勝利したことである。AIとはなにか、AIになにができるのか。この問いに対する答えは、画期的な出来事を契機として変わっていく。

②汎用AIは存在しないものの、「特化型AI」はすでに身近なものとなっている。今日のAIのシステムは、明確かつ詳細に定義されたタスクに関してはめざましい能力を発揮するが、人間にとっては当たり前の状況判断能力と常識にはまだ欠けている。特化型AIはグーグルの検索アルゴリズム、アップルのSiriの会話能力、スマホでの予測変換に使われている。注目度は高くないが重要な活躍の場としては、表示するオンライン広告の選択、サイバーセキュリティのサポート、産業用ロボットの制御、自動運転車輛の操縦、文章の要約、特定の疾病の診断などがある。

③AI、ロボット、人間の協業はうまくいく。人間のチェスプレイヤーとAIのチェスのプログラマーが組めば、人間にもコンピュータにも確実に勝てる［註141］。インテリジェントなロボットにとっても、人間との協力は都合がいい――カーネギーメロン大学のコボット（CoBot）プログラムは人と協調するロボットを動かす。コボットは訪問者を会議に案内したり、書類を取りに行ったりなどの業務をこなす。また、

なにかを持ち上げ、エレベーターを呼び、迷って帰れなくなった時には進んで人間に助けを求める。

④AIシステムのゴールの設定には人間の助けが必要だ。近い将来登場するかもしれない「超知性AI」に対して、私たちは過剰に心配し過ぎているのかもしれない。しかしAIのシステムのゴール設定において慎重さを欠けば、AIシステムが思いもよらない、有害な結果をもたらす可能性はまちがいなくある。スチュワート・ラッセルが述べているように、成功へのカギとなるのは、AIが人々を観察し、人間の意図と価値観をAIの目的とするように教えることである。

⑤今日のAIのシステムの多くがブラックボックスのようにふるまう。人工ニューラル・ネットワークと深層学習のアプローチなどポピュラーな機械学習のアルゴリズムでも、結論にいたる過程がすべて私たちに理解できているわけではない。技術的には、すべてのプロセスを解き明かすことはできるが、AIは次の決断のためにそのアプローチを修正する可能性が高い。つまり結果を検証することは難しい。機械の自律的な決断から人間が学ぶには限界があるということだ。

⑥現在、AIのリソースはオープンソース化されている。機械学習の革新的な仕事の

大部分は世界各地の大学の研究機関と起業家によるものだ。この知識のかなりの部分がオープンソース化されているが、それは透明性がなければ問題をつきとめて重要な調整をすることはできないという理由からである。数分もあればクラウドベースでAIが駆動する「ボット」を見つけて、自然言語のカスタム処理や画像認識の助けを借りることができる。

⑦AIを活用するに当たっては、データの整理が必要だ。組織の外からデータの解明を助けるAIシステムはたくさんあるが、非標準データに機械学習を導入するには、適切に整理されて保護されている必要がある。データ管理は、多くの組織にとって最大級の課題である。幸い、会社のシステムとサーバー内のデータを検索して発見し、整理することを助ける目的で開発されたAIシステムがある。

⑧どれほどスマートなAIシステムでも、偏りや誤りが生じる可能性はある。アルゴリズムの正確性と有益性は、どうデザインされているのか、どんなデータで訓練されたのかに左右される。どれほど強力なアルゴリズムでも、仕様に問題がある、あるいは訓練に使われたデータのせいでバイアスを示したり、不正確な反応をしたりする例はいくらでもある。

⑨AIとロボットはタスクを変えるのであって、人間がいらなくなるというわけではない。配送ドライバーやレジ係に代表される例外的なケースをのぞき、完全に自動化が可能な職業は全体のほんのわずかである。アルファベータの分析が示すように、AIとロボットが職場に進出してもっとも変わるのは、単純な反復作業や技術職が大幅に自動化されることだろう。人はそのぶん、対人的で創造的な仕事に時間を使えるようになる。

⑩AIとロボットは活用の仕方次第で、その影響が変わってくる。組織としてAIとロボットをどのように取り入れて問題解決に生かすのか、それが決め手となる。AIとロボットのシステムが強力に、そして有能になるとともに、それをいつどのように活用するのかを決定する取締役会とマネジャーの意思決定プロセスが重要性を増していく。

5つのキーポイント

①近年、AIの進歩は目をみはるばかりだ。それを可能にしているのが機械学習である。機械学習はデータとセンサーの増加、処理能力の向上の恩恵を受けている。機械学習は、一定の状況で人間の相互作用をかなり（あるいは上回るほど）模倣できるレベルに達している。たとえばゲームをプレーする、顧客への対応、病気の診断、自動走行車のナビゲーションなどをこなす。

②AIが新しいフィジカルシステムに使われるようになるとともに、この10年でロボットのポテンシャルは高くなった。人間と機械がともに働き、医師、弁護士、パイロット、トラックのドライバーなど、知識を身につけたり、技術の習熟が必要な役割は機械が引き継ぐ割合が増えていきそうだ。では人間の専門家の役割はどうなるのか、自動化できる業務には人間の知性と判断力がどれだけ必要なのか、改めて考えることになるだろう。

③企業はAIを活用して、衛星データなど自由に入手できるビッグデータからインサイトを得る。革新的な起業家は、こうしたデータから新しい価値をつくりだしている。自由に入手できるデータからAIは新しいインサイトを導き出し、経済と科学的知識に新たに重要

な貢献をしている。環境モニタリング、環境保護などの領域に関わる政策立案にも恩恵をもたらすだろう。

④ＡＩは労働市場から車輌のナビゲーション、信用度の決定など、あらゆるところで影響力を発揮する可能性があるだけに、多くの人と組織はＡＩとロボットの倫理的な側面に高い関心を抱いている。具体的には、透明性、同意承諾、ＡＩのアルゴリズムに含まれるバイアスなどが挙げられる。

⑤ＡＩとロボットに関して、紛争の解決、倫理的基準、データに関する法規制、政策形成などがグローバルな規模で優先事項となり、協調的なガバナンスが必要となるだろう。たとえば、自律型致死兵器などＡＩに制御されたロボットは倫理的に問題があるとして国際組織は憂慮している。グローバルな戦闘地域でも内戦においても、甚大な損害を与えるおそれがある。

執筆協力

トーマス・フィルベック（世界経済フォーラム）
世界経済フォーラム「ＡＩとロボット工学の未来に関するグローバル・フューチャー・カウンシル」（Global Future Council on the Future of Artificial Intelligence and Robotics）

第9章 先進材料

材料は第四次産業革命のイノベーションの基礎的構成要素である。多くの技術の物質的な基盤を、それこそ原子レベルから担う能力は、今後20年のうちに世界中の難題の一部を解決に導いていけるかもしれない。材料科学を活用してコンピューティング技術を小型化できたことでイノベーションの正のフィードバック・ループが生まれ、コンピューティング技術はさまざまな分野において活用され、科学者は合成有機体からグラフェン電池まで多様なプロダクトをつくりだしている。

廃熱を電気に変換するセンサー、細胞のダメージを修復する薬を運ぶナノボットなど、無数の課題の解決に材料科学が力を発揮できたのは、長期的なビジョン、慎重な評価、投資があってこそである。新しい材料とナノテクノロジーは有益に活用できる一方、ナノ汚染物質は環境に破壊的な害を与え、ナノセンサーはプライバシーとセキュリティの深刻なリスクをつくりだし、新しい戦争の能力として爆発物と化学兵器の強化に使われてしまう可能性がある。世界に与える影響を最良のものとし、不測の害を最小限に留めることが産業、社会、環境にとって重要であるなら、ガバナンスの共通の枠組みとともに、材料の環境への影響についての研究の強化が必要である。

コンバージング、コスト、タイムラインの縮小

先進材料科学は第四次産業革命のたいていの部分に関わってくだろう（図表18）。エネルギー生成・送電・貯蔵、水の濾過、家電など幅広い分野の技術に先進材料科学は欠かせない。目に見える部分と見えない部分で、文字通りこの世界をつくり変えるだろう。サプライチェーンを再編し、環境を変え、消費を変えるだろう。産業界はこうした先進材料を使って、パフォーマンスへの高い要求にこたえようとしている。世界規模で文明に課題がつきつけられている今、先進材料の製造工程は持続可能であることが求められる。先進材料とナノテクノロジーはコンバージング・テクノロジーにより最大限の利益をもたらすだろう。一例として、AIとロボットのプラットフォームの開発とスタートアップのエコシステムの発達が結びつけば、急速にイノベーションを加速させる可能性がある。

先進材料の構成要素は、理想的には環境責任を果たす方法で調達されることが望ましい。地球に豊富にある原材料を使い、循環経済のなかで環境に優しいプロセスで製造される。毒性が低く環境に与えるダメージが最小限であることも求められるだろう。しかし市場のインセンティブだけ――消費者の要求と風評被害のリスク――で新素材の製造業者が環境に及ぼす影響に

図表 18

主要技術に使われている、化学と先進材料からつくられた製品の例

		主要なイノベーションの成長率	化学と先進材料を使った関連製品の例
モビリティ	**電気自動車**	電気自動車の年間販売 2020年:490万台	プラスチック、複合材料、バッテリー技術
	ドローン	ドローンの市場規模* 2015年:101億ドル 2020年:149億ドル	プラスチック、複合材料、バッテリー技術
モバイルおよびスマートデバイス	**スマホおよびタブレット**	利用中のモバイルデバイス 2015年:86億台 2020年:121億台	回路基板、バックプレーン、透明導電体、バリアフィルム、フォトレジスト
	フレキシブル・ディスプレイ (例:ウエアラブル・デバイス、VR、TV)	AMOLEDディスプレイの市場** 2016年:20億ドル 2020年:121億ドル	回路基板、バックプレーン、透明導電体、バリアフィルム、フォトレジスト
コネクティビティおよびコンピューティング	**高速インターネット**	固定ブロードバンド通信速度 2015年:24.7Mbps 2020年:47.7Mbps	超高純度クロロシラン
	高性能で小型の集積回路	プロセッサのゲート長 2015年:14ナノメートル 2019年:7ナノメートル	誘電体、コロイダルシリカ、フォトレジスト、歩留まり改善、エッジ・ビード・リムーバー

*防衛、商業、本土防衛のセクター
**アクティブマトリックス式有機LED

出典:World Economic Forum (2017a)

自覚的になり責任を負うとは考えにくい。

市場に新素材が出てくるのに合わせて、効果的なリサイクル、再利用、リユースの戦略が必要だ。メーカーが環境責任を確実に果たすには、消費者の反応と評判だけではなく、政府の規制が極めて重要となる。幸い、持続可能性を実現するにあたり、第四次産業革命の他の技術がガバナンスの領域で革新的な解決策を提供する。たとえば分散型台帳技術を材料の分野に使えば、信頼できる調達とリサイクルの記録など、グローバルなデータベースの可能性がひらける。またデータベースは異なる業界のプレイヤーの間のコネクティビティを実現し、たがいの廃棄物に価値とリサイクル可能性を見出す機会をつくる。

新しい技術の収益性も注目をあつめるところだ。素材の性能の高さ、製造コストの削減が損益に影響する。公益事業のための大規模なエネルギーの貯蔵は、人類にはまだ未経験だ。間欠性電源である再生可能エネルギーへの移行にはテラワットの単位のエネルギー貯蔵が必要となる。大量エネルギー貯蔵のコストを抑えるためにはフロー電池のイノベーションが期待できる。実際に多くのエネルギー市場で競争力を発揮するには、高性能膜と電解液のコストを50%削減する必要がある。一部のフロー電池にはバナジウムなど遷移金属が必要なのだが、クリーンエネルギーのシナリオを広範囲で実現するだけの埋蔵量がない。

素材の発見、開発、導入には従来から大きな資本が求められた。時間もかかる。新素材が市場に到達するまでに、通常は10年から20年の基礎および応用研究が必要だ。ここでも第四次産業革命の技術の助けを借りることができる。ＡＩと大きな材料データベースを使ったプラットフォームをロボットと組み合わせることで、材料の発見のプロセスを加速できるだろう。業界の垣根を越えて知識を共有できれば、プロセス全体のスピードがあがるだろう。材料開発のパイプラインを、このような統合されたプラットフォームに転換するには、行政、業界、スタートアップのステークホルダーからの賛同が必要となる。継続的な研究と長期の投資、そしてマルチステークホルダーの対話は、業界が前進するために欠かせない。

COLUMN

先進材料の適用の拡大

――バーナード・マイヤーソン（IBM最高イノベーション責任者）

先進材料について、モノをつくる材料としか考えられないのであれば、それは現実への認識があまりにも欠けている。歴史をひもとけばわかるように、材料の進歩は変革をもたらした。石器時代、青銅器時代、鉄器時代という名が示す通り。それぞれの時代で工具が進化して地球全体の人間の暮らしを革命的に変えた。その進化のペースは、いまや劇的に加速している。

大きな視点でとらえると、現代社会を革命的に変える発端となったのは半導体に使われる材料の進歩だった。コンピューティングとコミュニケーションの技術が広範囲に活用されるようになったのは、過去40年間の半導体技術が100万倍超の進歩を遂げたためだ。わかりやすく言うと、40年前にはたかだか4000バイトのコンピュータ・メモリで人間を月に送っていたのに、いまやスマホで日常的に64ギガバイトのデータにアクセスしている。その進歩の立役者となったのは、材料科学の飛躍的な進歩である。しかしながら、永遠にそれが続くはずもなく、これまでずっと続いてきた進歩が途切れてしまえば、破壊的な影響を及ぼすことになりかねない。

着実な進歩によりトランジスタの層のなかの半導体の素材のサイズは小さくなり、原子とほぼ同じくらいの厚みにまで達した。一方で量子力学の性質が明らかになり、次世代の製品では素材も方向転換することとなる。先へと進んでいくための方法を模索する先進材料の研究開発は、影響を受ける業界にとって重要な関心事項である。この課題の巨大さを認識すれば、いちはやく劇的なシフトを察知できる。情報技術のさらなる発展はどこで起きるのか、どんなスキルが必要となるのかを見通すことができる。

先進材料の開発は、必ず社会的な影響をともなう。実際、技術開発における相互依存性と社会的な影響は、ますます度合いを強めている。今後20年間で世界の人口は数十億人増加し、飲料水の確保が課題となる。現在の帯水層と貯水池が枯れてしまえば、海水の淡水化など大量にエネルギーを消費する水源で補っていくしかない。淡水化のプロセスを支えるのは逆浸透による浄化である。この技術を大規模に活用するとなれば、かつてないほど効率的な膜の素材が必要だ。

だが膜の素材が進歩したとしても、淡水化のプロセスには大規模な新しいエネルギー源が欠かせない。この課題を解決するのは、やはり先進材料である。

地球を温暖化させずに発電するには、エネルギー生成に関する素材の劇的な進歩が必要となる。太陽光、太陽熱、風力など再生可能エネルギーを使った発電はいずれも、材料の進歩で恩恵を受ける。生成したエネルギーを効率的に貯蔵し、送り出すことも重要である。材料によってバッテリーの技術が大幅に強化されれば、従来型の発電から再生可能資源を活用した発電への転換がうながされるだろう。また核燃料のカプセル封入を可能にする技術が進歩すれば、ガス冷却を活用した経済的な原子炉への道がひらかれるだろう。燃料の格納容器と、異常が発生した場合に受動空冷を用いる方法で安全は確保される。

天然資源への需要は高まり、天然資源の供給は細る一方である。このグローバルな課題に取り組むには、技術的にも社会的にも多様な領域でイノベーションを推進し、差し迫った問題の解決策をさぐっていく必要がある。素材の技術の進歩は、緊急な課題への解決策を実現するために大きな希望をもたらしてくれる。

インスピレーション、コラボレーション、設備投資

材料科学とナノテクノロジーの成果を得るには、協調して働くことが欠かせない。まず先進材料の発見には学際的な協調が、製造とインテグレーションには学界、政府、産業界からの支援が必要だ。先進材料のアジェンダを推し進めるには国際的な同盟も必須である。幸い、協調の試みはすでに始まっている。マテリアルズ・ゲノム・イニシアティブなどの研究プロジェクト、関心を持つ人々で構成されるミッション・イノベーションなどがある。これは23カ国が協働して先端エネルギー材料を発見するプラットフォームの開発をおこなっている。

化学業界では、新しい素材の発見と導入を加速するために他のイノベーション・モデルからヒントを得ている。たとえばソフトウェア業界の例だ。大企業と一流のベンチャーキャピタルとスタートアップ・エコシステムが組んで開発と成長の好循環を起こした。新素材の分野ではスタートアップ・シーンはさほど活発ではない。だがマテリアルのインキュベータが適切なインフラとインセンティブを提供すれば変わるだろう。科学と技術の領域はとかく長い目で見る必要があると理解すれば、投資家にとってこのポテンシャルは注目に値する。適切な支援とともに、若い企業は大規模な多国籍コンソーシアムとたがいの文化と構造を取り入れながら共存できるだろう。

こうした開発のサンドボックスから、たがいにとって有益かつ破壊的な威力のイノベーショ

図表 19

**アメリカの国家ナノテクノロジー・イニシアティブは
10 年以上にわたり年間 10 億ドル以上を支出**

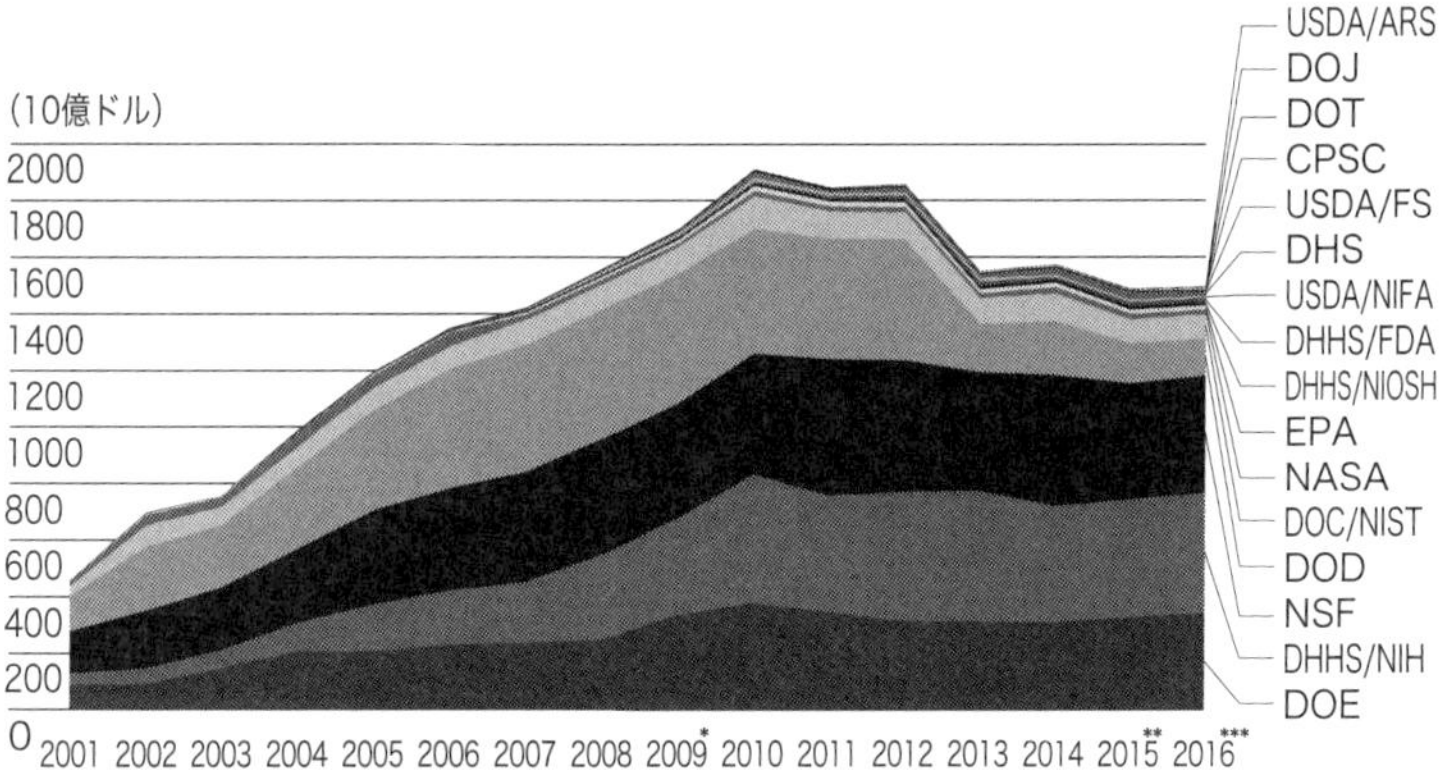

*2009年の数字にはDOE(2億9300万ドル)、NSF(1億100万ドル)、NIST(4300万ドル)、NIH(7300万ドル)のためのアメリカ復興・再投資法の資金は含まれていない。

**2015年は、2015年予算をもとに推定されており、実行計画しだいでは変動する可能性がある。

***2016年予算案

出典:US National Nanotechnology Initiative (2017)

ンが起き、新しい技術と産業の基盤となる材料が生まれるだろう。遠い将来、長距離の有人宇宙旅行、核融合などの技術が身近になれば、高レベルの放射線を防ぐなど、かつてない機能を備えた材料の需要にこたえていくだろう。宇宙のコロニーで現在の3Dプリンタのように原材料から現地で生産・組み立てする場合には、斬新な技術を駆使した小型工場を開発して使うようになるだろう。

　第四次産業革命が進むにつれて材料の問題は引き続き課題となるだろう。その解決には、長期的展望と創造力を備え、リスクの緩和に積極的に取り組むリーダーたちの協力が欠かせない。

2000年代前半、ナノテクノロジーは大いに関心を集め、ナノ粒子、ナノ汚染物質、悪名高き「グレイ・グー」などの潜在的リスクが懸念された。以来、関連する政府機関への財政的支援は全体的に増加している（図表19）。ナノテクノロジーへの注目とステークホルダーの懸念は、化粧品および食品業界における国際リスク・ガバナンス評議会の政策ブリーフィングなど、国際的な政策提言へとつながった。現在は、さらに新しいリスクが議題としてのぼるようになっている。ナノボットとナノセンサーがセキュアな領域に侵入することで生じるプライバシーの侵害、ナノマテリアルが爆発物と化学兵器に使われた場合のリスクなどだ。加えて、人工的につくりだされた素材を使った製品が人間の健康と環境に及ぼす不可逆的な害への懸念がある。

先進材料とナノテクノロジーは多様な領域で活用されるため、すべてを網羅できる政策的枠組みをつくることとは非常に困難だ。素材に依存する業界は関連する問題を避けて通ることはできない。材料の開発においてリスクに対処しイノベーションを起こすためにステークホルダーが協調して取り組むべき課題を挙げてみよう。

●技術によって解決可能な問題と、インセンティブ構造と行動を見直すことで解決できる問題があるが、それに関してコンセンサスが得られていない。発展段階が異なる国家は、経済的な利益の追求とリスクのバランスの取り方が異なるので、国際的に統一した基準を設けることとは重要である。ステークホルダーは協調して、国際的な意思疎通とグローバルなガバナンスを確立すべきである。

●新しい素材とナノテクノロジーの環境への影響、人の健康への影響についての知識が充分でなければ、標準的な政策づくりに支障が生じる。ナノテクノロジーの有害性への懸念を緩和するには、さらなる研究、長期的な調査、人の健康と安全と環境を優先させるルールを制度化することが必要である。

●情報の共有にとって知的財産はハードルとなる。その分野の成果について明確な情報を得られなければ、安全を確保しリスクを緩和するための政策づくりは厳しい。法律の縛りを緩めて情報を共有しやすくすれば、副産物としてイノベーションが起きやすくなるだろう。

●先進材料とナノテクノロジーが実際に大規模に活用されることになれば、環境や健康への影響が国際関係に響く可能性がある。変革を起こす技術の実用化を管理するためには、国を越えて協調的なリーダーシップが発揮される必要がある。

5つのキーポイント

①材料科学の進歩は技術のケイパビリティを高め、世界の秩序を変え、私たちの生活に影響を与える。あらゆる産業で先進材料の技術が組み込まれ、生態に負荷をかけない方法での

資源の調達が求められるだろう。製造業者は環境への責任をバリューチェーンの川下に渡すのではなく、自ら負わなくてはならない。

②材料の開発から市場に出るまでは、十年単位の非常に長い時間を要するのが一般的だ。そして大きな資本を必要とする。そのプロセスをスピードアップするには、データベースの開発への投資と機械学習の導入が有効だろう。しかし、長期的な視点に立って投資がなされなければ、イノベーションのサイクルを生み出すことにはつながらない。

③複数の技術が集まり、それがイノベーションにつながっていくには専門家、政府、業界が協調し、先進材料についての討論が活発におこなわれるように努力する必要がある。たとえば、資金調達をうながし、分散型台帳などさまざまな技術を活用し、データベースをつくって保守することで、素材の調達方法と履歴に対する信頼性を高められる。

④先進材料とナノテクノロジーに潜むリスクへの対応、マルチステークホルダーの協調など、汎用の枠組みが最善策とはなりにくい状況に直面せざるを得ない。ナノテクノロジーへの反応――投資、監視、政策提案――は、社会、専門家、当局のアプローチの仕方を検討する上で格好のケーススタディである。

⑤先進材料をめぐっては、次のような課題がある。問題に関するコンセンサスが得られていない、生態系への影響についての情報が充分ではない、知的財産というハードル、各国での活用に潜むリスク、大規模な実用化のための情報の共有ができていない。

執筆協力

アラン・アスプル・グジック（ハーバード大学化学・ケミカルバイオロジー学部教授）
世界経済フォーラム「先進材料の未来に関するグローバル・フューチャー・カウンシル」（Global Future Council on the Future of Advanced Materials）

第10章 付加製造と3Dプリント

今日、豊かさを誇る社会ではサプライチェーンを通じて世界中から物資と食料が調達されている。3Dプリントはそれを一変させるだろう。将来、個人用の衣服、電子機器、各種の道具など消費材から工業製品、スペアパーツまでが現地生産に切り替えられるかもしれない。デザインには地理的要素や文化的要素が多く関係しているので、デジタルで世界各地から調達することになるとしても、現物は現地か近隣地域でつくることが可能だ。そのあおりを受けるのは、サプライチェーン、商品の輸送、ロジスティクス企業、前世紀にグローバル貿易を支えた拠点などだ。第四次産業革命の技術は、品物の物理的なやりとりを減らす可能性を秘めている点で、過去の産業革命とは異なる。しかし生産のケイパビリティそのものが増加する可能性は大いにある。

3Dプリントは、いまはまだニッチだが、この勢いではじきに主流となるだろう。帯域幅の拡大、データに関する規則の整備、大容量のファイルの送信が支障なくおこなわれるようになれば、ファッションアイテムから医療用インプラントまでプロダクト・デザインとカスタマイズに新たなチャンスが訪れるだろう。製品とはデジタル・レシピを意味するものになるかもしれない。さまざまな業者が、それぞれ異なるデジタル・レシピを提供して競うようになるかもしれない。こうして製造が劇的に民主化された状況下では、リスクも生じる。少なくとも、現在の法規制の枠組みにはおさまらない。人件費の安さを武器に経済発展をめざす低所得国にとっては、工業化のモデルが危うくなる。想定できる最大のリスクは、サプライチェーンが消滅してインターネット接続サービス業者が輸送会社と競うようになる事態だ。いずれにしろ3Dプリントの発達は大きな課題をつきつけ、産業界と政府は細心の注意を払う必要がある。

製造の分散化と混乱

「3Dプリント」あるいは「付加製造」は、材料の層を重ねる積層法でオブジェクトをつくる方法である。従来のモノづくりは、機械で材料を削るなど不要部分を取り除いたり、プラスチックの射出成形や金属の鋳造など材料の形を変えたりする方法だった。しかし、こうしたちがいを挙げるだけでは、この最先端の技術のケイパビリティを充分に伝えきれていない。たとえば3Dプリントによる有機組織のバイオプリントの場合、オブジェクトは作成後に時間をかけて変化する。

3Dプリントの技術はすでに25年前には誕生していた。しかし、注目を浴びるようになったのは最近である。より小型に、より安く、より高性能になり、多目的に使えるようになったことが大きい。いまでは非常に複雑な性質の材料、きめ細かな表面仕上げを実現し、機械の加工精度もすぐれている。３Ｄプリントというと、プラスチック製の小さなモノをつくるイメージを抱きがちだが、いまや金属、セラミックス、コンクリートのプリントもすれば、先進材料もプリントできる。たとえばグラフィン（薄く、強く、柔軟）、超硬合金（ミル、ドリルの猛烈な力に耐える）、エコロジカルなバイオ素材（プラスチックの代替物、パスタなど食材の代替物）など［註142］。マルチマテリアルの３Ｄプリントはすでに可能となり、今後、普及していくと思われる。

３Ｄプリントにより、少量を低コストで、消費者に近いところで製造できるため、配送時間が短くなり輸送費が安くなる。第一次産業革命で蒸気動力が物資の輸送費を削減して以来、製造と消費の距離は遠ざかるばかりだったが、それがひっくり返るかもしれない。近年のコンテナ輸送の進歩と技術的な協調により、労働力が豊富な開発途上国でのオフショア生産が進んで、距離は離れる傾向にあった。３Ｄプリントの成長がこの調子で続けば、従来の生産システム――製造、海運、ロジスティクス、運輸、インフラ、建設、小売、航空会社――をまるごと破壊してしまう可能性がある。そうなれば先進国と開発途上国の政府、経済、労働市場は、はかりしれない影響を受けるだろう［註143］。

３Ｄプリントの技術は第四次産業革命の他の技術と呼応しながら発展していくだろう。やがてサイバーフィジカル・システムのために特注のスマート・コンポーネントをつくるだろう。これにはセンサー、アクチュエータ、電源を通じて知能が組み込まれ、データの生成と収集をおこなう。新しいコンピューティング技術、ナノテク、先進材料、バイオテクノロジーは3Dプリント技術をさらに発展させるだろう。そこにいち早く可能性を見出す人々によって、未来の製造現場での活用法が編み出されるだろう。

3Dプリントはまだ主流ではない。いまのところは世界全体の製造の約0・04%、アメリカの全製品の1%にも満たない[註144]。だが、業界の成長スピードは速い。ガートナーによれば、2016年に世界全体で3Dプリンタの出荷台数は50万台だった――2015年の2倍だ。2020年までに、出荷台数は一気に670万台になるだろうと見込まれる[註145]。ウォーラーズは付加製造業界の年間成長率を25%超と見積もる[註146]。2016年にプライスウォーターハウスクーパースは、アメリカの製造業者の52%は今後3~5年内に3Dプリントが大量生産に使われるようになると予測していると明らかにしている。そして22%は同じ時期にサプライチェーンが壊滅的な影響を受けると予想している[註147]。このように3Dプリントは水平方向から垂直方向へと典型的なホッケー・スティック型のパターンで急成長するものと思われる[註148]。

大規模なカスタマイズ化――ファッションアイテムから臓器のプリントまで

3Dプリントはデザインに自由をもたらす。しかもバリューチェーンのほぼあらゆるポイントで活用できる（図表20）。ボーイングやGEは新しい部品を製造し、組み立て作業を削減した。異質な材料を除いたり、格子構造で軽量化したり熱伝導を高めることが可能だ。品質管理

図表 20
付加製造の応用範囲

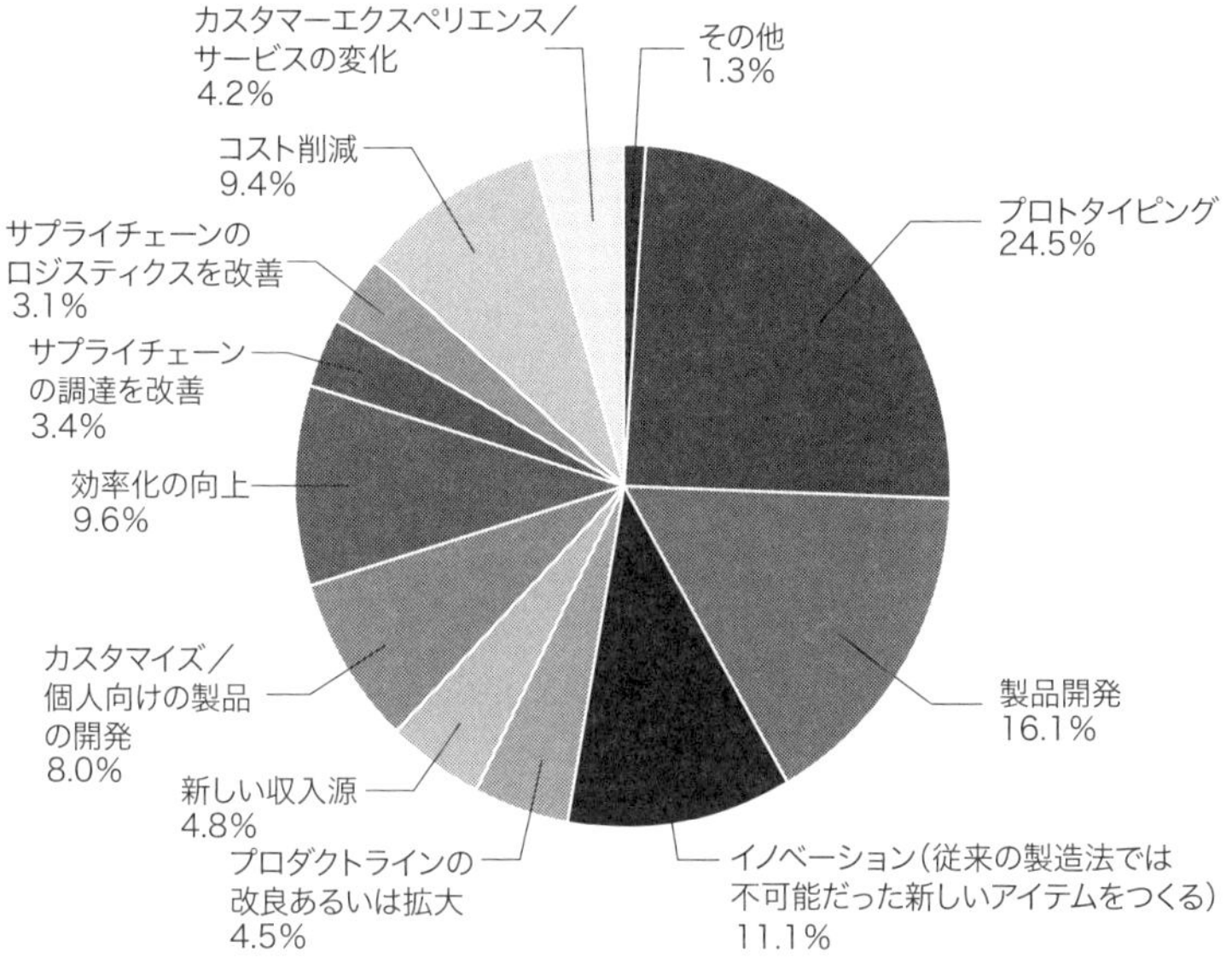

出典：Gartner (2014)

にも変化が起きている。一度に大量につくったものからサンプルを取り出すという従来のやりかたではなく、層が積み重なってゆく製造方法に合わせてオンライン・コントロール・システムは部品の外形、耐性、材料特性をモニターする。分散型生産に使われるデジタル・テンプレートの品質とセキュリティは非常に重要だ。

少量生産が可能で、しかも自由にデザインできるとあって、いっそう製品のカスタム化が容易になる。ファッションアイテムのカスタム生産は盛んになっている一方、医療でも3Dプリントを活用したカスタム化がおこなわれている。歯科、耳穴型補聴器、整形外科用インプラントで活用されている。3Dプリントは健康・医療業界全体に革命的な変化を起こす可能性がある。高齢化が進むなかで技術が普及すれば、家庭で薬剤をプリントするようになるかもしれない。複数の有効成分で錠剤をプリントすることは、すでに可能だ。その錠剤を服用すればあらかじめ制御した順番で、制御した速度で溶けていく。政府と製薬会社は今後、新たな法規とビジネスモデルを検討することになるだろう。

生体組織をプリントするバイオプリント技術も着実に進歩している。いずれ、臓器すべてをオンデマンドでプリントする日が訪れそうだ。最初は少数の裕福な人々だけがこの技術の恩恵に浴し、健康と寿命の格差が広がるとすれば、倫理的にも社会的にも問題を引き起こすだろう。消費者として、あるいは犯罪者としてヒトゲノムにハックする可能性に備えて研究と法制度の充実が求められる。普通の人がデジタルで制御された道具で人体を美術品に、生産機械に、さらには武器にまで変えることができるようになれば、素材としての生体をめぐる課題を社会はつきつけられるだろう。

21世紀の工業化

3Dプリントはすでに生産と消費のシステムに、そしてグローバルなバリューチェーンに変化を起こしている。この技術は北半球に偏在している先進国に本拠地を置く企業が開発し、3Dプリントの生産の大部分は国内でおこなわれる。2012年、3Dプリントのシステムの40%は北米に、30%はヨーロッパに、26%はアジア太平洋地域に導入され、それ以外はわずか4%だった[註149]。3Dプリント技術を生産のさまざまな段階で活用して現存のバリューチェーンを補完するケースでは、影響は比較的小さい。一方、破壊的な影響となりかねないケースもある。高いスキルを必要としない、労働集約型、付加価値が低い機能の製品が、3Dプリントでつくられた製品に完全に置き換わるケースだ[註150]。これで先進国に生産が大幅に回帰するとなると、労働集約型で低コストの製造に基づいた開発途上国の工業化戦略は時代遅れとなり、若年失業者が増える事態に陥るだろう。

生産、流通、商品とサービスの使用に関する現在の法律や規則も新たに検討し直す必要がある。製品を近場の3Dプリントの店あるいは自前で3Dプリントによってつくった場合、不良品の法的責任は誰が負うのか。使用したデジタル・テンプレートのサプライヤーか、3Dプリンタの製造業者か、3Dプリントを実行した人物だろうか？[註151]。3Dプリントに必要なデータの所有権と海外への伝送に関してはどんなふうに知的財産制度を適用するのか？　付加価値税と関税をどう適用するのか？

さらに、マルチステークホルダーの協調と政策の検討が必要なのは、セキュリティの問題である。3Dプリントで武器を生産できるとなると、武器の蔓延につながるだろう。個人あるいは非国家主体は武器そのものをばらまくよりも、3Dプリントで武器をつくるのに必要なデジタル・テンプレートをばらまくほうが簡単だからだ。その気になれば、3Dプリントで銃をつくることは可能だ。技術がさらに進歩すれば、生物組織、細胞、化学物質などを含む複合材料を使うことができるようになるだろう。

COLUMN

付加製造産業を成熟させるための政策

――フィル・ディケンズ（ノッティンガム大学生産技術教授）

付加製造の技術を活用するには、多くの障壁が立ちはだかる。いずれも世界共通の障壁であり、これに対して戦略と政策を練る必要がある。すでにイギリスでは取り組みが始まっている。

付加製造のためにイギリスで開発されている戦略は、世界共通の7つの障壁を特定している（次ページ）。

一刻も早く取りかかる必要のある最大の問題は、スキルと教育である。ここを乗り越えなければ、恩恵を得られない。現在のスタッフのスキルを向上させれば、すぐにでも実行に踏み切ることができる。ただし、活用にあたって企業としての戦略を開発するために、シニア・マネジメント向けの認識を高め理解を深めるプログラムが必要だ。

いまのコンピュータの製図システムで非常に複雑な部品を設計するとなると、ファイルサイズが大きくなってしまいがちである。ソフトウェアとハードウェアのどちらか、あるいは両方がクラッシュするか、さもなければ作業の速度がぐっと落ちる。デザインが完成しても、大容量のファイルはデータの伝送時に問題となる。3Dプリントを充分に活用するには、少し変更を加えた新製品をつくるよりもデザイナーが製品の物理的特性をよく理解しておく必要がある。そのためにはこれまでとは異なるデザイン・ツール、ソフトウェアの活用法がもとめられる。

項目	世界共通の障壁の要約
材料	プロセス／機械／活用に応じた特性、品質保証、コスト、入手可能性（知的所有権の制約、独立系サプライヤー）、混合材料の使用、リサイクル可能性、生体適合性を理解する
デザイン	付加製造技術のデザイン用の指針と教育プログラム――付加製造技術で可能なデザインについての理解を深める、付加製造技術に長けたデザイナー確保、デザインのデータのセキュリティの必要性
スキルと教育	活用するには適切なスキル（デザイン、生産、材料、検査）が必要。現在のスタッフのスキルを向上させるか、それとも次世代を教育するか。消費者の教育。学校での意識の高さ
コスト、投資、資金繰り	意識を高め、活用のリスクを減らすための資金供給（検査、規模拡大、機械購入）――小規模および中規模の会社の場合はフルコスト（後処理、検査を含め）、材料のコストを理解する
基準と規則	基準がない（暗黙、あるいは実際の基準）――すべてのセクター／セクター限定（とりわけ航空／健康／モータースポーツ）、プロセス／材料／ソフトウェア／製品／アプリケーション
計測、検査、試験	データ・ライブラリ、テストの基準の必要性（一般的、セクター限定）、材料／製造過程／最終部分、大量製造のための試験、非破壊試験、データへのオープンアクセスに対しロックインを通じた品質保証
知的財産／保護／秘密保持	知識を共有するための開示の必要性と、投資で価値をつくりだし知的所有権を主張するための保護の必要性のバランスを取る

5つのキーポイント

①3Dプリントと付加製造技術を活用すれば、従来の技術では叶わなかった専用の部品と製品をつくることができる。過去25年の進歩で、付加製造は混合材料の製品、集積回路がともなう材料、有機組織の生産が可能である。

②3Dプリントは食糧、健康、航空宇宙までほぼすべての業界に、カスタムメイドの製品とサービスを生み出して影響を及ぼしている。付加製造技術により、採算の取れる少量生産、迅速なプロトタイプの製作、生産の分散化と分配が可能となった。今後10年で技術の成長はこのまま急速な上昇の軌道を描く。

③付加製造技術が広範囲で活用されるとともに、安い労働力から技術への切り替えによって生産が先進経済国に回帰する可能性がある。開発途上国側は安い労働力を生かす戦略と就業率に懸念が生じるおそれがある。

④このような技術はデザインと生産が分散型であるという性質上、製造物責任や所有権な

ど検討課題が生じる。モノの調達と印刷が分散型なので生産にはデータファイルが不可欠であり、データに関する規制には慎重さが求められる。

⑤3Dプリントも第四次産業革命の他の技術と同様、先進材料、IoT、ブロックチェーン、バイオテクノロジーなど、他の技術との組み合わせでイノベーションを起こすことができる。同時に、セキュリティ、安全、政策提案についてマルチステークホルダーが協調して議論する必要性も大きくなる。

執筆協力
フィル・ディケンズ（ノッティンガム大学生産技術教授）

COLUMN

ドローンの利点と不都合な点

第四次産業革命の技術のなかで異彩を放っているのが、ドローンだ。分散型台帳、量子コンピューティング、ジオエンジニアリングとはちがい、ドローン技術はとうに開発の段階を過ぎている。軍隊で使用され、商業目的で一般の人も活用できる。ドローンには航空宇宙、材料科学、ロボット工学、オートメーション技術が凝縮されている。監視カメラを搭載し、薬を運び、捜索活動や救助活動では大いに活躍する。爆弾も運べる。人が操作することも、クラウドで自動操縦することも可能だ。このようにドローンの特徴はフレキシビリティである。公益のためにも過激派の計略にも役立つ。まるで21世紀の万能ツール、しかもニュートラルな技術であるような印象だ。人間の選択ひとつで凶器にもなる。そんなドローンもまた他の技術と同じくデザイン、構造、目的に意図が組み込まれている。そこには社会的態度と選択が反映され、ドローンの活用に影響する。私たちがなにに価値を置くのか、どんなデバイスを開発したいのか、それがどう活用されるべきなのか、ドローンの能力となにを引き換えにするつもりなのかが、はっきりとあらわれている。

ドローン開発を駆り立てる大きな原動力は、経済的価値である。軍隊、警察、自治体の利用、商業目的の利用でもそれは共通している。軍は偵察にドローンを活用してコストを削減してきた。従来のように有人飛行の航空機を使えば費用は10倍から50倍高くつく［註152］。使い捨ても可能な無人機の導入によって、飛行訓練にかかる時間と、数百万ドルの航空機の潜在的損失がなくなった。民間機ではかなり前からオートパイロットが導入されてきた。韓国科学技術院（KAIST）航空宇宙工学准教授デイビッド・シムによれば、ヘリコプターのパイロットはまっさきに失業する可能性があるという。乗客を扱うことの少ないヘリコプターの業務は法的責任と損失補塡を負う度合いが低いためである［註153］。工場へのロボットの導入と同様に、ドローンによる自動化で失業が増える可能性がある。いま増えつつある地上勤務オペレーターがパイロットに取って替わっていくにちがいない。今後、空の混雑はますます加速し、ドローン管制員たちが交代制で中規模サイズのドローンの管理に当たることになるだろう。小型のドローンはあまりにも数が多過ぎるので、追跡は困難である。

ドローンは人間が担ってきた業務を肩代わりし、職場に進出する新しいタイプの安い労働力の象徴である。第四次産業革命において、社会のいたるところでこうした雇用の変化が起きるのは想像に難くない。追いやられる人間にとっては、この先の不安を煽る存在でもある。マターネット最高経営責任者アンドレアス・ラプトプーロスらドローンのパイオニアは、ドローンがもたらす大きな変化に対し段階を踏みながらプロトコルを開発する必要性を認める。そのすべてにマルチステークホルダーが関わることが求められる。商業目的のドローンの場合、公共の安全をリスクにさらさないことが基本要件となるとラプトプーロスは述べる〔註154〕。事故、負傷、衝突を防ぐには、自治体が航空交通の監視、追跡、緊急時の対応に関与する必要がある。さらに大きな視点からとらえれば、ドローンのエコシステムとその法規の開発、無人航空機の追跡にも国防省の関与が求められる。サイバーセキュリティとドローンが無効化されれば真のリスクとなる。ハイジャックされたドローンは危険をもたらし、非人道的な目的で使われるおそれがある。オペレーションを守り犯罪活動を防ぐためには、信頼のおける暗号化技術が求められる。1マイル離れた地点から無線妨害で小型と中型のドローンのナビゲーションシステムを無効化する方法はすでに発見されている〔註155〕。空港付近の空域の脆弱性を防ごうとするセキュリティチームにとってはぜひ取り入れたい技術である。一方、ロジスティクス企業にとって、配送を妨げる厄介な状況となるかもしれない。

都市化、電子商取引とオンデマンド・サービスの増加、地方自治体の交通監視と管理、インフラの画像化、空中映像撮影のニーズもドローンの開発に拍車をかける。ドローンにはさまざまなサイズがあり、大型の輸送用は国際民間航空機関の規則に従わなければならない。個人が操作して飛ばすのは小型のドローンが多い。軍では大型で長距離を飛行するドローンを導入し、訓練を受けたパイロットが操作する。商業目的のドローンにはわずか数キロの重さのものがあり、近距離あるいは中距離の飛行に限られる。ドローンがもたらす恩恵をフルに実現するには、課題をいくつか克服しなければならない。大きな課題としては管制空域と非管制空域の交通の管理を拡大することだ。NASAは、数年にわたり無人航空機交通管制システムに取り組んできた[註156]。グーグルやアマゾンなど大手企業も協調している[註157]。人間とドローンが空域を共有し、旅客ドローンなど人間の輸送が実現すれば、こうしたシステムは欠かせなくなる。プライバシー、写真撮影許可、安全性、騒音、照明の使用についても政策が求められる。こうした有害なものを放置するわけにはいかない。充分な検討を重ねておかなければ、商業用ドローンの開発は肝心の一般からの支持を失うだろう。

ドローンに関するこのようなラストワンマイルの問題は、非常に神経を使う部分である。ドローンのメーカーとしては一般社会からの理解を取りつけ、規制をクリアしながら、無人航空機の価値を社会のステークホルダーにアピールし、大規模に導入しようと模索している。戦略としては、地方自治体および緊急時のみに限定した利用、企業、地方自治体、地元の人々にドローンを身近に感じてもらうためのサービスを提供する、などの方法がある。そしていずれ、マシンビジョン、センサー、コミュニケーション・テクノロジーの発展とともに、暮らしに不可欠な存在となることをめざすとラプトプーロスは述べる。２０４０年までに、クラウド・ロボティクスとＡＩでドローンの大量活用を実現できるだろう。ドローン同士はコミュニケーションを取り、自律運搬車輌のように、新しい領域を切り開くだろう。ドローンが活躍する世界は可能性に満ちた世界だ。政府、企業、消費者は多くの恩恵を受けるだろう。と同時に、私たちはさまざまな課題を通じて、めざすべき理想や考え方を問われることとなる。

たとえば、ドローンは貨物の輸送方法を変えるだけではない。人権と武力衝突の規制についての考え方を変える。オックスフォード大学国際公法教授ダポ・アカンデによれば、国家が国内外で個人に攻撃を仕掛ける許容範囲をめぐる道徳的な議論に、ドローンが影響を与えるという。戦闘地域であってもなくても、交戦に関する倫理は技術によって曖昧になる可能性があり、意思決定にあたって技術がどう組み込まれるのかについて考えることになる。またドローンの導入でとくに防衛のための攻撃のコストが下がり、国家を後ろ盾とした殺害行為を例外的なものから常態化させてしまうことが可能となる。戦争においても、警察の任務遂行においても後者は起こり得る。これは既存の交戦規定と実際に取られた措置の責任について問題を提起する。現在、ドローンのオペレーターはこうした難しい問題に直面している。ドローンが画像認識アルゴリズムの助けを借りて自律型兵器になり、人間による入力なしにターゲットを攻撃する決定を下すようになっていいのかどうか、倫理面の議論はいっそう複雑なものとなるだろう。技術だけを検証しても、こうした困難な倫理的問いかけの答えは出てこない。容認可能な行為とドローンの使用にどの時点で規範を適用していくのか。これは社会とその価値観への問いかけだ。ドローンの倫理に関する課題は、社会が主体的に関与し制約を課すべき領域があることを明確にする。

恩恵と破壊的な威力は多様なステークホルダーに適切に伝えられているのか、そして企業は最終損益だけに目を奪われてはいないかを、私たちは問いかけなくてはならない。小型と中型の商業用ドローンの実用化には、一般社会の受け入れ態勢が整っていることが必須である。ドローンが社会になじんでいくとともに、技術をわかってもらうために企業は人々に知識を広める必要がある。また、人々を第一に考えていることがデザインとマネジメントから伝わるのか、会社としての姿勢がそこにあらわれているかが、成功の決め手となる。ラプトプーロスは「作り手は道義的責任を果たさなくてはならない」と述べる。ドローンの恩恵を受ける、あるいは不利益をこうむる人々をまっさきに考える姿勢を貫けば、企業が方向性を誤ることを防ぎ社会のステークホルダーを尊重する組織であるという評価を築いていけるだろう。

執筆協力
トーマス・フィルベック（世界経済フォーラム）
デイビッド・シム（韓国科学技術院［KAIST］航空宇宙工学准教授）、アンドレアス・ラプトプーロス（マーネット最高経営責任者）、ダポ・アカンデ（オックスフォード大学国際公法教授）に感謝する。

人間を改造する

第11章 バイオテクノロジー

バイオテクノロジーは未来を変え、私たちを変えるだろう。企業はすでにバクテリアを操作して樹脂からパーソナルケア製品まで、ありとあらゆるモノをつくっている。中国の科学者は癌との闘いにCRISPR《クリスパー》を使用した〔註158〕。「3人の親」を持つ体外受精法、ミトコンドリア置換治療は数カ国で規制当局が検討に入り、科学者はアフリカで蚊を標的にするマラリアに対する遺伝子ドライブを準備している〔註159〕。これは、あくまでも現時点の科学である。さきざき、生物学的にも社会的にも人間であるとはなにを意味するのか、についての認識を私たちは改めることになるだろう。バイオテクノロジーの最新の研究テーマは、人間の寿命を延ばし、肉体的および精神的健康の増進を約束する。デジタル技術と生物組織の統合の試みも進み、今後、数十年のうちになにが実現するのか。それをめぐって希望、戸惑い、おそれなどさまざまな感情がかきたてられている。楽観主義者はより持続可能な世界を、いま私たちを苦しめる疾病がなくなった世界を思い描く。悲観主義者は、デザイナーベイビー、バイオテクノロジーの成果が格差をもたらす悲惨な未来を警告する。相反する見方は、バイオテクノロジーの新たなケイパビリティの活用をめぐる議論、個々の科学的進歩にともなう複雑な問いかけを反映している。

バイオテクノロジーのプロメテウス級の威力

バイオテクノロジーはヘルスケアと農業の分野で、人と自然との関係を再定義するツールと戦略を提供する。この20年間のデジタル技術と先進材料の進歩は、ゲノム、遺伝子工学、診断、薬剤の開発などの領域を飛躍的に発展させた。古代のギリシャ神話のプロメテウスが神々から火を盗み、人間に与えたように、バイオテクノロジーは人類の文明が躍進する力をもたらすとも表現される。一方で、バイオテクノロジーは自由民主主義の大前提であるはずの人間の平等を過去のものにするのではと心配する声もある。

第四次産業革命の技術のなかで、バイオテクノロジーは3つの点で際立っている。第一に、バイオテクノロジーが実現する変化はデジタル技術による変化にくらべ、感情的な反応を強く引き起こす。とくに生体システムを変える技術は、DNAの操作を危険視する人々の不安をかき立てる。これに関しては文化的な要素も大きくはたらく。たとえばヨーロッパでは遺伝子操作した作物の栽培に消極的だが、アメリカでは広く普及している。幹細胞研究はアメリカとヨーロッパでは議論を巻き起こしているが、中国ではさほどではない。第二に、バイオテクノロジーは生物を扱っているため、デジタル技術に比べて予測がつきにくい。生物は非常に複雑な代謝、遺伝子調節、シグナル伝達ネットワークとともに進化してきたものであり、どんな変化を加えるとしてもモデル化は難しく、操作の結果、思いがけない結果となる可能性がある。第三に、バイオテクノロジーの開発は資本集約型であり、たいていは市場に到達するまでにかかる時間が長く、リスクも高い。有望なアイデアに何百万ドルもの資金が費やされたあげく失敗する、という領域なのである［註160］。

資金はまちがいなく費やされている。2015年、バイオテクノロジーへのベンチャー資金調達は120億ドル近く、デットファイナンスと追加公募増資で500億ドル超を調達した［註161］。この資金の大半は、診断、治療学、ゲノム薬理学（薬の作用に対し、患者の遺伝子がどのように影響を及ぼすのかを研究する）などの領域に投じられている。いずれもデジタル技術の進歩が提供するケイパビリティに支えられている。これだけの資金が投資されても、ヘルスケア市場に出た製品はほとんどない。その理由としては、バイオテクノロジーの研究の大部分が分散していることが挙げられる。研究者の間からは、より大掛かりなコラボレーションを実現し透明性を確保しながら新しい発見の検証を促進しようという取り組みがあらわれている。

バイオテクノロジーを人間の健康と自然界に活用する

バイオテクノロジーがヘルスケアに革命的な変化を起こすと期待されているのは、おもに精密医療、つまり個人にあつらえた治療をおこなう分野である（図表21）。精密医療の推進力となるのは、個人の分子組成の包括的なデータセットの利用である。このデータセットにはゲノム、トランスクリプトーム、プロテオーム、メタボローム、マイクロバイオームの情報が含ま

図表 21
治療における新しいパラダイムシフト

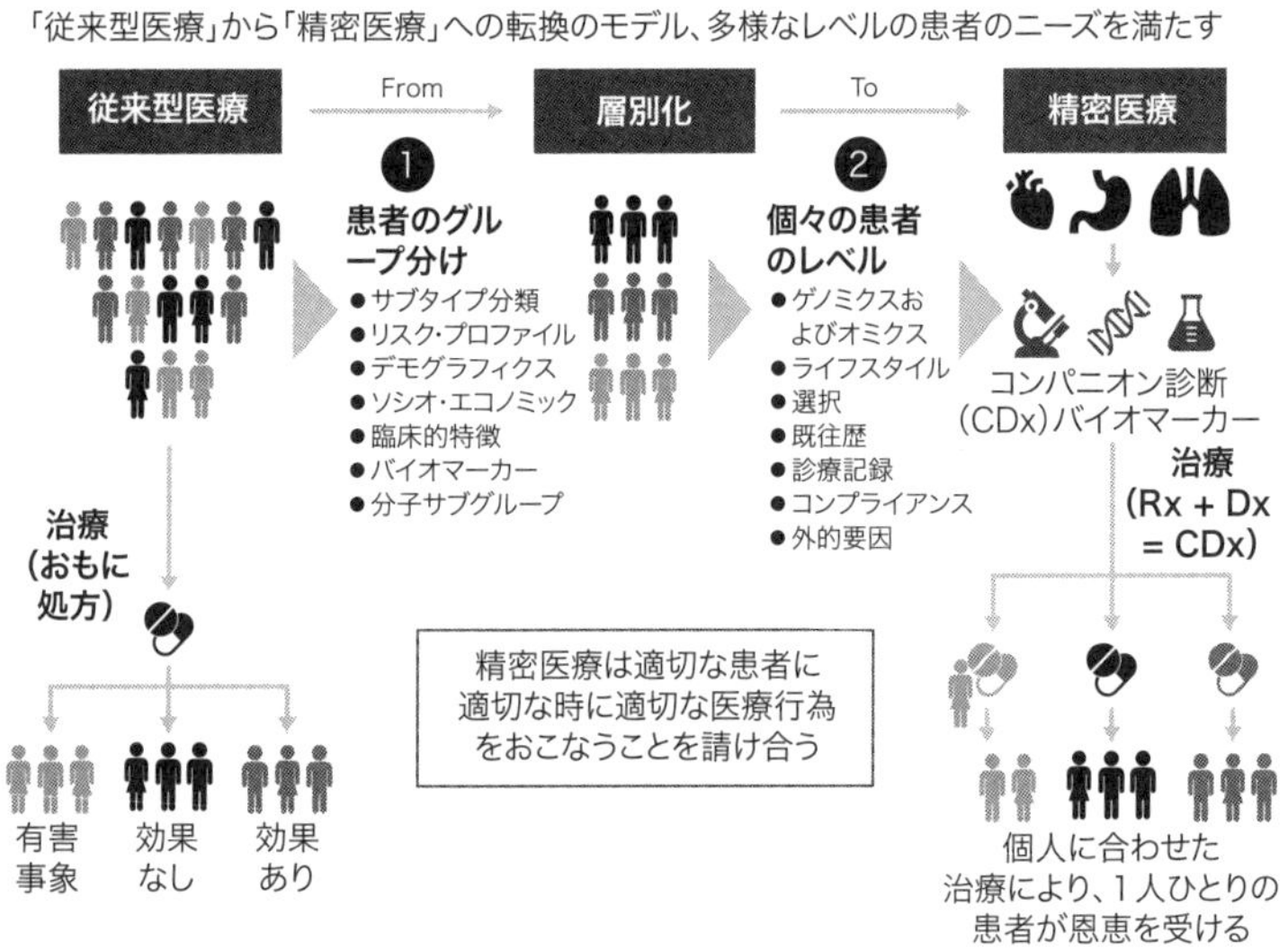

出典：Das (2010)

れる。新しい治療の選択肢に加え、機械学習の進歩とビッグデータの組み合わせも活用できる。診断検査で得られる何百ギガバイトものデータから問題を特定し、可能な治療にどう反応するのかを予測する作業は機械学習が得意とするところだ。精密医療でもっとも多いのは癌の治療だが、嚢胞性線維症、喘息、単一遺伝子異常による糖尿病、自己免疫疾患、心血管疾患、神経変性においても成功が認められている。とはいえ、精密医療はまだまだこれからだ。コストが高い、さらに複数のデータセットを統合し患者の健康状態の全体像を示すことがまだできないという課題がある。コストが下がっていけば、生物学的情報をおさめた大きなデータセットから臨床診療に生かせる知識を収集し、知識を飛躍的に増やし、臨床診療の現場で生かすことができる。

バイオテクノロジーのポテンシャルが発揮できる第二の領域は農業である。今後50年間、世界に食糧を供給するには、過去1万年に生産した食糧に匹敵するものを生産する必要がある。よく知られている例はゴールデン・ライスだ。栄養成分を強化したコメで子どもの失明と発育障害を減らそうというものだった。毎年、ビタミンAの欠乏による発育障害で、ほぼ200万人の子どもが命を落としていたのである。農業では専用のハードウェアの活躍も期待できる。土と天候のセンサー、ドローン、画像化システムなどを作物の生産のモニターと予測に活用する。そこから得たデータと作物の遺伝子型をリンクさせ、作物の管理と品種選定の計画を立てるのに活用すれば、食糧の品質、量、機能性に関してグローバルな需要を満たすことが可能だ。ただ、そうしたグローバルな食糧安全保障を実現するには、遺伝子組み換え食品についての法規制を整え、遺伝子編集はあくまでも正確、効果的、かつ安全に作物を改善するためにおこなわれることが確実にされている必要がある。

バイオテクノロジーのうちバイオマテリアルの領域の進歩も人間の健康の向上に貢献する。かつてない高齢化が進む現状において期待できる領域である。新しいバイオマテリアルとエンジニアリングの進歩が融合し、老化にともなう典型的な課題の多くに取り組めるだろう。骨の病気としてもっとも一般的な骨粗鬆症もそのひとつだ。バイオテクノロジーのブレイクスルーにより、患者の幹細胞を3Dプリントし、ラボで育てたものを骨と置き換えることができるようになるという希望もある。これは遠い未来のことではなさそうだ。目下、科学者はこの方面の研究に熱心に取り組み、起業家はビジネスとして生かす方法を模索している。

バイオテクノロジーのニューウェーブは多くの産業の持続可能性を向上させ、エコロジカル・フットプリントを減らすことに貢献する可能性がある。たとえば、大規模な石油精製所一辺倒ではなく、再生可能な原料と微生物の触媒機能を活用するバイオ精製所で補完する。メタボリック・エンジニアリング、合成生物学、システム生物学は切れ目なく統合されて微生物細胞工場を実現し、再生可能で非食品のバイオマスから多様な化学物質と材料ができるだろう［註162］。環境に配慮したバイオインダストリーのために創造的な方法で自然界の多様性を利用する努力は続いていくだろう。ハロモナスの活用もそのひとつだ。これは高い浸透圧の状況でも成長するバクテリアで、淡水が稀少な場合に海水での微生物発酵に利用できる。さまざまなタイプのスマートセルファクトリーで次世代のワクチンと治療用抗体の開発が迅速に進めば、新しい感染症への対策が立てやすくなるだろう。生物兵器テロに備えて解毒剤の開発も可能だろう。一般市民が自宅の裏庭でバイオプロダクトをつくる日が来るかもしれない。バイオプラスチックなどを自作し、モノづくりの民主化が実現できる。さらに、現代のバイオサイエンスは温室効果ガスの排出の削減を実現させるのに加え、二酸化炭素を再利用してバイオテクノロジー産業の原材料にする道もひらけるだろう[註163]。

こうした技術開発には、いわゆるラボでの研究だけでは足りず、定量的予測手法などさまざまな技法が必要となる。なにしろ生体システムは複雑で、他の技術とは勝手がちがう。バイオテクノロジーのシステムの最適化にとってそれは大きな課題であり、あるコンポーネントに起きる変化が、他の部分で思いがけない再帰的な現象を引き起こす可能性がある。定量的モデルは、生体分子ネットワークのシミュレーションと細胞の生理学的機能のシミュレーション能力を高め、バイオ技術者はシステムのパフォーマンスと細胞機構のコンポーネントをリンクできるようになるかもしれない。予測プラットフォームと進歩する演算能力、ビッグデータ革命を組み合わせることで、人工生体システムの構想、プロトタイピング、デプロイメントの強力なバックボーンとなるだろう。バイオテクノロジーと定量的モデリングの融合は、ゆくゆくは他のエンジニアリング分野と同じく、デザイン-ビルド-テストのサイクルで、堅牢で信頼性の高いバイオテクノロジーの解決策を創出することを支えていくかもしれない。

分子生物学、材料工学、コンピュテーショナルなアプローチ、数学モデリングによる予測の融合は、社会、産業の様相、地球環境に変化をもたらすにちがいない。それだけの力を手に入れるまでに、あとほんのわずかなところまで来ている。バイオテクノロジーが高度に発達した未来に向かって、いま私たちが取る行動がどんな結果をもたらすのかについて慎重に考えておかなくてはならない。

バイオテクノロジーを規制する

バイオテクノロジーが秘める力をおそれ、社会にも環境にも不測の事態をもたらすのではないかと不安視する声はよく聞かれる。とりわけ、生物学的領域に人類が介入し制御する能力を拡大していくことへの懸念が強い。社会がバイオテクノロジーの発展の恩恵にあずかり、リスクが極力抑えられる状態をつくりだすには、倫理的な基準を基盤とした法的拘束力のあるガバナンスが欠かせない。

バイオテクノロジーのガバナンスは、普遍的で人道的な価値観に基づいておこなわれなければならない。今後バイオテクノロジーが発展すれば、その成果は複雑系生命に埋め込まれ、国境をやすやすと越えるだろう。バイオテクノロジーに関するガバナンスが地域ごとに異なれば、公正な取引がおこなわれず、社会の不平等と不正が蔓延することにつながりかねない。それを防ぐために包括的でグローバルなガバナンスの指針を定め、同時に国ごとの歴史、経済、社会、文化のなかで育まれた制度、倫理基準、価値観を尊重する。これを実現するには、人類に共通する価値観、広く受け入れられている価値観を見出して、世界人権宣言、国連の持続可能な開発目標など既存のガバナンスを下敷きにする。そして人類共通の価値観と指針を、均衡、連帯、正義の原則に基づき国や地域の価値観と調和させる。

ガバナンス制度は、つねにしっかりとした科学的根拠とともに、透明で説明責任を負う方法で実行される必要がある。そこでは、個々の技術に関してではなくバイオテクノロジーによる改変がもたらす影響を踏まえた法規も求められるだろう。バイオテクノロジーの手段と結果の両方を考慮しておかなければ、法規としての機能は果たせないだろう。

ガバナンスに関しては、すべてのステークホルダーが積極的に対話をおこない、一般社会からの信頼を築いていくべきである。過去20年間、高所得国であっても科学に対しては厳しい視線が向けられている。バイオテクノロジーの進歩が社会に好意的に受け入れられるには、ステークホルダーを含め社会全般の支援と信頼が欠かせない。必要なのは、すべてのステークホルダーがふたたび対話を通じて理解を深め、規制当局、非政府組織、専門家、科学者が信頼で結ばれる文化を築くことだ。もちろん、一般市民が除外されることがあってはならない。一般市民を置き去りにしたまま、社会、個人、文化に影響するバイオテクノロジーが民主的に開発されることはあり得ない。恩恵とリスクを客観的にとらえつつ、事実、感情、共通の価値観を取り上げて議論がおこなわれるべきである。こうした議論の結果を踏まえた政策を通じて公正、公平、透明性を実現し、個人レベル、そしてコミュニティレベルに恩恵をもたらすことができる。

マルチステークホルダーの対話と足並みをそろえたガバナンスが求められるケースとしては、

次のような例がある。

- バイオテクノロジーを開発し実用化する際に、一般市民を含めすべてのステークホルダーの信頼を築く。これには企業と規制当局が誠実かつ効果的に意思疎通を図る必要がある。
- バイオテクノロジーの研究と活用の指針とするための倫理的枠組みを定義する。これにはバイオテクノロジーが影響を及ぼす可能性について、民主主義、個人の機会、社会の平等、公正な分配、求められる制約といった要素に関する幅広い議論が必要である。
- 実用化できる段階に達した先端バイオテクノロジーを承認するためのアジャイルかつフレキシブルかつ穏やかな規制づくり。
- 長期的な資金調達のガバナンスを指揮し、イノベーションと商業化の恩恵がすべての人に行き渡るようにする。
- バイオテクノロジー活用に関する問題とチャンスをはっきりさせ、こうした技術がいつ・どのように配備されるべきなのか、恩恵はどのように分配されるべきなのか、予想外の結果にどのように取り組むべきなのかをコミュニティが決定できる道を提供する。

COLUMN

生物を設計する

——世界経済フォーラム「バイオテクノロジーの未来に関するグローバル・フューチャー・カウンシル」(Global Future Council on the Future of Biotechnologies)

バイオテクノロジーは複雑さも影響力も、過去数十年間で大幅に増大した。とくに、遺伝子の多層的な変化（変異あるいは多様体）を細胞と有機体に移植する能力が急速に進歩した。それを可能にしたのが、DNAシークエンシング、DNA合成、ゲノム編集の進歩だ。生物工学の規模と、遺伝子改変技術が取り組もうとしている課題の範囲は拡大するばかりで、率直に言って予想がつかない。すでに農業、そして人間以外の動物ではおこなわれている。ヒト胚を用いたゲノム編集は実験的におこなわれ、ごく一部の患者を対象とした遺伝子治療もおこなわれている。この技術の応用範囲は環境、農業、人間の健康などじつに多岐にわたる。

コンピュテーショナルなアプローチで意図通りに遺伝的変異をつくりだし、これにより複雑な改変を加える技術が大幅に進歩している。綿密に設計して生物学を変えているのである。たとえば微生物細胞を操作して、意図した通りの化合物をつくることができる。飲料生産のための酵母発酵や、有機酸と抗生物質をつくるための微生物発酵というかつての段階を超えて、いまではお目当ての化合物をつくる化学工場として機能するように仕込むまでになった。いまでは糖尿病患者のために細菌あるいは酵母を利用して理論的には無制限にヒト・インスリンをつくることもできる。コンピュテーショナルなアプローチで新しい代謝経路をデザインする、改変を加えた結果を予測するなど、私たちはメタボリック・エンジニアリングと合成生物学という未知の時代に足を踏み入れている。新しい回路をつくって合成するだけではなく、そのアウトプットを制御できるのである。

工学のすぐれた原理と本来の生物学的機能をコンピュテーショナルなアプローチで結びつければ、私たちは遺伝子操作で有機体をつくりだす新しい能力を手にするだろう。上で述べた例は微生物細胞を遺伝子操作して化学物質をつくっているが、作物と幹細胞など多様な生物に同様の手法を活用できる。現代の農業は、品種改良と選抜で望ましい性質に変えて発展した。植物の遺伝子操作の技術の進歩と、植物を変化させるためのDNAのパーツが使えるようになったことで、よりターゲットを絞った遺伝子操作ができる。遺伝子型と表現型の相関関係をよく理解することで、干ばつ、暑さ、疫病、その他環境に害を与える要因に耐久性があり、しかも栄養価が高い新しい品種の開発が容易になる。また幹細胞を遺伝子操作してオルガノイドを生成することができる。これは再生医療のための理想的なプラットフォームを提供する。多能性幹細胞は身体を形成する三胚葉のいずれにも分化できるので、再生医療にとっては組織再生、薬剤スクリーニング、病気の治療への活用を見込める有望な資源である。

生物を設計する分野は可能性に満ちている。と同時に倫理的な問題提起もする。全体に共通するのは、生物を設計すること自体の正当性と動機の批判的な検証である。プロセスに取りかかる前に立ち止まり、目的、実行に移す理由、他の方法で同じことは達成できないのかどうかについて熟考することが重要だ。生物を設計する便益を正当化するには、たいていの場合、2つの側面からのアプローチが必要となる。第一にすでに述べた活用におけるメリット。第二に、こうした研究によって得られる知識が生物学に貢献するというメリット。しかしながら、こうした技術はこれまでの限界を、ほぼ取り払ってしまうという特徴があり、倫理とガバナンスを考える際には、未来のシナリオについて想像力を駆使して幅広く考え、倫理的な見地から賛否両論を引き出すことが重要である。

生物の設計は正当であるかどうかを根本から検証し、将来の活用について創造的に、そして批判的に考える一方で、もっと容易に答えが出る倫理的な課題がある。たとえばバイオセーフティーとバイオセキュリティについての倫理的重要性、同一の技術が便益のためにも危害を与えるためにも使われる可能性（「二重用途」問題）、生物の設計がもたらす便益の公平な配分（ベネフィット・シェアリングも含め）、人間など複雑な有機体の生殖細胞系を改変して生じる論点などが挙げられる。

ガバナンスは科学と倫理の両方に対応する必要がある。加えて、「今までのガバナンスが通用する」と安易に考えることも禁物だ――新しい技術によってガバナンス・ギャップが見えてなくなっているだけではないのか、いまのガバナンスで新しい技術をカバーできるのか。生物の設計という領域では、これまでのところは「ギャップを埋める」アプローチが多くとられていたが、最適なガバナンスの仕組みはなにか、拡大するグローバルな研究と実用化においてそれをどのように実行するのかといった大枠の課題は残っている。いまのところ、万能といえるガバナンスのアプローチはあらわれていない。ガバナンスは予防的であるべきかどうか、確実に安全であるという技術だけを推進すべきなのか、議論は続く。

5つのキーポイント

①バイオテクノロジーは3つの重要な点において第四次産業革命のデジタル技術とは異なる。バイオテクノロジーは、人々からより感情的な反応を引き起こし、有機体を扱うので予測がつけにくく、資本と規制を多く必要とし、投資期間は長い。また文化的スタンスのちがいは多様なバイオテクノロジーの受容と活用に大きく影響し、科学的試みの許容度に差が

つくだろう。

②バイオテクノロジーは精密医療、農業、バイオマテリアルの生産に活用され、社会に影響を与える。後者はヘルスケアや食品業界でバイオプロダクトの創造に、そして微生物を操作して化学品とカスタム素材に役立てている業界にも影響を与えるだろう。

③多くの新しいバイオテクノロジーは大量のコンピュテーショナル・パワー、めざましい進歩を遂げる機械学習の能力を必要とし、成果をモデリングする際には大量のデータとプラットフォームが役立つ。バイオテクノロジーとデジタル技術の融合は人間強化《ヒューマン・エンハンスメント》に多くの希望と懸念をもたらし、バイオとデジタルの相互運用性が期待できる。

④分子生物学、材料工学、コンピュテーショナルなアプローチ、予測モデリングの融合は、社会、産業、環境に影響を与えるだろう。これにともない、科学における自由から人権まで幅広い領域にわたる規制事項が検討される必要がある。バイオテクノロジーのガバナンスによって普遍的で人道的な価値観を守り、科学的根拠に基づき透明かつ説明責任を果たしながら実施する必要がある。

⑤バイオテクノロジーのガバナンスに関しては、文化的規範の尊重、倫理的基準の維持、潜在的なバイオリスクの緩和、ステークホルダー間の信頼と対話の促進、平等で公正な実践、柔軟でソフトな規制方法が求められる。

執筆協力

世界経済フォーラム「バイオテクノロジーの未来に関するグローバル・フューチャー・カウンシル」(Global Future Council on the Future of Biotechnologies)

第12章 ニューロテクノロジー

いまは2030年。あなたがスクリーンの前に座っていると、ポップアップ表示があらわれて「集中力が落ちています」と告げた。確かに、数分間ぼうっとしてスクリーンを見つめていたことに気づく。あくびをこらえながらクリックし、自分の精神状態をリアルタイムに把握できるリンク先に飛ぶ。最新の自分の脳波をもとに分析され、睡眠を推奨される。しかし仕事を完成させるには、あと数時間必要だ。ヌートロピック（向知性薬）をあと1錠だけ服用すれば午前3時までがんばれるだろうか？　化学合成した増強薬に頼り過ぎるのは有害だと友人らに言われているが、アルツハイマー病とパーキンソン病の兆候はつねにモニターし、いまのところ問題はない。

「ニューロテクノロジー」とは、ヒトの脳のはたらきについて有益な洞察をもたらす多様なアプローチから成るカテゴリーであり、その洞察を活用して私たちは情報を抽出し、感覚を広げ、行動の仕方を変え、世界とやりとりができる。SFみたいだが、れっきとした事実だ。ニューロサイエンスはゆっくりと医学と科学の研究所を出て、私たちのふだんの暮らしに入り込んできている。ニューロテクノロジーの領域は急速に成熟しているのである。そこから第四次産業革命においてまったく新しい価値のシステムが生まれ、一方で重大なリスクとガバナンスへの懸念が生じる。

ニューロテクノロジーとはなにか、なぜ重要なのか?

ニューロテクノロジーは、私たちが意識と思考によりよくはたらきかけ、脳の多くの活動を理解するのをうながす。たとえば、新しい化学物質などを使って脳のエラーを補正したり機能を高めたりすることで、思っていることを詳細に解読する。また、新しい方法で外界とやりとりする、感覚を格段に高める、といったことができるようになる。

人間の複雑な脳は魅力に満ちた領域だ。頭蓋骨ひとつのなかにおよそ1・4キロの細胞があり、そこには800億個を超えるニューロンが100兆通りを超える数で結合している。そこでおこなわれるパターン化すべてを理解するのにくらべれば、地球の人口74億人すべてが知り合いと仮定して、その社会関係を理解するほうがはるかに簡単だろう。

数千年も前から人間は脳内物質の状態を変えることで、自分たちのふるまいを変えてきた。認知力と経験を脳がつかさどっているとまだ証明されていない太古から[註164]、宗教的な理由あるいは娯楽目的でアルコール摂取、コカの葉を噛む、タバコを吸う、サイロビシンを含むキノコを食べたりすることで、人は思考や行動に自ら影響を与えていたのである。

そういう行為は、たびたび論争を巻き起こしてきた。コーヒーのような無害な物質であっても、当初は何度も禁止された[註165]。そして人類は昔から脳のはたらきを理解するために、解剖、哲学、心理学、脳スキャンといった方法を編み出してきた。いま、新しい技術が登場して、脳内の化学的および電気的信号の計測、分析、翻訳、視覚化が飛躍的に進んでいる。これは数多くの商機だけでなく医療のブレイクスルーをもたらし、同時に幅広い倫理的および社会的懸念を引き起こすだろう。

ニューロテクノロジーに関して押さえておくべき点を3つ挙げてみる。第一に、脳を「読み」脳に「書き込む」力は、新しい産業とシステムによる価値創造の時代の始まりを告げ、社会と政治、そして経済に多大な影響を与えるだろう。不足を補ったり強化したりする能力は、すばらしい恩恵をもたらす。ただし前章で述べたバイオテクノロジーの場合と同様、その恩恵に浴すことができるのはニューロテクノロジーと関連サービスを利用できるだけの財力がある人々だ。また、人の思考の核心部にアクセスし影響を与える能力は、アルゴリズムとユビキタスなデータの数々で動く世界において重大な懸念を引き起こす。ソーシャルメディアへの投稿を思考だけで実行し、タイプする手間を省くことが可能になれば、思考へのアクセスを売買するようなビジネスモデルが台頭するのだろうか[註166]。

第二に、ニューロテクノロジーによってコグニティブ・コンピューティングの新しい形態が生まれ、機械学習のアルゴリズムのデザインが改善され、第四次産業革命の他の領域の発展につながっている。ニューロテクノロジーにより脳のはたらきの解明が進むにつれて、脳の機能との相互作用、あるいは模倣する技術を向上させるフィードバック・ループが強化される。

第三に、そしてもっとも根本的なことだが、脳は人間としての核といえる部分であり、世界を認識し理解する、学ぶ、想像する、夢を見る、他者と交流することを可能にする。より的確な方法で脳に影響を与えれば、自己という感覚が変わり、経験の意味が再定義され、現実を構成するものが一から変わってしまうだろう。脳科学は自分自身の舵取り、つまり生き物としてのシステム管理に影響を与えることができる。その結果、私たちは自然な進化ではあり得ないほど大きく前に踏み出すことになるだろう。

ニューロテクノロジーはどうはたらくのか?

コンピューティング能力が急速に向上し、高性能で小型化したセンサーが普及し、大量の非構造データのパターン認識ができる機械学習が活用できるようになったことで、脳科学は発達した。これは脳科学以外にも本書で取り上げる技術すべてに共通している。脳は化学物質の刺激で電気信号が伝わって機能する。いずれも計測可能であり、脳内の化学物質あるいは電気信号に影響を与えれば、望ましい信号を模倣し、望ましくない信号は脳全体に伝わらないようにすることができる。最新の微小電極の技術などを使えば、個別のニューロンの活動を記録したり、必要に応じて活動するように刺激したりできる。脳のどの領域がどんな状況で活発になるのかを、fMRIで見ることができる。

こうしたケイパビリティを活用して研究者はこの10年で飛躍的な進歩を実現した。2014年から2016年にアメリカ国防高等研究計画局生物技術室で室長を務めたジェフリー・リンは次のように述べる。「2008年、サルが脳信号のみでロボットアームを制御するのに成功した実験は人類の歴史において記念すべきブレイクスルーであったと、後年私たちは思い起こすだろう」[註167]

インペリアル・カレッジ・ロンドンのアルド・ファイサル・ラボを始めとする研究室では、アイトラッキングと機械学習を組み合わせたものを脳波の代わりにする。この技術はおそろしく正確に行動の意図を見抜く。このようなアプローチはブレイン・マシン・インターフェースのコストを削減し、四肢麻痺の人々は考えるだけで車椅子の制御やロボット義手・義足の制御ができる[註168]。他にも、統合失調症や気分障害、アルツハイマー病など神経疾患とメンタルヘルスの仕組みについての理解を助けてくれるメソッドもある。

脳波計測（EEG）デバイスは脳波を読み取り、信号を出して脳に影響を与えることも可能だ。その技術はすでに消費者向けのウエアラブルのデバイスに活用されている[註169]。音と光による治療を通じて間接的に脳に影響を与える製品の活躍も期待できる。さらに集束超音波を使って非侵襲的に治療する技術、遺伝子操作した脳内の細胞を光刺激で制御する光遺伝学なども注目されている。

化学物質を使ったアプローチで使用されるのは、脳の機能を増進させるために開発された多様な物質と向知性薬である。モダフィニルとアデラルなどの薬は、本来の目的以外にも、覚醒状態を増進させ認知力を増進させる（させたい）ためによく使われる。カフェインで頭をすっきりさせて視覚的な注意力を高めようとするのと目的は同じだ。

脳の活動を計測する能力が進歩するとともに、治療薬や脳の活動を増進させるためにつくられた物質の試験の精度が大幅に高まる。現在、治験中の脳疾患治療薬のうち、第Ⅲ相試験を通過できないものは65%を超えている。いまのところ、精神科医が脳疾患のために処方している薬の成果を単独、あるいは複数の患者でテストし比較する手立てはない。

シンガポール国立大学のシンガポール・インスティテュート・フォー・ニューロテクノロジーのディレクター、ニティッシュ・タコアは、ニューロテクノロジーを脳だけではなく、脊髄と神経終末の損傷への治療に活用できる可能性があると指摘する。ニューロ・モジュレーション（神経刺激）は、手足の機能復元の他に、肺、膀胱、心臓のような重要な臓器にも活用できる［註170］。

ニューロテクノロジーは、ヒトが数百万年かけて自然な進化によって発達させてきた感覚を、自ら拡大する手立てとなるかもしれない。赤外線を見る、記憶と夢を記録したり再体験したりする、異なるデバイスからの複数の視覚情報の流れを読み取る、複数の義肢と自律型のオブジェクトを同時に制御するといった能力を、数年のうちに私たちは獲得するかもしれないとジェフリー・リンは予測する。実際、かなり現実味を帯びている。エンジニアで発明家のイーロン・マスクは、ブレイン・コンピュータ・インターフェースを開発する会社への投資を最近発表し、「生物学的知能とデジタル知能の緊密な融合」を予見していると述べている［註171］。

ニューロテクノロジーが及ぼす影響とは？

ニューロテクノロジーは、さまざまな神経疾患の症状と身体の障害を改善する機会、そして人間の能力を強化し高める産業に商機をもたらす。脳疾患に苦しむ患者数は非常に多く、年間の経済的損失は2兆5000億ドルを超えると見積もることができる。それに加えてメンタルヘルスの不調にかかる人的コストと社会的コストがあるが、これは数量化できない。脳の理解が進めばこうした疾患の発見、治療、予防のプロセスが革命的に変わるだろう。シャープブレインズがニューロテクノロジーの1万件あまりの知的財産の出願を分析した結果、近い将来登場すると思われる技術には、聴覚機能を回復させる人工内耳インプラント、身体障害を負った人々の歩行を可能にするエクソスケルトン（パワードスーツ）、睡眠パターンの精密なモニターなどがある。ニューロテックレポートはニューロテクノロジーに関連したビジネス全体の規模は、現在はおよそ1億5000万ドル、成長率は10％に迫っていると告げている［註172］。

いまようやく萌芽が見えてきた技術としてフォーカスト・ウルトラサウンド・ファウンデーションの創設者で会長のニール・カッセルが挙げるのは、脳の構造と機能をリアルタイムで画像化するウエアラブルなスキャナー、非侵襲的にニューロンを再生、あるいは脳の機能を調節する技術などである［註173］。そうしたブレイクスルーは、アルツハイマー病、パーキンソン病、うつ病、てんかん、神経系の痛みなど神経疾患で苦しむ人々の診断、治療、社会復帰を助けるだろう。

ニューロテクノロジーは人間の脳の機能を高め、働き手の生産性を改善し、大きな経済的メリットをもたらす可能性がある。脳の理解が深まれば、1人ひとりに合った学習とともに教育と訓練のシステムも格段に進歩するだろう。そして急速に高齢化がすすむ先進国では、ニューロテクノロジーを活用してできるだけ長く生産的な活動に従事できるようになれば高齢者の生活の質（QOL）が改善する。

政府はこの領域でリードして競争力をつける重要性を理解し、科学的および医学的研究の主要な取り組みに資金提供している。2013年にアメリカ政府は野心的なBRAINプロジェクトを開始し、欧州委員会は独自のヒューマン・ブレイン・プロジェクトを始めた。日本は2014年にBrain／MINDSプロジェクト（革新的技術による脳機能ネットワークの全容解明プロジェクト）をスタートさせ、2017年には中国政府がチャイナ・ブレイン・プロジェクトを開始した〔註174〕。資金調達においても研究においてもニューロテクノロジーの分野でリードしているのは、軍関係の組織である。そこでは防衛の一環として研究がおこなわれ、帰還兵の心的外傷後ストレス障害（PTSD）などの治療に活用される。戦闘と安全保障のフロンティアにおいて脳は中心に位置している。

ただし航空宇宙技術など第四次産業革命の他の領域に比べると、ニューロテクノロジーが実験室からマスマーケットに移動する速度はゆっくりだ。2016年10月、世界経済フォーラム「ブレインリサーチに関するグローバル・アジェンダ・カウンシル」（Global Agenda Council on

Brain Research）はデジタル化される未来と脳の健康について白書を発表した。そのなかでヘルスケアの「コンシューマー化」の傾向により、患者が自分自身の健康と幸福の主導権を握るようになると述べている。このコンシューマー化はニューロテクノロジーがもたらす変化を通じて市場に広まっていくだろう。そしてまた、誰がどのように恩恵を受けるのかについて重大な問いかけをもたらすだろう［註175］。

変化を起こすには、さらに大々的な学際的コラボレーションが必要だ。数学者、エンジニア、社会科学者、デザイナー、物理学者、脳科学者の力が求められている。神経科学者で香港科技大学理学部長、モーニングサイド・カレッジ教授であるナンシー・イプは「この分野における最大の課題は、縦割りの構造を壊すことである。有意義なコラボレーションを実現するために、さらなる忍耐、寛容さ、他の領域から学ぶ意志が必要である」と述べている［註176］。

ニューロテクノロジーにおけるガバナンスと倫理

脳の機能への理解が進むにつれて、難しい倫理的な問いかけが数多く持ち上がってくるだろう［註177］。脳のモニタリング機器が広く使われるようになれば、それだけデータがつくられて脳の機能を理解するのに役立つだろう。と同時に、データの機密性と知的財産についての重大な問題が発生する。現在、脳スキャンの画像は雑誌の神経科学の記事で使われているが、じきにこういうデータは医療検査の結果や患者のＤＮＡ同様に慎重に扱うべきものとなる可能性がある。

司法も新たな対応を求められる。脳と行動の関係が解明されるとともに、個人の責任について抜本的に見直す必要が生じる。多くの国の裁判所は、嘘発見機やポリグラフといった機器を利用して人の考えを読み取ることに関して慎重である。だが、こうした機器のケイパビリティが向上していけば、犯罪行為を犯しているかどうかの判断、有責性の判断、脳から記憶を取り出すことを可能にする技術を法執行機関と裁判所が活用したいという意向は強くなるだろう［註178］。いつの日か、国境を越える際には詳細な脳スキャンをおこなって、要注意人物であるかどうかを判断するようになるかもしれない。

小売業界はフォーカス・グループを対象に脳をモニターするデバイスを活用し、消費者の意思決定のパターンを探り、実店舗とオンラインショップでの消費者体験に役立てている。ディープデータを収集して予測に役立てるトレンドは加速していくだろう。人の思考について理解を深めれば、思考に働きかけて行動させるような戦略を企業として打ち立てることができる。行動に影響を与える技術やシステムが登場すれば、その分だけ懸念が生じる。プライバシーやセキュリティといった問題だけではない。データを収集して利用する側に過剰な権限を与えて説明責任を軽減し、影響を受ける側が不利になるからである。

雇用者は人材の採用、研修、管理にニューロテクノロジーを活用する方法をさらに積極的に考えるようになるだろう。職場でＲＦＩＤの追跡システムと生体認証システムを導入することの是非についての論争の後に持ち上がるのは、雇用者が被雇用者の脳を直接または間接的にモニターすることの是非だろうか。さらに、健康な脳の機能を改善しようとニューロテクノロジーに頼ることに関して、倫理的な問いかけがつきつけられるだろう。自然への介入についての是非、社会的および経済的不平等についての懸念もあるだろう。ニューロテクノロジーで脳の機能を高める費用をすべての人がまかなえないとしたら、能力の格差が開いていくのではないか。

この領域においても、いまのところ規制はイノベーションに追いついていない。潜在的な問題についての議論も後回しにされている。ニューロテクノロジーは第四次産業革命の技術のなかでも、もっとも未来的といっていい。未来的な恩恵を秘めているとともに、破壊的な威力の片鱗も見え隠れしている。どんなコンテクストで、どんな目的のために利用するのかについて、一般の人々を交えた議論が早急におこなわれる必要がある。こうした技術であらゆる人々の未来を確実にサポートしていくために。

COLUMN

ニューロテクノロジーのシステマティックな影響

――オリビエ・ウリエ（米Ｅｍｏｔｉｖ社長）

２０１７年前半、ロドリゴ・ヒュブナー・メンデスは四肢麻痺ながら意志によってＦ１カーを運転する初の人物となった。

ブレイン・コンピュータ・インターフェースでオブジェクトを制御するのは、ニューロテクノロジーの分野ではとくにめずらしいことではなくなった。ヒュブナー・メンデスの件で注目すべきは、Ｆ１カーの制御に使われたＥｍｏｔｉｖの「Ｅｐｏｃニューロヘッドセット」はオンライン注文でき、価格も何千ドルではなく１００ドル単位であるという点だ。ビデオゲームや睡眠のモニターに、すでに広く利用されているデバイスである。つい最近までＳＦだったはずのことが、いまやクリックひとつかふたつで叶ってしまう。だが、これはまだまだ序の口に過ぎない。

電気はロウソクをもっとよくするために発明されたわけではない、と言われるようにニューロテクノロジーを既存の技術の進歩ととらえるのは正しくない。脳と物理的および社会的環境との相互関係について、なにより、人生をまったく新しい方法で経験することについて、新しい境地へと誘う。その意味でニューロテクノロジーには第四次産業革命の本質があらわれている。

ニューロテクノロジーが人々の暮らしに浸透するようになると、さまざまな懸念が生じた。公的機関が先端技術の統治に関心を寄せ、興味深い取り組みが出てきている。2011年、フランスは各国に先駆けて、ニューロテクノロジーを対象とする法律を加えた。あらゆる人々の生活に影響を与えることを正式に認めたのである。政府がめざしたのは神経画像技術の商業的な利用を制限する一方、法廷の活用をうながすことである。興味深いことに、政府が意見を求めた科学の専門家たちは法廷でのニューロテクノロジーの活用に反対し、脳スキャンの技術を商業的に活用することに関してはさほど心配していなかった。しかし政府が出した結論は、彼らの見解と相反するものだった。第四次産業革命の技術を国がどう規制するのかについて、非常に興味深い例である。

イノベーションのペースと規制のペースはつねに食いちがうものだ。しかし第四次産業革命におけるこのミスマッチには、いままでにないガバナンスのモデルが必要である。それほど第四次産業革命の変化は速く、影響がおよぶ範囲は大きい。

ガバナンスの件に加え、ニューロテクノロジーの恩恵が広く分配されるには、技術が実験室を出て生産ラインに乗り、安全で信頼のおける消費材となるプロセスの見直しも必要である。米Ｉｎｓｃｏｐｉｘ創業者兼ＣＥＯのクナル・ゴーシュは世界経済フォーラムが選ぶテクノロジー・パイオニアでもあるが、大学を拠点とするイノベーターがアイデアを反復的に改良し改善するためのインセンティブが欠けているために、「多くの驚異的なニューロテクノロジーは発明された実験室のなかでしおれていく」と嘆く[註179]。ここでニューロテクノロジー業界の参考になるのは、バイオテクノロジーと宇宙開発の民間部門、携帯電話業界の商業化のアプローチとサービス重視のビジネスモデルである。

5つのキーポイント

①ニューロテクノロジーは、ヒトの脳とその機能についての理解を深め、意識、気分、行動に影響を及ぼす方法を模索する助けとなる。こうしたケイパビリティの向上により、脳に影響を及ぼす病気と損傷を改善し、脳の機能を高めることができるだろう。脳の修復と強化の境目について、また技術を使うことの影響についての議論が必要となるだろう。

②第四次産業革命のニューロテクノロジーは新しい経済的価値をつくりだし、社会的に思いがけない重大な影響を与えるだろう。また、フィードバック・ループを通じて新しいコン

ピュータ・アーキテクチャとソフトウェアを生み出すだろう。そして、人間であることについての理解を根本から変えてしまうかもしれない。

③脳の活動が精密に計測できるようになれば薬物検査が改善され、消費者の意思決定の理解が進む。デジタル信号と生体信号の電気化学的相互作用の進歩はブレイクスルーをうながし、脊髄損傷後の機能回復、四肢の感覚と臓器機能の再生、と人工装具使用支援、といった道を切り開くだろう。

④脳とコンピュータのインタラクションは皮膚に傷をつけることなく、オブジェクトを装着して疾患を診断し、脳の働きを増強できる。個人向けにカスタマイズされた学習、採用選考、生産性の向上、うつ病への対処を可能にするニューロテクノロジーを、産業界が放っておくはずはない。

⑤ニューロテクノロジーは複雑なだけに、製品を開発して市場に出すには学際的なコラボレーションが必要となる。途方もないケイパビリティを秘めたニューロテクノロジーに付随する倫理的な問題と法的な課題――プライバシー、知的財産、アクセス可能性、司法の適用など――は多岐にわたるため、マルチステークホルダーはその影響について積極的に議

論することが必要となる。

執筆協力

オリビエ・ウリエ（米Ｅｍｏｔｉｖ社長）

世界経済フォーラム「ニューロテクノロジーと脳科学の未来に関するグローバル・フューチャー・カウンシル」

(Global Future Council on the Future of Neurotechnologies and Brain Science)

第13章 仮想現実と拡張現実

SFでは過去や未来への旅が描かれ、昔から多くの人を魅了してきた。タイムトラベルはまだ実現していない。もしかしたら、永久に無理かもしれない。しかし仮想現実（VR）の技術を使って、いずれそれに近い経験ができるかもしれない。ナポレオン戦争の戦場を訪れる、コロンブスの足跡を辿る、ジュラ紀のブラキオサウルスとティラノサウルス・レックスの間を歩くなど、ほんものそっくりの体験ができる。拡張現実（AR）と複合現実（MR）はVRほどのリアルな感覚は味わえないが、何層ものデータ、情報、バーチャルなオブジェクトを現実の環境に持ち込む。新しいスキルを学んだり、他者と経験を共有して新しい形態のアートとエンタテインメントをつくるなど、活用範囲はとても広い。

VR、AR、MRは私たちが周囲の世界を経験し、理解し、関わるということを劇的に変える一方、無類の仮想世界を経験する機会をもたらす。その結果、コミュニティ、コラボレーションが増え、共感が生まれ、協働やスキルの向上、アイデアを試すことがスムーズになるだろう。だが、利用の仕方により、私たちの世界認識を誤らせたり、行動に影響を及ぼすことも可能だ。安易に使えば現実の世界、少なくとも関わりたくない部分から逃避するばかりで建設的な方向には進めなくなる。

現実の世界を変える

VRは、コンピュータによってつくられた三次元空間であり、周囲360度が鮮やかな環境でさまざまな感覚を体験できる。現実世界のようにそこに没入して相互作用が可能である。専用のVRヘッドセットを装着すると、なじんでいる環境、あるいは架空の環境に身を置いてリアルな映像、音響、その他の感覚を体験できる。

ARとMRは「ポーラス」な形態のVRである。ユーザーの物理的環境に、デジタルで生成した音、ビデオあるいはグラフィックスを加える。VRは仮想世界であるのに対し、ARとMRは現実世界での認知を拡張させる。ARは現実世界について可視の情報を提供する。グーグルグラス、マイクロソフトのホロレンズのように、現実の空間とオブジェクトの双方向性を増強する。MRも同じように、現実の世界にリアルに存在するようにバーチャルなオブジェクトとキャラクターを加える。たとえばポケモンGOのようなゲームだ。これは非常に高性能で、加えられたものが切れ目なく溶け込んでいる。

VRとARのアイデアは取り立てて新しいわけではない。虚構の世界を体験する企ては、まず立体写真とパノラマから始まった。続いて20世紀の映画、テレビ、コンピュータ・ゲーム。1968年にコンピュータ・サイエンティストのアイバン・サザランドはヘッドマウント・ディスプレイに初めて「バーチャルリアリティ」という表現を生み出した。初期のシミュレーションのデバイス、たとえば東芝のヘッド・ドーム・プロジェクターは重すぎて扱いにくかった。動きと視覚的な変化に時間差があるので、ユーザーは吐き気に襲われがちだった。45年がかりのデジタル革命を経て、ハードウェアは高性能に、デバイスは快適に、そして市販できるほど手頃な価格となった。

ＶＲの最新の開発は、クラウドソーシング、スマホのために製造された低価格で高解像度の液晶の力に負うところが大きい。２０１２年９月１日、20歳のパーマー・ラッキーはオキュラス（Oculus）と呼ばれるヘッドマウント・ディスプレイのためにクラウドファンディングを開始した。キックスターターで短期間のうちに２４０万ドルを集め、当初の目標のほぼ１００％を達成した。２年後、ＳＮＳ上の新しい交流方法に注目したフェイスブックは彼の会社を20億ドルで買収した［註180］。

サザランドがＶＲデバイスを開発してからラッキーの成功まで50年も要したのはなぜだろう。まずサプライサイドの事情から言えば、ＶＲとＡＲには第三次産業革命のデジタル・ケイパビリティが必須である。ＶＲが現実世界を描き、分析するには、演算性能の飛躍的な進歩が欠かせなかった。高解像度のモバイル・イメージングは、携帯電話の開発にともなって可能になった。

そして重要なのは、デジタル革命によって需要がつくりだされたことだ。少なくとも２世代前からは、ＳＦで想像できることは実現可能だという発想がある。コンピュータがつくりだす世界を心地よく感じる世代だ。任天堂が１９８３年にファミリーコンピュータを初めてリリースした時、多くの親は、わが子の頭のなかがどうなってしまうのか心配した。しかしそうした子どもたちのなかからコンピュータのアプリケーション、ハードウェア、ネットワーク・システムをデザインしプログラムする者が数多く育ち、第四次産業革命のバックボーンとなった。ビデオゲームとシミュレーションはいまメインストリームであり、軍隊ではドローンのパイロットのトレーニングに活用し、地球の裏側の戦闘地域で戦う訓練をしている。

VRとARとMRの技術は、単にデジタル環境を経験する新しい方法というだけではない。価値を生み出し、交換し、分配するためのプラットフォームであり、システムである。まったく新しい方法で世界を認知し、世界と交流するチャネルを提供する技術である。第四次産業革命においてもっとも変革的な技術のひとつといっていいだろう。この技術は実体験のような感覚をもたらし、技術でつくった人工的な世界、外界、人間の直感と主体の境界がこれほど曖昧になるデジタル・チャネルはない。VRとARはインターネットとデジタルな環境での相互作用を変え、私たちは世界を経験することの意味を深く問い直すことを迫られている［註181］。

VRとARの技術は、わくわくと心躍る経験ももたらしてくれる。別々の部屋にいても、他の大陸にいても、たがいに交流できる。外国や宇宙空間の疑似体験ができる。視覚と聴覚を超えた感覚をシミュレートすることはすでに可能だ。触覚フィードバックのデバイスを使えば、無数の感覚を体験できる。ユーザーは多様な抵抗を通じて物理的衝撃の感覚を味わう。これがVRとARの感情的な反応をいっそうかき立てる。ニューロテクノロジー、ナノテクノロジー、AIの進歩により、脳でVRのコントロールができるようになるだろう。皮質モデム、インプラント、ナノボットなどを使って脳とVRをつなぐようになるのは、かなり先のことになるだろうが、脳とコンピュータとのデータのやりとりはかなり現実味を帯びている。VR、AR、MRを経験するための外部デバイスは、今後飛躍的に進化を遂げ、やがて体内に埋め込むタイプの「ウェット」デバイスが主流となるだろう。

COLUMN

インターフェースがすべて

——ヨビー・ベンジャミン（米Avegant共同創業者）

コンピュータの操作、情報のやりとりに何十年も欠かせなかったマウスやキーボードなどのツールは、次世代の技術が台頭するとともに急速に廃れていく。インターフェースは声や瞬きなど、ごく自然なものへと移行していくだろう。

人間とコンピュータが次世代の方法で情報をやりとりするのが、AR、VR、仮想網膜ディスプレイ（VRD）、ライトフィールド・ディスプレイ、ホログラフィック・コンピューティング（HC）などである。いずれもQWERTYキーボード、マウス、携帯電話のスワイプ／ピンチなど古くさくて制約的なインターフェースから解き放されている。この先は、声、ジェスチャー、物理的な動き、目の動きが経験とインターフェースに一体化するだろう。Ｏｃｕｌｕｓ、Ａｖｅｇａｎｔ Ｇｌｙｐｈ、ＨＴＣ Ｖｉｖｅ、マイクロソフトのホロレンズといったデバイスや、Ｖｎｔａｎａのホログラフィック技術は、メガネ型のデバイスで楽しむ没入型、あるいは非没入型の経験をエンドユーザーに提供する。この技術は現実あるいはバーチャルな環境に身を置いて、いままでは想像の世界でしかなかったインタラクティブな視点を提供する。あいにく現在のデバイスは、サイズ、重さ、所要電力、セットアップの手間がネックとなっている。

だが、こうした技術はすでに簡単に手が届くものとなってきている。ゴールドマン・サックスの予測では、ＡＲ／ＶＲ／ＶＲＤの市場は２０２５年までに８５０億ドルへと成長するだろう［註182］。２０１６年末までにＶＲ／ＶＲＤのヘッドセットは１２００万個流通している（うち７００万は最高級のもの、５００万はモバイル用の低価格のヘッドセット）。この数字は２０１７年と２０１８年には倍増を越える伸びを示すだろう（図表22）。

最初は子どもたち――そしていずれは大人たち――がＶＲ、ＡＲ、ＭＲの環境で暮らすためにしだいに支出額を増やすようになるだろう。第四次産業革命は技術、企業、政府、社会にすさまじい変動を引き起こしている。しかも、歴史上経験のないスピー

図表22
世界のVRのアクティブ・ユーザー数（2014～2018年）

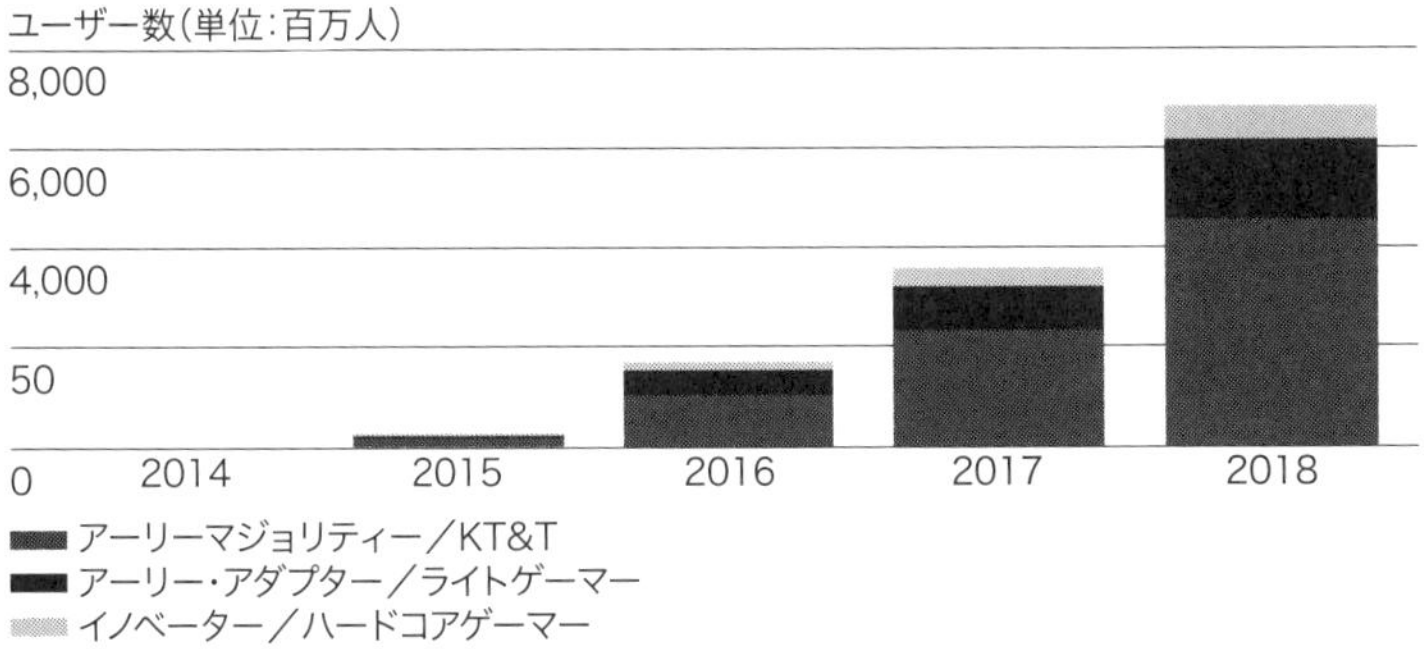

出典：Sebti（2016年）

ドで起きている。ハリウッド映画で描かれた未来型の技術は20年もたたないうちに現実のものとなった。たとえば2002年の『マイノリティ・リポート』に登場したホログラフィー画像を使ったコンピュータのインターフェースは、すでに存在している。『スター・トレック』ではジョーディ・ラ＝フォージが装着しているヘッドマウント・ディスプレイは、彼の知性をAIと宇宙全体の知識データベースにつないでいた。現在のインターネットとウエアラブル端末は、まさにあの発想ではないか。

アーリー・アダプターはすでに第一世代の製品を手にしている。技術はめざましく発展して、より速く安く電力使用量の少ないプロセッサとハードウェアが開発されている。これにより、小型軽量で実用に適した実際的なヒューマン・マシン・インターフェース・システムが可能となる。具体的には、軽量かつファッショナブルで手軽に使えるヘッドマウント・ディスプレイとウエアラブル・コンピュータ、たとえばクールなオーディオ・ヘッドセットやサングラスなどだ。こうしたデバイスに自然言語処理とAIを加えれば、新しい未来が待っている。すでにSiri、ワトソン、アレクサとそれぞれのモバイルデバイスとホームデバイスのAIエンジンは普及しているが、今後1年間のうちに、自然言語をトリガーとするVR、AR、MR、VRD、さらにもしかしたら自然言語をトリガーとするHCインタラクションも登場するかもしれない。

VRとARの下地はできた。ポケモンGOは二次元ではあるが、拡張現実の雰囲気を伝えて大成功をおさめた。これを足がかりとして、教育現場でこうした技術を活用した「リアルワールド」の経験を増やしていける。歴史の授業では生徒が古代ローマの元老院の討論の場に、生物学の授業では合成生物学の実験でクラス全員が染色体の中心に移動できる。抽象空間をリアルにつくることで効果的な授業をおこない、生徒は五感で理解できるようになるだろう。これまでの30年間のコンピュータの概念は、がらりと変わるだろう。

これから私たちがなじんでいく新しいコンピュータとインターフェースは、キーボードで操作するメモリ640キロバイトのIBM-PCや初代iPhoneとはまるで別物だろう。新しいコンピュータ、そしてVRとARのパラダイムは引き続き進化して小型化と軽量化が進み、さらに魅力的なデザインとなるだろう。手で持って操作する携帯電話が消滅する日をこの目で見ることになるかもしれない。新しいインターフェースの技術で誰もがジョーディ・ラ＝フォージとなって、切れ目なくつながった世界の舵を取っていくのだろう。賽は投げられた。ポケモンGOもスマホのオーバーレイ機能もすでにある。AR／VR／VRDの販売は伸びている。どんなモバイル装置も声でAIを操作する機能を搭載している。やがてARとVRの区別はなくなっていくだろう。デバイスが融合し多機能になるだろう。合成ビジョンが現実に溶け込んでくることで、人間のやりとりの社会的規範からプライベートと公的な空間のデザインとナビゲーションにいたるまで、あらゆることの見直しが必要となるだろう。

馬車がT型フォードに息の根を止められたように、古いインターフェースは、私たちが思うより早く寿命を迎えるだろう。

近い将来、いったいどれだけのことが可能になるだろうか。教育とOJTはスキルの習得にARを活用できるだろう。専門家がARのデバイスを装着して遠隔地の技術者を支援できる。VRを活用したMOOC（大規模公開オンライン授業）はバーチャルな教室で世界中の生徒がいっしょに授業を受ける環境を用意するだろう。VRを歴史の授業に利用すれば、一気に臨場感が増す。1955年にアラバマ州モンゴメリーでローザ・パークスがバスに乗り込んだ時の思いを、生徒自ら体験できる。

同様に、VRによって報道は迫真に満ちたものとなるだろう。2016年、ニューヨーク・タイムズ紙は『ファルージャ奪還戦（The Fight for Fallujа）』というVRのビデオを発表した。シリアのファルージャをIS（イスラム国）から奪還する闘いを、イラク軍の目を通じて視聴者が経験できるVRビデオである。バーチャルリアリティ映画会社Scopicの受賞作『難民（Refugees）』は、戦争で荒廃したシリアからヨーロッパに逃れた難民が未来を模索する暮らしを、観る者にリアルに体験させる作品だ。スポーツの生中継に活用すれば、視聴者はスタジアムで観戦する実感が得られる。美術館、ビジネスの現場、バーチャル・ショッピングの経験にもVRを活用できる。

VRとARは、心身ともに健康な暮らしを営むためにも大いに貢献するだろう。医師は手術の際に切除すべき腫瘍を3Dスキャンでディスプレイするなど、ARを有効活用できる。VRはすでに病院で使用され、手術の際の鎮痛剤の使用を減らすことに役立っている。ARと高性能のAIとの融合が進めば、対象を認知する人間の感覚器官のはたらきを再現できるだろう。これにより視覚障害者は仮想世界と同じ感覚で現実世界を移動できるだろう。PTSD患者の治療にVRを活用する試みもおこなわれている。患者が安全な環境で過去のトラウマを再体験することが可能になり、回復に役立っている。

COLUMN

未来はバーチャルで、エキサイティングである
あるアーティストの視点

――ドゥルー・カタオカ（米ドゥルー・カタオカスタジオ、アーティスト、テクノロジスト）

システィーナ礼拝堂は人間の魂がつくりだした最高傑作のひとつである。人間であることの意味について、この礼拝堂の絵は昔から人々の認識を変えてしまう力を持っていた。空高くにある創造主の魂、多くのたくましい人物像、そしてもちろん最後の審判の場面。ミケランジェロの想像力は宇宙全体に及び、そこに描かれるメッセージとさまざまな感情はいまもなお、私たちに強く訴えかけてくる。

だが、そう遠くはない将来、未来のレオナルドやミケランジェロの目に映るシスティーナ礼拝堂は、ルネッサンス期の画家の目に映るラスコー洞窟の壁画のようになるだろう。すばらしい、力強い、しかし、やや二次元的過ぎる、と。

おそらくＶＲが彼らにそう思わせるはずだ。ＶＲは創造と社会的交流、そして生きるための新しい手段であり、私たちのやることなすことをすべて変えてしまうだろう。

いまの時点では想像もつかないほどのスケールで。とはいえ、幕の隙間からちょっと未来をのぞいてみるのも悪くない。近視眼的かつ貧弱な、人間ならではの視力と五感をはたらかせ、来るべき時代をのぞいてみよう。

VRこそ、まさに古来よりアーティストが夢見たものだった。神のようにふるまい、ひとつひとつの原子、ピクセル単位で世界全体と宇宙全体を創造し、そのなかで暮らし、交流し、遊び、創造活動をすることを彼らは夢見てきた。想像力をかき立てられ、人間が新たな創造性を花開かせ、より高いレベルのパフォーマンスを発揮できる、そんな世界を。そこでは誰もがたがいに、一瞬の距離——あるいは一瞬の思いの距離——にあり、生者も死者もたがいにつながりたいと思えばつながり、視覚だけではなく、触覚、臭覚、聴覚で感知できる、自然界の法則を超越した没入型の経験ができる。

はたして私たちは孤独だろうか？

このVRによるすばらしい新世界は、地下に閉じこもっている孤独なゲーマー並みに孤立して悲しいものだろうか。そう聞かれたら「いいえ」と答えよう。大ちがいである。VRの先駆者といえば、フェイスブックだろう。同社はVRを、コミュニケーションと社会的交流の未来の姿であるととらえている。人々がひとつにまとまり、ともに過ごし、距離も国境も消える、そんな未来だ。遠い、忙しいなどとつまらない理由で友だちや親戚に会えないことがない世界だ。そして直接民主制により一層近づける。人々の意志は的確に反映され、市民と有権者は豊富な情報をもとに当事者として取り組む。VRの未来は限りなくソーシャルな世界なのである。仮想現実だからといって家族のあつまり、同窓会、タウンホール・ミーティング、デート・ナイトがなくなったりはしない。

通じ合えるコミュニケーションの新しい方法

なにより、VRはこれまで想像もつかなかった新しいコミュニケーションの方法を切り開く。自分の気持ちを述べるかわりに、没入型3Dの視覚、音、あらゆる感覚を動員して愛する人に、同僚に、自分の気持ちを完全に伝えることができる。心をひらきオープンな気持ちでたがいに共感し、思いやりに満ちた新しい世界を切り開くことができる。

他者の立場に身を置いて、ひとごとではなく自分のこととして体験することが容易になる。アフリカ系アメリカ人、ラテン系アメリカ人、同性愛者、性転換者、四肢麻痺の人、ハシド派のユダヤ人、伝統的なイスラム教徒。どんな経験も可能になる。そこから得るものは大きく、人として変わっていくことができる。気持ちを表現するのに絵文字を送信する代わりに、数年以内には没入型VRの経験をファイルにして送れるようになるだろう。受け取った側は、その気持ちを感覚を通じて正確に理解できるだろう。

これはピクサー映画『ウォーリー』の世界なのか？

そんなふうに創造された世界を窮屈に感じてしまう人もいるだろう。すべての画像と音と触感が正確に設定されているとしたら、私たちの脳にはなにが起きるだろうか？　想像力がはたらくスペースはあるのか？　ピクサー映画『ウォーリー』のように、ひたすら受動的で満足した消費者になるのか？　実際のところ、VRは過去のどんな経験よりも創造性をかき立てるだろう。創造性は多様さから生まれ、最大の敵はルーティンである。そして、多様さにおいても経験の幅広さにおいても、VRは過去に例を見ないものになるだろう――桁ちがい、などという生易しい表現ではあらわせない。歴史上、もっとも創造的な人々の多くは同時代の人々よりも旅をして遠隔の土地を訪れていた。これは決して偶然ではない。VRにより誰もが世界中を旅して、宇宙の果てまでも行ける。そして人間の想像力の深みに到達できる。またVRは受動的な経験ではない。創造的なツールを通して、私たちは自分の環境をつくることができる。「リアルワールド」のように実行可能性や経済的にまかなえるかなどといったことには縛られない。誰もが文字通りアーティストとなるだろう。そして各々の能力と想像力を限界まで花開かせることに意義を感じるだろう。誰もがミケランジェロにはならないとしても、人類が共有する創造性のスケールはとてつもないものになるだろう。

技術は対応できるのか?

今日のHTCのVive、OculusのRift、マイクロソフトのホロレンズを見て想像力をふくらますのは、なかなか難しいかもしれない。しかしそれはいずれも、VR革命におけるアップルⅡであり、未来のデバイスを予見するのは、アップルⅡを見て今日の超パワフルなゲーミングPCを想像しろというようなものだ。想像をはるかに超える飛躍であるのはまちがいない。

ここで重要なのはVive、Rift、ホロレンズは使用に耐える市販品として初めて世に出たということだ。そして採用されるケースが多くなっている。価格はまだ高く、バグが多く、カッコよくはない。だがこれまでのVRデバイスのように研究所の技術者が総出で操作するようなことはない。なんといっても、ちゃんと機能する。それで革命の準備は整ったも同然だ。ゆっくりとだが、確実に、人類はVRという波に乗り、ネットワーク効果が増強している――ゲームスタジオはコンテンツをつくり始めている。グーグルのTilt BrushとOculus Mediumは、創造的な可能性を切り開こうとしている。そしてパソコンの黎明期のように、アーリー・アダプターと熱狂的ファンとティンカラーが南北アメリカ大陸、ヨーロッパ、アジアなど、すべての大陸のガレージと地下室で作業に励んでいる。ネットワーク効果と同様、テクノロジスト、アーティスト、ユーザー総出でVRのプラットフォームを一層パワフルに、誰にとっても使いやすいものにしている。そしていま、指数関数的な成長のごく初期の段階に入りつつある。シリコンバレーのプロトタイプを見ると、マスマーケット向けの新しいVRのデバイスは、より小さく、よりパワフルで、より速く、より直観的なものになっていくことが予想できる。次世代の高価なデバイスの登場も近いだろう。さらに多くの感覚——触覚、臭覚、味覚——を盛り込んでいるだろう。それはマスマーケット向けのデバイスにも盛り込まれ、やがては脳・コンピュータのインターフェースが新しい可能性を切り開くだろう。VRの未来は明るいどころではない——気絶するほどすばらしい。ありふれた風景のなかで確実に革命が始まっている。

境は曖昧に

VR、AR、MRの技術には明白な課題がある。グーグルグラスが2013年にリリースされた時、他者のプライバシーの侵害が問題視された。前向きについているカメラは許可なく他者の映像あるいは写真を撮れてしまう。これが社会の暗黙の契約にそむいていると受け止められた。カメラ付き携帯電話を置いてくれと頼むのはまだしも、メガネを外してくれとは要求しにくい。VRとARのデバイスが成功するには、社会的に受容されるラインとどう折り合いをつけるかにかかっている。ただし没入型VRに関して、これはさして問題とはならない。事実、最近のスナップチャットのARグラスは、こうした問題に取り組みながら、すばらしい成功をおさめている。

快適さ、バッテリーの持ち、コストなど使用に際しての課題もある。現在の価格は先進諸国のマスマーケット向けでも法外に高く、世界全体となると大半の人には手が届かない。たとえ世界中でスムーズにインターネットに接続できたとしても――現状は世界の人口の半分ほどだが――こうした技術が普及するには相当の年数がかかるだろう。世界規模で人々に力を与える包摂的な技術とはとうてい言い難い。

VRにはプライバシーに関しても懸念がある。VRのデバイスは、ユーザーが刺激にどう反応するのか、目の動き、頭の位置、感情の状態までモニターして多くの情報を収集する。それが悪用されれば、行動に影響を与える、不利益をもたらす、困らせるといったことができてしまう。またVRは社会問題と結びつけられる可能性がある。ユーザーは完全に閉鎖された世界に置かれてデジタルのアバターとだけ交流して生身の人間とは交流しない。それでは孤立感を募らせるのではないかだろうか。VRに過度にのめりこむと、大事な人を遠ざけ、コミュニティそのものを弱めてしまうかもしれない。

こうした懸念を払拭するには、政策的枠組みを設けて市民への権限委譲、民主化を拡大させて、技術の悪用を防ぐ必要がある。ステークホルダーはVR、AR、MRの開発と展開が信頼、共感、協同を弱めるのではなく育んでいく方法を問わなければならない。

5つのキーポイント

①仮想現実（VR）、拡張現実（AR）、複合現実（MR）は、いずれも一連のオーディオ・ビジュアル技術を使ったイマーシブテクノロジー（没入型技術）である。人がバーチャルな環境に身を置く、現実の世界にバーチャルな要素を加えるなどを可能にする。現実を変えるデジタル技術は50年あまり前から開発され、コンピューティング・パワー、モビリティ、インタラクティブ・ケイパビリティの融合によってめざましく進歩している。

②仮想および架空の世界でVR、AR、MRと感覚フィードバックの技術をつなげると、いままでにない新しい経験を提供できるだろう。ただし倫理的な観点から多くの課題をつきつけられる。特定のインターフェースを使う場合には、とくに問題視される。また心理状態、人との交流、主体性と責任の自覚など、過去にエンタテインメントのプラットフォームが直面したさまざま懸念を引き起こすだろう。

③VR、AR、MRにおいてインターフェースは一段と進化した。パンチアードからキーボードとマウス、さらにタッチスクリーンと音声へとこれまで進んできたインターフェース

は、身振りと自然な身体の動きの段階に入った。

④VR、AR、MRは、共感と心身の健康増進を叶え、センソリーニーズをともなう人々の支援に役立つ。教育の現場では、世界のあらゆる場所とあらゆる人々の環境を経験するという新しい領域を切り開いていけるだろう。一方で、感覚遮断の環境下でユーザーがのめり込むあまり、リアリティの安定した感覚が脅かされるのではないかと危惧される。

⑤VR、AR、MRはプライバシー、社会受容性、高額なので手が届かないといった課題もある。刺激、感覚遮断、長時間さらされることによる影響は、まだ明確ではない。こうした技術は現在のメディア配信とは異なる生物学的影響を及ぼすかもしれないので、単純に置き換えることは問題かもしれない。

執筆協力

アン・マリー・イントフト・ラーセン（世界経済フォーラム）

COLUMN

アート、文化、第四次産業革命に関する見通し

映像作家リネット・ウォルワースの『Collisions』はエミー賞にノミネートされたバーチャルリアリティ映画である。この映画ではオーストラリア西部の砂漠地帯で暮らす先住民の老人ニヤリ・モーガンが、座ってJ・ロバート・オッペンハイマーのビデオを見ている。オッペンハイマーはアメリカの理論物理学者であり、原爆の父である。ニヤリの人生の折々の場面が描かれる。たとえば1950年代、目の前にキノコ雲があらわれるのを目撃した。当時の彼は、それを神からのメッセージだと考えた。後に、あれはイギリス政府が自分たちのこの土地で原爆実験をおこなったのだと知る。その結果、荒廃した土地で彼は何十年も生きていくこととなった。

人生を一変させる出来事との遭遇から60年後、ニヤリはふたたび砂漠の空の下にいる。彼のトラックにはスクリーンとプロジェクターが装備され、オッペンハイマーが話すのを見ている。初の核実験の時について語るオッペンハイマー。彼は沈痛な面持ちでヴィシュヌ神の「今や我は死なり、世界を破壊する者なり」という言葉を引き、自らの気づきについて語る。ニヤリはスクリーンに向かってゆっくりと歩いていく。

カメラがオッペンハイマーとニヤリを同時にとらえ、その瞬間、まったく別世界にいるはずの彼らの人生が交差する。

世界経済フォーラムは『Collisions』のエグゼクティブ・プロデューサーを務め、2016年のダボス－クロスターズでの年次総会においてワールドプレミアをおこなった。それはアートと文化が果たす重要な役割を改めて認識する機会となった。『Collisions』はその内容と形態によって、人間と技術の関係、前世紀に技術が辿った軌跡についての考察をうながす。VRの最新技術を駆使し、人間の行動が思いがけない結果を引き起こすことについての対話を引き出そうとしている。具体的には、技術の発展への飽くなき情熱がもたらした結果についての対話を。人間はあらゆることを解読できる、この世界のすべては人間が好き勝手に使える「在庫品」――哲学者ハイデガーの表現――であるという願望あるいは信念について、いま一度立ち止まって考えることを私たちにうながす。

技術が人間をどれほど不遜にしてしまうのか、その事実がいかに見過ごされ、語られずにきたのかをこの映画は追究する。いかに自分の視点にとらわれて世界を見ているのかを、VR体験を通じて思い知らされる。人が自然に打ち勝とうとする戦いの不毛さ、運命を大きく左右するのは自分のおこないであると人々に教えた古代ギリシャの演劇のように。過去、人間社会はそれぞれの方法で世界を理解した。豊富な経験と認識を裏付けとした理解は、技術を駆使した分析に決して劣ることのない深遠で価値あるものだった。だが現代の技術は、人間が世界を指図するスタンスで自然を克服し運命をコントロールしようとするプロジェクトに使われてきた。

そのようなプロジェクトに沿った価値観と方向性が技術に組み込まれる前に、プロジェクトそのものを客観的にとらえて批評するためのチャネルとしてアート――ギリシャ語の《テクネ》を語源とする［註183］――を活用することができる。その意味で、アートの役割は未来を描くというよりも、未来を想像し創造的なブレイクスルーを実現するために必要な認知ツールと感情のツールを提供することである。第四次産業革命においてはEQの高さが求められる。しなやかな思考と能力を高めて未知のものを受け入れ、次に起きる事態を前向きかつ慎重に受け止め、周囲の複雑なシステムに創造的な発想で対応し、すべてを理解できると考えることの傲慢さを自覚できるだけの謙虚さを保つために。

２０１６年の世界経済フォーラム年次総会ではヘザー・デューイー・ハグボルの作品『Stranger Visions』が発表された。実物大のポートレートである。この作品を作成するにあたり、アーティストは道ばたのタバコの吸い殻とチューインガムに残されていたDNAを収集し、ゲノムから遺伝子をスクリーニングし、そのDNAを持つ人物の顔の再構築を企てた。この作品は私たちに、アイデンティティについて、遺伝子スクリーニングの普及について深い対話をうながす。こうした技術が身近なものとなるまでには、まだ何年もかかるかもしれない。しかしこのアート作品は、その可能性を具体的な形にして提示している。

しかし、思索をうながすアートに留まらず、現実にこの技術が活用されるとしたら、どうなるだろうか。複数の大都市は新たな取り組みにこの技術を導入している。道ばたのゴミに付着したDNAから捨てた人物を特定し、その人物のポートレートを作成して公表し、さらし者にしている。まさに、技術開発における「トワイライト・ゾーン」、つまり価値観と技術がバラバラの状態で同期していない状態だ。技術がもたらす結果をいきなりつきつけられる前に、アートによって私たちは感情レベルで技術に反応する。

アートと文化を通じて人は前に進む力をつけ、異質なものを受容する。自分の考え方を見直し、考えを改め、違和感を乗り越えて心地よさを感じられるようになる。ちがうことは脅威ではなく人とつながる新しいフロンティアであると、アートを通じて理解することができる。共感が芽生え、他者の気持ちを理解し共有する能力が磨かれる。未来がもたらす変化に備えていれば、柔軟性が身につき、不可能をつきつけられてもつぶれず、現実として受け止めることを学べる。自分の世界観はなにを基盤としているのかを点検する力を磨ける。

『Collisions』が私たちにつきつけるのは、世界をコントロールするための技術開発でいいのかという厳しい問いかけである。特定の世界観がどれだけ広く普及しても決してそれが唯一というわけではない。この映画はそれを思い起こさせてくれる。リネット・ウォルワースはオーストラリアの議会の議員たちに『Collisions』を見せた。それから数週間後、1950年代にイギリス政府の原爆実験の影響を受けた人々を対象とした医療保障を増強するための引当金を連邦予算に組み込むことが決定した。訴えの声があがってから50年以上動かなかった議会が、動いたのである。アートの力で巨額の補償を引き出すことができたのはまちがいない。だが、もしもオッペンハイマーとニヤリが核実験の何年も前に会っていたらどうなっていただろうか？　2人が出会うことで歴史は変わっていた、とは考えられないだろうか。

仮想現実の技術を使った芸術作品は、先住民の立場で彼らの感情を経験することを可能にした。ここではアートが技術を利用し、無分別な技術開発と技術至上主義への服従をいさめている。技術をどう使うのかについて思慮に富んだ議論をするために、いまほどふさわしい時期はない。技術を駆使して物理的世界を破壊し、私たちが抱く世界という概念を破壊することは可能だ。しかし、その技術の使い手が強い意志を持ち、創造的で共感的であれば、アートと技術は共感を伝える手段となり多様な世界観に橋をかけることができる。オッペンハイマーとニヤリの物語では2つの異なる文化が衝突した。世界とは支配すべき対象であると考えるオッペンハイマーに対し、聖なる空間とみなすニヤリ。前提とする考えも、未来への展望も異なる文化が衝突するところを描くことで、アートは無数の世界が存在していることを示す。

執筆協力

ニコ・ダスワニ（世界経済フォーラム）

アンドレア・バンデッリ（アイルランド、サイエンス・ギャラリー・インターナショナル　エグゼクティブ・ディレクター）

環境を統合する

第14章 エネルギーを得る、貯蔵する、送る

第一次産業革命と第二次産業革命の基盤となったのは、それぞれ蒸気、電気というエネルギー分野の移行である。第四次産業革命を迎え、ふたたびエネルギー分野で歴史的移行が実現しようとしている。化石燃料から、再生可能エネルギー源へと。クリーンエネルギーの技術と貯蔵能力の進歩は、実験室から工場に、そして市場に移り、各国が連合して核融合など歴史の転換をもたらすブレイクスルーを見込んで投資している。まさに新しいエネルギーの時代の夜明けを迎えようとしている。

世界中どこでもクリーンで手頃な価格のエネルギーが入手できれば環境面はもちろん、いまなお電力供給が安定しない、あるいはまったくない開発途上国の人々にも大いにメリットがある。加えて、持続可能なエネルギー技術は企業と消費者にとってコストを削減する効果をもたらし、前世紀の産業排出物が環境に与えた負の影響を反転できるかもしれない。新しいエネルギーへの移行を成功させるには、国際協調、長期的ビジョン、マルチステークホルダーの対話により技術とインフラに必要な投資を引き出す必要がある。これがうまくいかなければ、協同

して革命的な成果を達成することは難しくなるだろう。

クリーンエネルギー、効率的な分配、大規模な貯蔵

第四次産業革命の多くの技術には、利点もあれば欠点もあるようだ。すばらしい可能性を備えている反面、格差、失業、社会の分断、環境への害をもたらすおそれもある。だがエネルギーの分野はかなり見通しが明るい。適切な投資をすれば新しいエネルギー技術は価格の引き下げにつながるだろう。第一次産業革命以来の化石燃料への依存を断ち切れるだろう。所得にかかわらず、都会でも田舎でも、コミュニティの持続可能な未来を描きやすくするだろう。

第一次産業革命以来、製造と流通の進歩にともなって人類は大量のエネルギーを消費するようになった。人間ひとりの発電量は平均100ワットで、昔ながらの電球を灯すくらいならできる。アスリートの発電量はその3倍から4倍だ。しかし現在、地球の平均的市民は8000ワットを超える電力を使い、先進国の一部では1人当たり3万5000ワットを突破している[註184]。これだけの電力をまかなうために化石燃料を燃やす分、地球への影響は深刻である。アメリカ合衆国エネルギー情報局の見積もりでは、グローバルな電力需要は、2040年までにほぼ倍増して39兆キロワット時になる。その大部分を、現在はまだインフラが整っていない開発途上国が占めることになるだろう[註185]。

国連の持続可能な開発目標に反映されているように、気候変動への懸念から、太陽光や風力など再生可能エネルギー技術の開発には拍車がかかり、2015年には2650億ドルに達し

図表23
発電能力への投資（2008～2016年）

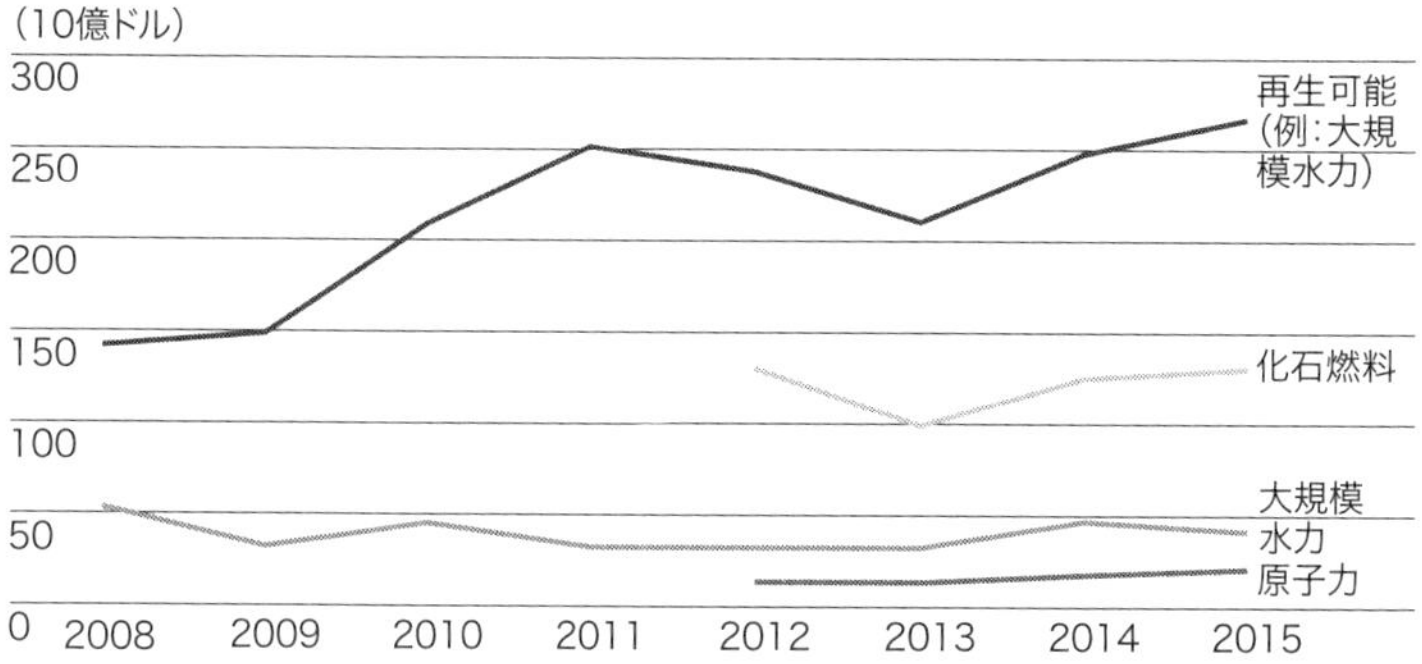

出典：Frankfurt School of Finance & Management (2017), fig 25

た（図表23）。ただし2016年には2260億ドルにまで下落している［註186］。風力エネルギーと太陽光エネルギーの価格が下がったことから投資にも拍車がかかった。2016年、新規の発電能力の50％あまりを初めて再生可能エネルギーが占めた。それでも、世界の総発電量のわずか10％に過ぎない。増加する一方のエネルギー需要を満たし、従来の燃料の消費を抑え、気候変動の勢いを弱めるために、エネルギー業界はさらなるイノベーションへと向かわざるを得ない。

エネルギー貯蔵技術のブレイクスルーでケイパビリティが向上すれば目標生産量が達成できると楽観的に予測する人もいる。しかしながら、こうした技術には大規模な投資が必要なので、継続的に下がっている液体燃料価格とプライス・ポイントを合わせられなければ致命的だ。現在、再生可能エネルギーの研究開発への投資額は80～90億ドルというペースであり、これは２０１７年の他の投資支出と比較すると1対27である［註187］。オックスフォード大学マーティン・スクールの新経済思想研究所（Institute for New Economic Thinking）のサステナビリティ経済学のディレクター、キャメロン・ヘップバーンは1対1に近づくことが理想的であると述べる［註188］。適切な投資で、生物電池、省エネのナノマテリアル、蓄電池モジュール、合成生物学による廃棄物の燃料化、潮力エネルギーなどさらに新しい技術が進歩していくだろう。

第四次産業革命の他の技術もエネルギー分野の発展に貢献するだろう。ＡＩはスマートグリッド化に貢献し、効率性を高めコスト削減の実現につながるだろう［註189］。カーボン・ナノチューブ、ナノ多孔質フォームあるいはゲルなどのナノテクノロジーは調達から使用までのエネルギー循環において効率性を高め、エネルギーのロスを抑えるだろう。自動運転車は自らルートとエネルギー使用を最適化して資源効率を高め、バイオテクノロジーはバクテリアル・エンジニアリングを提供し、バイオ燃料電池の開発には光合成が利用できるかもしれない［註190］。

最大の可能性は、おそらく核融合だろう。期待通りにはたらけばクリーンで、持続可能で、比較的安い価格のエネルギーをふんだんにもたらすだろう。このさき技術が発展して、２０３５年を目標にフランスのＩＴＥＲ（国際熱核融合実験炉）での運転が成功することを、35カ国が期待している。この施設はかつてない最先端の核融合プロジェクトの施設といわれている［註191］。成功すれば産業、経済、地政学にはかりしれない影響を及ぼすだろう。１８０億ドルが投じられるこの核融合が成功するという保証はないものの、多様なエネルギー源の開発は確実に進んでいる。めざましいのは潮力のエネルギーの技術だ。その他にも、軌道を周回するソーラーアレイからのマイクロ波電力伝送など、独創的なアイデアがある［註192］。

未来のエネルギー源とは別に、効率的な貯蔵も優先事項である。とくに太陽光と風力は継続的な発電ができないので、ブレイクスルーによりエネルギー貯蔵能力が向上すれば、再生可能エネルギーを大規模に使用できるようになるだろう。まだ実験室の段階だが蓄電池の技術は急速に発展している。今後15～20年で、さらなるイノベーションがナノテクノロジーを基盤として築かれるかもしれない［註193］。蓄電池の小型化と軽量化が実現して性能が格段に向上すれば、継続的な発電に向かないエネルギー源の価値と実用性がおおいに高まるだろう。いまもなお電気の恩恵を受けていない12億人の人々への電気供給能力も高まるだろう。

コラボレーションで可能性を引き出す

クリーンエネルギーに関して、石油・ガス業界を中心に築かれた地政学的構造と経済的構造と競うための新たな協力をうながすインセンティブが必要である。既存の構造は非常に強固なので、化石燃料への依存度を低くしようとすれば、大きなシステミック・リスクが生じる可能性がある。石油価格の下落はベネズエラ、ロシア、ナイジェリアなど産油国に経済的にも社会的にも深刻な影響を与えている。蓄電池の技術のブレイクスルーは財政制度と雇用に影響を与え、地域の安全保障を脅かす地政学的影響を及ぼす可能性がある。

だが気候変動という脅威がある以上、このリスクは取らなければならない。中国は多額の資金を投じて二酸化炭素排出量の削減に乗り出したが、努力が実を結ぶには時間がかかるだろう。それでも国と国との協力により、技術の力でゼロカーボンの経済への転換を加速させられるだろうと前向きにとらえる考え方が、グローバル規模で広まりつつある。

クリーンエネルギーへの転換をめぐる最大のリスクは、スピードの遅さである。過去のエネルギーシステムの移行は、科学、インフラ、規制、製品のエコシステムにまで行き渡ったものの、原材料に頼る度合いの高い技術の配備には長いリードタイムを要するので、何世代もの時間がかかった。社会的な動きとしてのクリーンエネルギーへの移行に政府が介入せず、短期的な目標で動く市場にまかせてしまえば、相当の時間がかかるだろう。シリコンバレーは1960年代と1970年代に政府が資金を投入していたからこそ、過去20年間、経済を強力に推進することができた。これは大いに参考になる。

投資に加えて、持続可能な未来の実現に必要なのは多様化だ。フランスのITERが最大出力に到達するまでに、再生可能エネルギーはヨーロッパの電力生産の50%になるだろう［註194］。ITERに費やされた数十億ドルが失われたとしても、エネルギー貯蔵技術の発展と20年ちかいインフラへの投資で、持続可能性の実現に向けて着実に歩み続けるだろう。エネルギー生産には、いままでにない新しいアプローチが存在する。国際的な協力やスマートグリッドの潜在力が挙げられる。これで市場を統合し、効率的なエネルギーの配分によりコスト削減を実現できるだろう。

再生可能エネルギー技術への移行、排出量の削減、開発途上国の社会の人々のアクセスなど、まだ課題はある。今後1世紀のうちに、地球の総人口は110億人という驚異的な数字に達すると見込まれるなかで、クリーンエネルギーの生産と配分は不可欠となるだろう［註195］。

COLUMN
未来の送電網
――デイビッド・ビクター（カリフォルニア大学サンディエゴ校教授）

基本的にすべての経済は近代化とともに電化が進んだ。先頭を行く経済国では、一次エネルギーのほぼ半分が電子として送電線で最終ユーザーに届けられるのが一般的である。エネルギーシステムをもっとクリーンにという圧力が高まるとともに、電力へのさらなるシフトが期待されている。

社会がますます電気に依存するとなると、未来の電力システムはどうなるだろうか。過去100年間続いてきた姿のままだろうか。今日の送電網は、中央の大型発電所および風力発電所など再生可能エネルギーの生産者が、電力会社や管理事業者が中央で制御する長距離の電線と複雑な配電網でユーザーにつながっている。送電網は地球上でもっとも大きな機械といっていいだろう。将来は送電網が分散型となり、電力の生産者であり消費者である生産消費者《プロシューマー》が台頭するだろうか。

いずれにしろ、第四次産業革命の特徴である技術の急速な進歩は未来の配電網を実現していくだろう。中央発電所と長距離の電線の能力が格段に改善され（たとえば中国は世界最大の100万ボルトの高圧送電網を稼働させている）、中央集中型送電網の信頼性は高まり費用対効果の高いものとなった。一方、プロシューマーにぴったりの分散型の一連の技術も興味深い。たとえば工業用ビルやキャンパスに適した小型タービンとマイクログリッド、それよりも小型の熱ポンプは効率よく熱したり冷やしたりすることが可能だ。

多くの分散型システムを自動制御で稼働させるには、低コストのセンサー、そして高性能のコンピューティングとビッグデータ分析を活用する。消費者は購入するエネルギーの種類を自ら決定できるようになり、地元で電力を貯蔵し円滑に供給するための蓄電池システムのコストは急激に下がっている。

将来的にどのシステムが勝者となるのか決着はまだつかないものの、分散型の技術の進歩はめざましく、未来の送電網は今日のシステムより分散化が大幅に進むものと思われる。中央の発電所の役割がなくなることはないだろうが、電力会社はよりいっそうの自動化と地元での迅速なコントロールを可能にする技術を展開している。氷まじりの吹雪などの後に送電網の一部で故障が起きるといった場合に、地元のシステムで自動的に再設定し停電を防ぐことができれば信頼性が高まる。画期的な進歩を遂げるプロシューマーの領域に、そしてマイクログリッドの領域に投資が急増している。行政も新しい規制を採用し、中央集中型から地元での供給と管理への投資のシフトをうながしている。ニューヨーク州の「エネルギービジョン改革」はその一例だ。

送電網にとって分散化が正解なのかどうかについては、いまのところはっきりと答えは出ていない。理論的には、地元で制御できて高性能でもある分散型はネットワークの信頼性も高く、ユーザーにとっては信頼がおけるものとなるだろう。ユーザーがコントロールできる部分が多くなれば、今日の電力システムにおいて存在していない、あるいは弱小な市場の力を解き放つことにつながる。いまの電力システムは多くの面で独占状態であり、国有企業もしくは公益事業会社がコントロールしているケースが多い。エネルギーの供給を細かく管理する能力は、もっとも困窮している人々に助成金や給付金を注ぎたいと考える政策立案者に朗報となるだろう。許容できる範囲のコストで世界中の人々にエネルギーを供給するには、まさにうってつけである。

これまでさまざまな状況で便益は実証されてきたものの、世界中の送電網となると作業仮説にちかい段階だ。トラブルが発生する要因はいくらでもある。コントロールに不備があれば、分散型の送電網はかえって不安定になるかもしれない。いまのところ中央集中型の送電網はおおむね、ハッキングに対して非常に堅牢である――2015年にウクライナの送電網の一部がハッキングの被害にあうという事件が起きてはいるが。一方、分散化したコントロールシステムは悪意に対して、より脆弱なおそれがある。完全な分散型送電網の場合は、集中型のシステムを上回る巨額の投資が必要となる可能性もある。投資を回収するためには信頼のおけるビジネスモデルとよいガバナンスが必要だ。分散型はクリーンテクノロジーと相性はいいが、もっとも費用対効果が高いアプローチはかならずしもエミッションフリーではない。

たとえば、たいていのマイクログリッドは高効率な天然ガスに依存する。天然ガスはクリーンな燃料だが、温暖化ガスのゼロエミッションというゴールを世界規模で達成するためには、二酸化炭素を激しく削減（あるいは炭素を除去）しなくてはならない。

分散型の便益が実際にもたらされているかどうか、消費者、公益事業会社、政策立案者がつねに目を配っている必要がある。技術の急速な変化に合わせて政策を調整し、電力システムの集中型と分散型のバランスを正しく取ることが求められる。

問題は、世界のエネルギー需要の大半を高成長の地域が占める場合だ（図表24）。物的インフラを築く際の意思決定には、マルチステークホルダーの長期的な視点からの情報提供が必要である。またそこには通信、制御システム、計測、メンテナンスといった課題に加え、統合された国際的エネルギー市場の創成という課題もある。長期的な視点で考えれば、次の20年から30年は、低炭素インフラに投資するよりも、完全な無炭素を実現する技術に集中的に投資すべ

図表 24
代表的な国と地域におけるGDPとエネルギー需要の変化（2000～2014年）

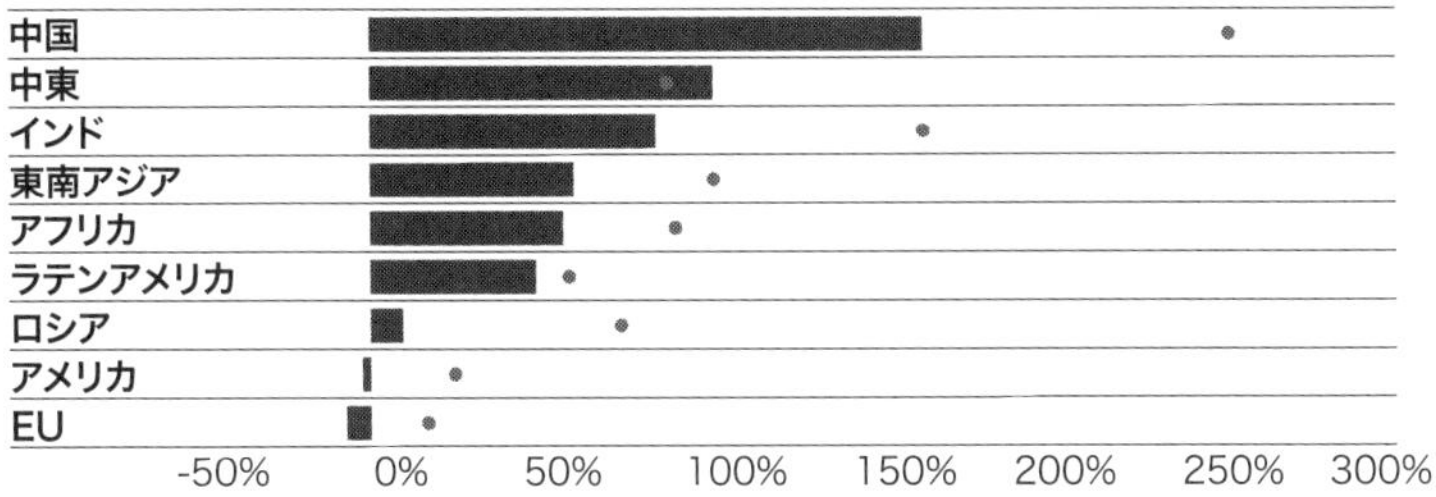

2000～2014年まで経済成長とエネルギー需要の伸びを比較すると、
国と地域により幅広い差があることがわかる

■エネルギー需要
● GDP

出典：IEA (2016), fig 1.2

きであるという結論になるかもしれない。

　このケースもそうだが、解決を早急に求められる課題にはマルチステークホルダーの合意に政府がしっかりと関与することが求められる。大部分の研究結果は、排出量の大幅な削減には資本集約型の配電網が必要であると示唆する。過去の例が示す通り、会社と政府が配電網に積極的に巨額の投資をするのは、政策と規則の枠組みが安定し、先々を予測できる場合に限られる。それには投資契約などの合意、調停のメカニズム、国境をまたぐリスクを緩和するために国際基準を軸に国家エネルギー政策を調整することが求められる。

　世界経済フォーラム『グローバル・リスク報告書２０１７（*Global Risks Report 2017*）』においてエネルギーの先端技術は、負の結果が生じる可能性がもっと少ないと思われる技術の分野という高い評価を獲得した。同時に、最高の便益をもたらすポテンシャルがある分野の第2位にランクインしている。これだけ期待されている潜在能力を無駄にすれば集団責任を問われるだろう。

5つのキーポイント

①第四次産業革命は、過去の産業革命以来の化石燃料への世界的な依存と、温室効果ガスを排出するエネルギー生産を断つことができるだろう。世界の人口増加、工業化、気候変動の影響はいっそう深刻になり、2040年までに世界全体でエネルギー需要が倍増すると見込まれるだけに、この課題の緊急性は高い。

②再生可能エネルギーへの転換をいっそう加速し、より多くのセクターをすみやかに包摂する必要がある。今後数十年の便益を得るために、とくに高成長の地域では、いまこそ長期的な投資の時期だ。展開のための支出よりも再生可能エネルギーへの研究開発投資に重点を置く必要がある。エネルギー貯蔵技術の進歩とともに、需要に見合うエネルギー生産の目標は到達できるだろう。

③新しいエネルギー技術として潮力エネルギーから核融合にいたるまで新しいエネルギー技術の開発、先進材料やナノテクノロジーの開発も現在進行している。いずれも効率を高めエネルギーのロスを少なくする効果が見込める。AIと組み合わせて大規模なシステム全般の効率も改善できるだろう。スマートグリッド、エネルギーの効率的な経路の設定、バッテリーによる輸送などが期待できる。

④再生可能エネルギーへの大規模な切り替えは、化石燃料業界にとっては危機であり、長年にわたる地政学的構造が崩れるおそれがある。切り替えによって社会と政治にもたらされる想定外の影響に協同して取り組むことは、なににも増して重要である。

⑤大規模かつ長期の投資を行政が積極的におこなうには、マルチステークホルダーの協同と国境を超えたグローバルな安定を確保する必要がある。政策と規制の枠組みが短期的に変わることなく先々の予測がつくという条件が整っていれば、信頼に基づいた協同がスムーズにおこなわれるだろう。

執筆協力

世界経済フォーラム「エネルギーの未来に関するグローバル・フューチャー・カウンシル」(Global Future Council on the Future of Energy)

第15章 ジオエンジニアリング

ジオエンジニアリングとは、地球の非常に複雑な生物圏を人類が慎重かつ緻密にコントロールしようという取り組みである。そうした取り組みについて、未熟で安全を脅かすという声はまだいいほうで、予測のつかない、手に負えない結果をもたらし、最悪の場合は人類の存在を脅かすだろうと多くの科学者から声があがっている。

本章は、ジオエンジニアリングの実践を正当化するものではないと断わっておきたい。自然界の複雑なシステムに大規模に干渉する企ては、過去に何度も悲惨な結末を迎えている。慎重を期して新しい種を導入した場合や、広大な土地の森林伐採の場合も。いわゆる栄養カスケードの結果を予測したりコントロールしたりすることは不可能であると、筆者はよく理解している。

にもかかわらずまるまる1章を割いてこのトピックを論じるのは、大気汚染、干ばつ、地球温暖化などさまざまな課題をオフセットするための試みとして技術的な介入が提案されている状況があるからだ。巨大な鏡を成層圏に浮かべて太陽光を反射させる、大気に化学的手法で雨の種を播いて降雨量を増やす、大型の機械で空気中の二酸化炭素を取り除く、などの提案がされている。

個々のシステムに技術で介入できたとしても、その結果として想定外の状況が起きれば修復不可能なダメージを世界に与えることになるだろう。だからこそジオエンジニアリングは物議をかもす領域であり、新しいガバナンスの枠組みとともに、大気という共有の資源に影響するあらゆる試みに対しては万全を期して精査がおこなわれなくてはならない。

直接的な技術的介入で地球温暖化をオフセットできるのか？

ジオエンジニアリングの定義は、地球の自然システムへの大規模かつ慎重な介入とされている。たとえば、降雨パターンを変える、人工的に日光を生成する、バイオテクノロジーで生物圏を変えるための取り組みである。ジオエンジニアリングをめぐる議論の大部分は気候変動への取り組みに集中している。他の天体を人間が植民地化する（このコンテクストでは「テラフォーミング」と呼ばれる）など、地球外の活動への取り組みもジオエンジニアリングの範疇に含めることができる。火星の大気の構成を変えて長期的な人間の居住地に変える、というSF的な発想もしばしば論じられている。

いまのところはあくまでも理論だが、生物圏に排出される温室効果ガスを軽減する方法として次の技術が提案されている（図表25）。炭素隔離、海洋肥沃化、人工島の建設、大規模な植林により天然の炭素吸収装置をつくる（図表26）。さらに最近では、地球を冷却する技術が提案されている。おもに2つのカテゴリーに別れている。①大気から二酸化炭素を取り除くこと

図表 25

気候システムへの直接介入としてのジオエンジニアリング

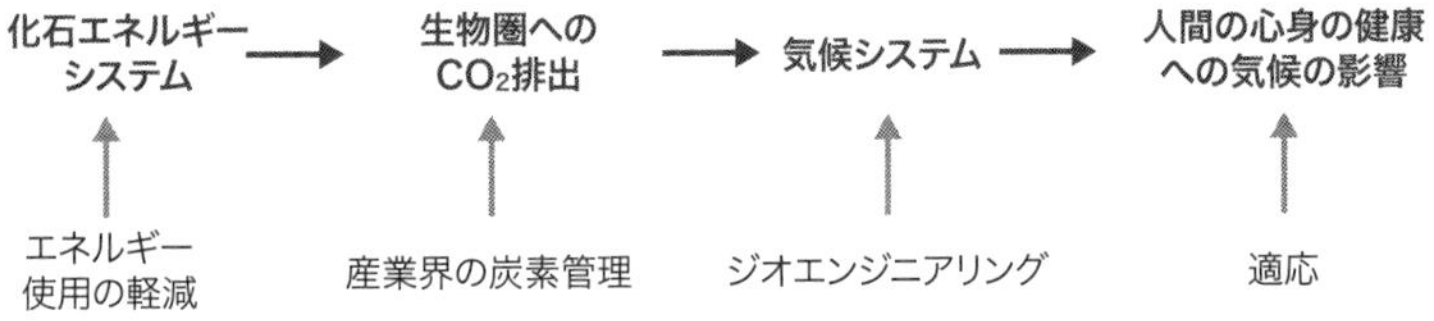

出典：Keith (2002)

図表 26

気候ジオエンジニアリングのアプローチを分類

人為的な気候改造

	エネルギーバランス		エネルギー輸送	
	短波（アルベド）	長波（放射率）	海洋	大気と地表
ジオエンジニアリング	●宇宙の散乱体 ●大気の散乱体 ●地表面アルベド改変	●海洋肥沃化 ●陸上生態系二酸化炭素回収 ●地球化学的隔離 ●エコシステムの生産性遺伝子組み換えによる強化	●大型ダム：ジブラルタル海峡あるいはベーリング海峡 ●氷山輸送	●蒸発の化学的あるいは物理的な制御 ●治水工学 ●気象制御 ●地表面粗度の改変
偶然の気候変動	●硫化物エアロゾル、炭素質エアロゾル：直接および間接的影響 ●地表面アルベドの変化：森の開拓 ●建造物：都市、道路など	●放射活性気体：CO_2、CH_4、N_2Oなど	●土地活用の副次的効果の変化：例）地中海の蒸発の増加を原因とする大西洋の塩分濃度変化 ●海洋温度差発電	●水文学的改変 ●地表面粗度の改変

出典：Keith (2002)

で気候変動の主要因に取り組む。②太陽放射管理の技術で太陽放射の一部を宇宙に反射し、気温上昇の問題を一時的に解決する。こうした提案には、巨大な鏡やエアロゾルなど過去に開発された技術を基盤としたものもあるが、ナノ粒子や先進材料など第四次産業革命の技術を取り入れた新しいアプローチも見られる。

ジオエンジニアリング推進派は、第一次産業革命によって実現した社会経済的発展にともなう負の副作用が何世紀にもわたって大気汚染と環境劣化を引き起こしたのであり、それをジオエンジニアリングで解決できると主張する。歴史は繰り返すという言葉もあるが、今後生じるおそれのある副作用のリスクよりも、気候のリスクを削減し炭素排出量に取り組む時間を手に入れるという便益が勝ると彼らは主張する。一方、慎重な専門家は、現在の限られた化学的知識で負の副作用を予測するのはあまりにもリスクが大きいと反論する。彼らが例に挙げるのは、地球の放射収支量の自然な変化の後に発生したおそろしいドミノ効果である。1815年、インドネシアのタンボラ山の噴火は、1816年のヨーロッパの「夏のない年」のきっかけとなり、農作物の被害、飢饉、伝染病をもたらした。

いずれにしてもジオエンジニアリングは万能薬としては現実的ではない。安定した気候を獲得するには、第四次産業革命の経済と社会のシステムにおいて炭素排出量正味ゼロを達成する必要がある。排出量を劇的に削減し、残りの排出量は二酸化炭素除去を通じて防ぐ。当然ながら「技術だけで解決する」わけにはいかないが、新しい技術と政策は不可欠だろう。ジオエンジニアリング擁護派からは、気候変動が招く最悪の事態を防ぐために政策立案者は両方の戦略を組み合わせるよう提案が出ている。

グローバルなガバナンスの枠組み

理論上ではジオエンジニアリングは一部の地域に便益をもたらすことが可能である。が、他の地域には損害、干ばつあるいは洪水が起きてしまう可能性がある［註196］。どのように実施するのか、便益とコストのバランスをどうとるのか、負の影響を受ける人々にどう補償するのかが重要な課題である。ジオエンジニアリング推進派は、研究の推進と実際の展開の意思決定のためにも、各国政府が協調してガバナンスの枠組みをつくることが重要であると述べる。グローバルなコラボレーションという壮大な構想に関しては、まだ枠組みの断片程度しか存在していない。完全な枠組みは技術と足並みをそろえて開発されるべきものだ。政府間の協調がないままで技術開発が進めば、グローバル・コモンズに潜在的なリスクをもたらすだろう。

C2G2のエグゼクティブ・ディレクター、ヤーノシュ・パストルは、多国間の合意がない状態のリスクを指摘する。少数の国家の集団、単一の国家、大企業、裕福な個人が気候変動対策として一方的にジオエンジニアリングを実行に移すおそれがある［註197］。それに反発する人々が行動を起こせば、ある種の軍拡競争に突入してしまうかもしれない［註198］。こうなると、気候を変えるリソースに恵まれない開発途上国の人々は身を守る術を持たないまま、さらなる環境破壊の犠牲となる可能性がある。

気候ジオエンジニアリングの潜在能力については、科学界では以前から討論されてきたが、政策決定の関係者にとっては非常に新しいトピックである。2013年、気候変動に関する政府間パネル（IPCC）の第五次評価報告書において、政策立案者向けの要約で言及されている［註199］。さらに新しいところでは米国地球環境変動研究プログラムの科学アドバイザーが、連邦政府としてのジオエンジニアリングの研究に資金援助をするように議会にうながしている［註200］。2017年4月、ハーバード大学は、これまでにない規模の包括的なジオエンジニアリングの研究プログラムを開始した。2000万ドルをかけたプロジェクトがめざすのは、火山の噴火が大気の温度を下げる効果を技術的に再現できるかどうかを確かめることである［註201］。

ジオエンジニアリングの技術に関するガバナンスの課題は、技術のコントロールの問題、影響を受ける社会の実質的な参加を確実にするための意思決定など幅広い。しかるべき国際組織がガバナンスの枠組みを開発するとなれば、それを委任できるのは、いまのところ国連総会しかないだろう［註202］。似たような例としては、平和維持、核拡散防止などが挙げられる。それでも、すべてのステークホルダーが関わる、よりよいアプローチをめざしていく可能性はひらかれている。

その際に取り組むべき課題としては……

●ジオエンジニアリングに付随する不確実性が過大なために、技術のあらゆる活用は控えるべきなのか。

●ジオエンジニアリングに付随するリスクと機会、気候変動軽減の他のメソッドに付随するリスクと機会をどう比較検討できるのか。
●ジオエンジニアリングの研究が計算モデルと実験室のシナリオ作成の段階から、大気での実証実験へと移行するためには、どのような国際的協力、委任、制限、政策方針が求められるべきなのか。
●地球の気温を下げる必要性と、その対策が及ぼす影響のバランスをどう取るのか。対策を実行すると、各地域に不平等な影響、国境をまたぎ世代を超えた倫理的課題、正義および人権に関わる問題を引き起こすだろう。
●長期にわたる民主的な監視の必要性と、地政学的な変化にレジリエントである必要性のバランスをどう取るのか。ジオエンジニアリングには長期的な目標がともなうので、展開に当たっては、将来的に変更あるいは停止という事態になった場合の対応を明確にしておく必要がある（たとえば太陽放射を操作する技術を中止すれば、気温の急上昇を招いてしまう）。

COLUMN

自然を克服する倫理的ジレンマ

――ウェンデル・ウォラック（イェール大学生命倫理学術センター研究員）

気候を操作する多様なアプローチは、倫理的、環境的、政治的、経済的ジレンマなどの幅広い問題を提起する。トレードオフもあれば、リスクもある。クリーンで効率的で再生可能なエネルギー源を使いエネルギーの需要が満たされている限りは、地球規模の気候変動の速度を落とすことはできる。しかしエネルギー需要、エネルギー源、地球規模の気候変動、ジオエンジニアリングの手法で気候を変えなければという圧力は、密に絡み合った課題である。

論争が起きにくい方法で気候を操作する試み――リサイクリング、植林して森をつくり大気から炭素を吸収する、屋根を白く塗って太陽の光を大気圏に反射させるなど――は大規模な実施が必要となり、その効果は年々加速する地球温暖化をごくわずかに和らげるという程度である。一方、大気圏の高いところで硫酸塩などナノ粒子を播くといった技術を活用するアプローチは、解決すべき問題よりも大きなリスクをはらんでいる可能性がある。また世界規模の気候変動を技術で調整できるという幻想に染まってしまうことに対し、環境保全とクリーンエネルギーを推進する人々は懸念を示す。クリーンなエネルギー源を受け入れるには行動を切り替えることが必要だが、そう簡単ではない。意欲を削いでしまったり、政治的なコミットメントが消極的になったりする可能性がある。

一定の地域で短期的な効果を出すのとはちがい、地球規模の気候変動に取り組むための戦略は、大規模な介入を必要とする。森林再生をいくら大掛かりにおこなっても、南米アマゾンを始めとする土地で年々進行する森林破壊を取り戻すことはできないかもしれない。炭素を大気から吸い取って隔離するための高いタワー状の施設を建造したとしても、迅速な、あるいはめざましいほどの劇的な効果はないだろう。こういう形態で二酸化炭素除去を大規模に実行すれば、大気に放出された温室効果ガスを強力に削減する経済的コストよりも高くつく可能性がある。

大気圏の高いところに硫酸塩粒子あるいは特別にデザインされたナノ粒子を毎年播いて地球に到達する太陽光の量を減らす戦略は、比較的費用が安くてすむように思われる。コンピュータで作成したモデルでは、この形態の太陽放射の管理で地球温暖化の毎年の増加を50%もカットすることが可能である。地球温暖化の問題を解消しないとしても、増加の割合は抑えられる。だがコンスタントに成層圏に播き続ければ、地球温暖化を緩和する以上に、気候のパターンを破壊的に乱してしまうおそれはないのか。答えは未知である。的確で綿密なリサーチをしないまま成層圏に播けば、どんな結果を引き起こしてしまうか、まったく予想できない。小規模の実験だけでは、多層な大気の複雑なフィードバック・ループの解明には不十分だろう。複雑なシステムの動きは予想がつかず、場合によっては破壊的な事態となる。

ジオエンジニアリングの実験は政治的な緊張を引き起こすおそれがある以上、科学者たちは国際的な合意のない状況で事を進めようとはしていない。とはいえ国際的なガバナンスの枠組みについて合意形成をした上で大気の実験について決定するとなると、たやすいことではない。国際的な監視がしっかりできていなければ、長期的結果などまったく無視して、ならず者国家と活動家が、短期的なニーズを満たすためにジオエンジニアリングのプロジェクトを実行してしまう可能性がある。大気に播く方法は単純なだけに、ある国が自国の気候を操作する目的で選択し、近隣地域の気象への影響は無視という事態が起こりかねない。実際、気候変動の問題が深刻になるにつれ、国家が自国民のニーズを満たすために独自に行動を起こしたとしてもおかしくない。

地球物理学者と環境保護主義者の一部は、ジオエンジニアリングの研究に対してはジオエンジニアリングの戦略をテストすることすら抵抗を示した。ジオエンジニアリングの研究に対しては3つの重要課題が挙がっている。第一に、ジオエンジニアリングに投資がまわれば、環境保全対策とクリーンなエネルギー資源の開発など環境的に健全なアプローチからリソースが奪われる。第二に、研究グループは自分たちが開発した技術の展開を推し進める利益団体となる可能性がある。第三に、ジオエンジニアリングは「自然界の終焉」をもたらすおそれがある。各国、各地域が気象のパターンを直接操作するようになると、地域のニーズとグローバルなニーズを満たすために継続的に気候を操作することになるだろう。

気候科学の知識は限られているため、ジオエンジニアリングの取り組みは本来の意図とは異なる方向へ、破滅へと導く試みとなってしまいかねない。自然をコントロールすることは長らく科学の夢だった。が、現実には愚かな野心に終わることの繰り返しであった。仮に、希望通りに気象を制御することが達成可能であるとしても、さまざまな国と地域の多種多様な需要の調整は非常に困難だろう。

5つのキーポイント

①ジオエンジニアリングは地球の自然なシステムへの大規模な介入である。いまのところは、あくまでも理論上の技術的介入として討論されている。目標は、大気の仕組みを変えて温室効果ガスの削減や気候変動に対処することである。

②私たちの現在のレベルの科学的知識で大気のシステムに介入するのは危険かつ無責任であると、多くの科学者が主張する。一方、ジオエンジニアリング推進派は、過去何世紀にも

わたって人間が環境と大気に与えた影響を正す方法として有力であると述べる。

③たとえば排出量を正味ゼロにして安定した気候を獲得するには、排出量を減らすと同時に、つくりだされる二酸化炭素を無効化する必要がある。技術を活用して短期的な調整で達成することはできないが、めざすゴールに到達するために技術は重要な役割を担うだろう。

④ジオエンジニアリングを活用して責任ある取り組みを実現していくためには、グローバルな規模で国家が協調するための枠組みが必要となる。いまのところは兆しがあらわれた程度であり、全体としての枠組みが整っていない状態は、グローバル・コモンズがリスクにさらされる危険が高い。

⑤ジオエンジニアリングは政策担当者にとって新しいトピックであり、資金援助の面でも、実際の実験にもほとんど関与していない。ジオエンジニアリングの技術のガバナンスには、政府主導による技術展開から他国への影響を考慮した上での技術の選択まで、さまざまな課題が含まれる。

執筆協力

アン・マリー・イントフト・ラーセン（世界経済フォーラム）
ヤーノシュ・パストル（米カーネギー気候ジオエンジニアリング・ガバナンス・イニシアティブ［C2G2］シニア・フェロー兼エグゼクティブ・ディレクター）
ジャック・スティルゴー（英ユニバーシティ・カレッジ・ロンドン科学技術研究講師）

第16章 宇宙開発技術

２０３０年までに、宇宙関連技術はめざましい躍進を遂げるだろう。宇宙航空技術、天文観測のケイパビリティ、超小型衛星開発、ナノマテリアル、３Ｄプリント、ロボット工学、マシンビジョンの飛躍的な進歩により、新しい宇宙探査の時代が幕を開け、経済的リターンも科学技術同様に大いに期待できる。先進国も開発途上国も、大気圏の外から恩恵を受けるだろう。研究者と企業は大量のデータを得て、そこから新しい価値を生み、まったく新しい交換のプロセスが発達するだろう。新たな科学知識はイノベーションをもたらし、エコロジカルに活用されるだろう。宇宙を拠点とした資源活用と製造がもたらす経済的なポテンシャルは未来の産業の地図を塗り替えるだろう。しかしこのすべてが実現するには、宇宙の輸送管理、軌道上のデブリの軽減、宇宙での採掘、宇宙空間での行動指針の設定など、国際合意が必要であり、それが満たされていない場合には危機を招くおそれがある。

第四次産業革命と最後のフロンティア

第四次産業革命は宇宙を私たちに近づけてくれるだろう。スペースX、ブルーオリジンなど民間企業は宇宙旅行の費用を劇的に削減することをめざし、軌道へのアクセスを増やしている。一方航空宇宙会社BAEシステムズはリアクション・エンジン社のSABRE（Synergetic Air-Breathing Rocket Engine）の推進技術に2000万ポンドを超える投資をした。その技術により、特別な滑走路や施設を使わずに航空機が何度も地球低軌道と行き来できるようになるだろう[註203]。NASAは、地球からはるかに離れた宇宙空間に、そして月や火星に人々を送ろうとしている。スペースXも同じ構想である。さらなるパイオニアは、宇宙観光旅行と小惑星での採掘をサポートし、グローバル経済を宇宙の領域に拡大しようと模索している。それに加え、地上と宇宙の望遠鏡の性能と人工衛星の能力向上により、イノベーションから世界観まであらゆる領域において宇宙が果たす役割を新しい視点からとらえられるようになるだろう。

今後数十年のうちに、宇宙で調達した資源が製造につかわれることも夢ではなくなるかもしれない。宇宙の商業化を予測した初期投資家たちの目論見通りとなるだろう。宇宙へのアクセスがよくなれば宇宙トローリング、軌道上の衛星管理とメンテナンス、太陽系の他の天体を訪れるためのVRプラットフォームなど新しい産業も生まれるだろう。実現すれば、地球の資源の採取と枯渇の問題が緩和される可能性がある。2015年には宇宙を商業利用するスタートアップに投資会社が18億ドル投資しているが、この分野の成功を見込んでのことだろう［註204］。手軽な価格で宇宙観光旅行ができるようになれば大人気を博するだろうが、投資は人々を宇宙へと飛び立たせるためだけではない。宇宙服のデザインと製造には新素材、先進素材が使われるだろう［註205］。太陽放射から身を守るナノマテリアルの需要もある［註206］。新しい宇宙開発技術の多くがめざすのは、データを活用して地球の暮らしを変えていくことである。

特注製品のための最先端宇宙技術を除けばコストは徐々に下がってきている。人工衛星技術すら、より小型で安いペイロードの生産に移行している。衛星データが入手しやすくなったことで、農作物、野生生物、人の動き、サプライチェーン、都市開発などのモニターに利用できるようになった。人工衛星が地球を通信ネットワークで覆い、まだネットにアクセスできていない40億人を超える人々をオンラインでつなげるチャンスをもたらすだろう。私たちがどう対応するのか、そして環境に関しても、新しい視点に立つ必要がある。これからエクサバイト単位でもたらされるデータは、いまのコンピュータでは到底処理できない。となればAIと新しいコンピューティング技術をどう活用していくのか。こうした技術がもたらす恩恵を最適化するには、各国のステークホルダーが協同し、誠意を持って取り組むことが求められる。

グローバル規模の調査データを活用してエネルギーと輸送の効率を高めれば、排出量を抑えられる、最適なエネルギーの分配と伝送などシステムレベルの問題解決につながる。新進のイノベーティブな企業各社はマシンビジョンのアルゴリズムを使って衛星画像データから情報を抽出し分析して、商業、農業、インフラなどにすぐに活用できる情報を提供している。そのような分析のケイパビリティは、川下のステークホルダーへと移動し、社会的およびエコロジカルな洞察と技術の活用に役立つだろう。さらに宇宙探査機、望遠鏡、深宇宙探査ミッション、いずれ実現する人間の宇宙旅行から得られる科学的知識も加われば、宇宙と地球における人間の位置づけを改めて考え直すことになるだろう。

宇宙開発技術はそれだけのポテンシャルを秘めているにもかかわらず、世界経済フォーラム『グローバル・リスク報告書2017（*Global Risks Report 2017*）』では他の領域の技術に比べて無害で便益が少ないだろうとされている。意外な評価と感じられるかもしれない。なにしろ衛星、宇宙探査、宇宙飛行、地球科学、気候モデリング、限界に挑むプロジェクトを推進する研究アジェンダに必要な最先端のアプリケーションとハードウェアの数々がそこに含まれるのだ。しかしこの評価は次のように言い換えることができるのではないか。長年、マルチステークホルダーが力を合わせた末に、地球を周回し、驚くべきことを成し遂げる技術が生まれたのであれば、これほど安全なものはない。そういうことではないだろうか。

宇宙における技術展開については、すでに厚い信頼を得ている。そして宇宙技術はコンピューティング、先進材料、エネルギー技術を融合したものである。そのいずれも、昨年の『グローバル・リスク報告書（*Global Risks Report*）』で便益に関して高位にランキングされている。探査への強い後押しがあり、今後は競争優位性が見込まれ、グローバル経済にも社会にも新しい可能性をもたらすだろう。２０３０年は、大半の人にとって宇宙旅行の計画を立てるには少々時期尚早かもしれないが、本物の惑星探査機を運転したりＶＲ装置で好みの月でドローンを飛ばしたりする申し込みはできるかもしれない。すでに地球の人口のほぼ半数は宇宙技術でつながっている。地球以外の場所の人々とつながるのも、時間の問題かもしれない。

COLUMN

国際宇宙ステーション発のイノベーション

――エレン・ストーファン（NASAチーフ・サイエンティスト［2013～2016年］、ユニバーシティ・カレッジ・ロンドン［UCL］ハザード・リサーチ・センター名誉教授）

国際宇宙ステーション（ISS）の設立以来、多様な領域の1900件を超える研究がおこなわれ、いまも進行している。人の健康に関する研究もおこなわれている。ISSは専用の装置とツールを備えた多目的の実験室であり、無重力の研究をおこなうことができる。微小重力は免疫系と心臓血管系の変調、骨密度と筋力の低下、視力の低下など人体とその機能にさまざまな影響を与える。これを受けてNASAと各国のパートナーらはリスクを軽減する方法を模索し、そこで得られた知識は、地上で暮らす私たちの健康面にも役立っている。

ISSでの研究は、医学に大きな変化をもたらし、ヘルスケアの領域で技術を一変させている。いまおこなわれている研究では、骨量の減少を防ぐには、骨吸収抑制剤のビスフォスフォネート剤の投与、健康的な食生活、定期的な運動が有効であるとあきらかになっている。プラズマは微小重力のなかで容易に研究できる。プラズマは傷の治癒を助け、腫瘍の不活化を増進させることで癌との闘いを助ける。微少重量における高品質のタンパク質結晶の成長についての研究は、デュシェンヌ型筋ジストロフィーの患者にとってよりよい治療へとつながっていく可能性がある。これはいずれも、地球の320キロメートル上空でおこなわれている仕事のほんのわずかな例に過ぎない。

ISSでは各国の協力で人間の健康に関する研究がおこなわれ、その多くから重要な成果がもたらされ、新しい技術の開発につながった。こうして誕生したデバイスは世界中で人の命を救っている。ごく一部を紹介すると、現在ISSと地球の遠隔地で使われている超音波レベル2スキャナーは負傷者や病人に迅速で正確な医学的診断を提供、携帯型の機器NIOX MINOは喘息をモニターし発作を防ぐ、骨粗鬆症と免疫変化の早期段階を発見する技術、さらにはニューロアーム（ロボットアーム）など当初は医療目的ではなかった技術も含まれる。いま、医師は患者がMRI機械のなかにいる間に、ニューロアームを使って脳手術をおこなうことができる。ニューロアームは、ロボットシステムのカナダアームと同じ素材と技術を使ってデザインされた。カナダアームはISSで重量物を運びメンテナンスにも使われている。

NASAは火星到達をめざして日々、業務をおこなう傍ら、他の政府機関と民間企業とともに癌の治療法の発見に取り組み、「米国癌撲滅ムーンショット」イニシアティブに貢献している。

免疫系を操作して予防、発見、治療の段階を早めようと、複数のチームが取り組んでいる。宇宙で放射線から人体を守る方法を模索するなかでNASAが開発した技術は、癌の代替治療の可能性を切り開く。この粒子線治療は、適切な量の放射線を癌細胞に照射し、周囲の健康な細胞に与える害を抑えようというものだ。新しい領域というわけではないが、NASAがISSでおこなうマイクロカプセルの開発の研究は、癌治療のプロセスを前進させ、マイクロバルーンをつくる新しい技術をもたらした。マイクロバルーンに入れた薬は12〜14日の期間をかけて放出される。

地球低軌道の経験から、地上そして微小重力の環境における人体への理解は格段に進んだ。だが、まだやるべき仕事はある。もっと遠くに長期の宇宙旅行を実現するために解決すべき健康面の課題に立ち向かい、それを克服するために協力していく必要がある。限界を押し広げていけば新しいアイデアとパートナーシップが生まれ、人類すべてに有益な宇宙技術の研究と生産が可能となる。

参入のハードルを下げ、成功のバーを上げる

私たちの社会は宇宙技術から多大な恩恵を受けてきた。人工衛星が提供するサービスは日々、国際金融ネットワークの同期、地球の気象の監視、持続可能な方法での天然資源の運用、遠隔地のコミュニティへの教育と必須のサービスを提供、自然災害の早期警戒などに利用されている。この領域もやはり、技術の発達が原動力となって大規模な変化にさしかかっている。変化とともに、さらに多くの社会的便益が生まれるかもしれない。ただし、潜在的な課題に取り組んで克服しなければ、それは可能とはならないだろう。

宇宙は技術的発展の最先端にあると思われがちだが、現実はもっと複雑だ。宇宙時代の幕開けを迎えた1950年代と1960年代、政府は巨額の資金を拠出して新しい科学とイノベーションを推進した。スピンオフの技術はマイクロチップとソフトウェア・エンジニアリングなど未来の産業の種を播いた。しかし宇宙に向けた発射にかかるコストの高さと宇宙環境の過酷さのため信頼性とケイパビリティにしだいに重点が置かれるようになり、イノベーションは制約され参入のハードルが高くなった。

今日、宇宙セクターには大規模なイノベーションが起きている。その多くは他のセクターの「スピンイン」の便益が推進力となっている。マイクロチップとソフトウェア業界は宇宙時代に誕生したものだが、業界として成熟していまは逆に宇宙業界に二通りの重要な種を播いてい

る。第一のスピンインは技術である。スマホ、ノートパソコン、その他のコンピュータ・デバイスを支える製造インフラは、次世代の宇宙用部品と衛星をより高性能に、より速く、より安くしている。衛星がもたらす主要な産物である情報の処理と貯蔵を、クラウド・コンピューティングがコモディティ化している。３Ｄプリント、先端ロボット工学、ＡＩなど新しい技術は、人工衛星の製造と能力のさらなる進歩を阻むと思われていた壁を取り払った。たとえばメイド・イン・スペースという会社の技術はＩＳＳでツールの３Ｄプリントを可能にしている。ＮｏｖａＷｕｒｋｓが開発する衛星用のモジュール式の部品は、軌道上でフレキシブルに形を変えることができる。

スピンインの恩恵には、資金調達と労働力という形もある。テクノロジー業界には次の大きな投資機会をさがすベンチャーキャピタリスト、新しいチャレンジを求めるスキルの高い若いエンジニアがあふれている。多くの投資家とエンジニアは、宇宙飛行士を見て、あるいはＳＦに夢中になって宇宙の夢を育んできた。プロフェッショナルたちは一途な気持ちで宇宙開発に貢献し、おおいに刺激を受けている。シリコンバレーに本拠地を置く宇宙企業のスタートアップ数社のうちプラネット社は元ＮＡＳＡのエンジニアたちが設立した。同社はＩＴ業界から幅広くソフトウェアとハードウェアのエンジニアリングの人材を活用している。

こうして技術、資本、人材がどっと流入してきた結果、宇宙開発のセクターは根本から変化しイノベーションが起きた。以前からの宇宙関連分野の性能はさらに向上し、リモートセンシング、通信、高精度航法、時間調整などがその恩恵を受けている。衛星の設計、製造、発射、オペレーションの費用、そして衛星が生成するデータの保存、処理、構造化の費用も低くなっている。新たな宇宙関連プロジェクトが登場し、費用を抑えた衛星打ち上げ、宇宙で衛星と物資を製造、宇宙で調達したものでメンテナンスと燃料補給をおこない稼働期間を伸ばす、小惑星を採鉱して水と有用な鉱物を得る、といったことが実現可能な範囲に入ってきている（図表27）。

その一方で、宇宙のセクターにおける変化は、従来の課題をますます複雑にしているだけでなく、新しい課題もつくりだしている。参入のハードルが劇的に低くなれば、さまざまな国と民間企業が宇宙活動に参入しようとし、技術の流入で衛星の発射数が桁ちがいに増える可能性がある。今日、70カ国あまりが軌道に1機の人工衛星を所有あるいは運用している。もっとも最近参入したのはイラク、ウルグアイ、トルクメニスタン、ラオスである。今後10年のうちに、およそ1万2000件の新たな商業衛星の打ち上げ計画がある。用途はブロードバンド・インターネットとその他のサービスの提供だ。地球の軌道の一部では混雑が生じ、衝突を防ぐための宇宙の交通管理体制について課題をもたらしている。宇宙と地球の帯域幅のニーズは増すばかりで通信用の周波数帯域が過密化している。軍隊と国家安全保障にとって宇宙の重要性が増すにつれて、将来、地球での戦闘が宇宙に拡大するおそれがある。そうなれば宇宙空間の利用も危険にさらされるだろう。

こうした課題は克服可能であり、取り組みは始まっている。差し迫った安全保障の課題について二国間協議、あるいは多国間の協議がおこなわれ、不信を取り除くために透明性と信頼を

図表 27
目的別の新しい宇宙飛行企業

分類	会社	乗り物または宇宙船	サービス
宇宙へのアクセス	ブルーオリジン社	ニューシェパード、パイコニック・スペースクラフト	人間の宇宙飛行を含む準軌道および軌道への打ち上げ
	マステン・スペース・システムズ社	Xaero、Xogdor	小型ペイロードの準軌道への打ち上げ
	ヴァージン・ギャラクティック社	スペースシップ2、ランチャーワン	小型ペイロードの準軌道への打ち上げ、準軌道への有人宇宙飛行、超小型衛星の空中発射
	XCORエアロスペース社	リナックス	小型ペイロードの準軌道への打ち上げ、準軌道への有人宇宙飛行、超小型衛星の打ち上げ
	オービタル・サイエンシズ社	ペガサス、トーラス、アンタレス、シグナス	衛星とISS用貨物の打ち上げ
	スペースX社	ファルコン9、ファルコン・ヘビー、ドラゴン	衛星とISS用貨物の軌道への打ち上げ、2017年までに計画されている軌道への有人宇宙飛行
	ストラトローンチ・システムズ社	ストラトローンチャー	軌道への空中発射
	ユナイテッド・ローンチ・アライアンス社	アトラスV、デルタIV	軌道への打ち上げ
リモートセンシング	プラネット・ラブズ社	ドーブ、フロック1	地球の高頻度撮影、データへのウェブサイト経由のオープンアクセス
	スカイボック・イメージング社	スカイサット	地球の高頻度撮影とHDビデオ撮影、データ分析、データへのウェブサイト経由のオープンアクセス
地球低軌道有人宇宙飛行	ビゲロー・エアロスペース社	BA330	軌道で、あるいは月で人が生活に使うための、膨張式構造物
	ボーイング社	CST-100	地球低軌道への有人輸送
	シエラ・ネバダ社	ドリーム・チェイサー	地球低軌道への有人輸送
	スペース・アドベンチャーズ社	ソユーズ	地球低軌道への有人飛行と月への遠征
地球低軌道の先	B6 12 ファウンデーション社	センティネル	潜在的に危険な小惑星の発見と解析
	インスピレーション・マーズ・ファウンデーション社	インスピレーション・マーズ	火星への有人接近飛行
	ムーン・エクスプレス社	ムーン・エクスプレス	月の資源の調査と採鉱
	プラネタリー・リソーシズ社	Arkyd 100、Arkyd 200、Arkyd 300	小惑星の資源の調査と採鉱

出典：NASA (2014)

獲得する試みもスタートしている。また宇宙の長期的な持続可能性を保証するために、各国で官民の協同によるベストプラクティスが開発されている。宇宙のごみの増加を抑える、宇宙の状況認識を向上させ軌道上での衝突を防ぐなどといった試みだ。そしてグローバル・コミュニティとしてさらに努力が求められている。宇宙のセクターの恩恵をこれからも人類が活用していくためには、それが不可欠である。

宇宙技術の開発には、次の領域でリーダーシップと革新的なガバナンスが必要である……

●民間企業の参入に対応するために、国際的な規制の枠組みのなかでの多くの仕組みづくり。1959年に宇宙空間の活動に関係するすべての法的枠組みを監視するために設立された国連宇宙空間平和利用委員会のプロセスには、民間企業のアイデアを正式に導入するための仕組みはいまのところ存在していない。求められるのは、G20の経済界を代表する企業のリーダーが集まるB20のような構造である。宇宙という活動領域に参入する新しいビジネスの担い手たちが集まり、情報を共有し、新しい機会を創造し、課題について協力することになるだろう。

●民間資金による宇宙採鉱などの活動に関し、政府および国際規制の調整。民間からの投資額が増えるにつれて、国際規則に沿った政府の規則を企業が遵守することが求められる。規制の整備に早く取りかかるほど、新たな市場参入者の誠実な行動をうながすことにつながる。

●新しい宇宙交通管理システム。宇宙という領域での活動の担い手が増えるとともに、軌道上の交通を管理するシステムをしっかりと整えてあらゆるオブジェクトに対応する必要がある。商業衛星の増加に対し、軌道のプロトコルとガイドライン策定に集団的にアプローチすることで宇宙における活動の成功に結びつく。

●宇宙ゴミの除去。機能している衛星と機能していない衛星、使用済みのロケットの機体の持続的な管理に関する幅広いガイドラインはあるものの、すべての当事者に地球の軌道の安全を守り維持させる正式な仕組みは存在していない。軌道を回るデブリの数と速度を思えば、投資と人々の暮らしの安全を確保するためにこうしたプロトコルは必要である。

●小国の場合、領土問題が原因で宇宙活動のコントロールに支障を来すケースがある。宇宙という領域に、地上の対立が持ち込まれて予期しない事態を引き起こすおそれがある。宇宙における行動規範を確立し、すべての国が従う明確な仕組みを設けなくてはならない。

5つのキーポイント

①宇宙を基盤とした技術および宇宙に関連する技術は変曲点を迎えている。民間企業の成長と政府の新たな投資が宇宙のフロンティアの探査と商業化を推し進め、技術の活用が急増している。新たなチャンスを模索するエンジニアと投資家にとって、宇宙は計り知れない可能性を秘めている。それはまた、未来は自分たちの手にかかっているのだという興奮も与えてくれる。

②エンジニア、規制機関、投資家が長年にわたってマルチステークホルダーとして協力を重ね、信頼を築いたおかげで、宇宙技術のリスクは比較的安全であると考えられている。増加する宇宙ゴミへの対応、宇宙の交通管理、宇宙における普遍的な行動指針づくりのために、引き続き協力が必要である。

③宇宙技術のスピンオフとして、マイクロチップやソフトウェア・エンジニアリングなどの業界が生まれている。そして、スピンオフの業界で開発された技術が宇宙にスピンインして活用されるという重要なフィードバック・ループがある。モバイル・コンピューティング、電池、3Dプリント、AIはいずれも効率化を高め、新しい宇宙技術の繁栄に貢献す

るだろう。

④最後のフロンティアの新たな課題としては、業界と軌道への新規参入数の管理、衛星と企業の投資の増加による混雑の緩和、無線周波数スペクトルと帯域幅の共有、宇宙資源の今後の利用規則と手続きの設定などがある。

⑤官民が信頼に基づいたパートナーシップを形成する、宇宙に地政学的対立を持ち込まず公益のために活用する、小国々を含め国際社会が利用可能な手段を構築する、宇宙での行動のガイドラインを作成するために、マルチステークホルダーの協調と合意は不可欠である。

執筆協力
ブライアン・ウィーデン（米セキュア・ワールド・ファウンデーション技術顧問）
世界経済フォーラム「宇宙技術に関するグローバル・フューチャー・カウンシル」（Global Future Council on Space Technologies）

結論

システム・リーダーシップ

——第四次産業革命を形づくるために、あなたができること

本書で提示した第四次産業革命の枠組み——世界を転換させているダイナミクス、価値、ステークホルダー、技術——は、幅広い領域のリーダーと市民が技術と社会の関係について深く考え、協力して行動する（あるいは行動しない）ことで切り開く未来について熟慮する機会となる。

第四次産業革命はマインドシフトを要求する。だが、先端技術の開発と活用にともなう変化のスピード、破壊的変化の規模、新しく発生する責任について正しく認識するだけでは充分ではない。すべての組織、セクター、個人に行動とリーダーシップが求められる。それは技術、ガバナンス、価値への新しいアプローチを含む「システム・リーダーシップ」という形態である。

政府が早急に取り組むべき課題は、より機敏なガバナンスの実現への投資、コミュニティに権限委譲し産業界と市民社会を深く関与させるための戦略などである。産業界の優先事項は、第四次産業革命の技術がもたらす機会を理解し、従業員と顧客とコミュニティに大きく影響す

る新しい働き方を開発あるいは実践に取り組むことである。個人の優先課題は、本書で提起したトピックに関して、地域、国、グローバルな対話に参加することである。と同時に、あらゆる機会をとらえて新しい技術について直接学び、経験することである。

技術的な大きな変化に直面し、私たちは行動する責任を自覚しなくてはならない。技術と技術アーキテクチャの成熟とともにその用途と習慣が定着してしまうと、社会と国と産業界全体に均衡の取れた有益なシステムを築くことは難しくなる。第四次産業革命のスピードと規模を思えば、ぐずぐずしている暇はない——ＡＩ、遺伝子工学、自動運転車のケイパビリティが成熟し、現実の世界同様に手強い仮想世界が待ち受ける未来に向けて、私たちはともに力を合わせ、この先、人類すべてに役立つ規範、標準、規則、ビジネスプラクティスを確立しなければならない。

日々メディアで報じられている通り、拡大するばかりの格差、進行する政治的二極化、失われゆく信頼、深刻な環境悪化など経済と社会は無数のリスクと圧力に直面している。こうした問題は、マルチステークホルダーのコラボレーションとリーダーシップによる意思決定を推進する力にもなれば、障害にもなり得る。本書で述べた通り、これだけ広範囲に及ぶ問題には単独の企業、セクター、国、大陸のみで対処するのは無理があるだろう。求められるのは集団的リーダーシップであり、協力的で新しい発想のリーダーシップでシステムの変化に取り組み、地球にも社会にもよりよい未来をもたらす取り組みである。

第四次産業革命は複雑、変革的、分散型という特徴があり、従来とは異なる新しいタイプのリーダーシップ、いわゆる「システム・リーダーシップ」が必要となる。

システム・リーダーシップはグローバル社会のすべてのステークホルダーと協働して変化についてのビジョンを共有し、そのビジョンに基づいて行動し、想定した人々が恩恵を受けられるようにシステムを変えていく。システム・リーダーシップはトップダウン式のコントロールや力を持つ特定グループの影響下にあるものではなく、すべての市民と組織に権限委譲し、たがいに説明責任を負い、コラボレーションによってイノベーションを起こし、投資し、価値を渡すというパラダイムである。いわば、相互につながった活動の組み合わせであり、めざすゴールは社会的仕組みと経済システムを変えて過去の産業革命が失敗した領域において成功を成し遂げ、未来の世代を含め、すべての市民に持続可能な恩恵を伝えることである。

第四次産業革命のコンテクストにおいてシステム・リーダーシップが求められるエリアは、テクノロジー・リーダーシップ、ガバナンス・リーダーシップ、バリュー・リーダーシップの3つである。システム・リーダーシップは、個人、ビジネスエグゼクティブ、ソーシャル・インフルエンサー、政策立案者を含むすべてのステークホルダーに行動を求める。

協力して問題解決に取り組むにあたって、誰もがシステム・リーダーとして責任を負わなくてはならない。さらに、本章の最後に述べるように、政府、企業、個人はそれぞれ特定の役割を担うことが求められる。

テクノロジー・リーダーシップ

どんな領域であってもテクノロジー・リーダーあるいはファスト・フォロワーは、技術投資にどれだけの資本を割り当てるのか、テクノロジーの方向性とプラットフォームをどう選択するのか、組織の構造とスキルとバリューチェーン全体の関係をどう適応させていくのかについて意思決定が求められる。ステークホルダーのために、より大きな価値をつくりだすことが大前提である。過去3回の産業革命が示すように、まずは産業界がその恩恵の大部分を受けて新しい技術を活用し、より高品質でより低コストの製品とサービスの形を実現して価値をつくりだしていくだろう。

世界のもっともイノベーティブな企業、政府、市民社会組織は新しい技術を結びつけて新しいプロダクト、サービス、プロセスを生み出し、これまでにない形で価値を伝えている。シンガポールのmyResponderというアプリも、その一例である。これは位置情報を利用した人命救助アプリであり、心停止が起きれば400メートル以内のボランティアが駆けつけ、救急隊員のサポートをするというものだ。またアディダスはカーボンと組んで3Dプリント技術を活用して軽くて丈夫なスニーカーの大量生産に乗り出した［註207］。では、現在イノベーションのフロンティアに到達していない組織は、先端技術がもたらす機会をどのようにしてつかめばいいのだろうか。

第一に、第四次産業革命の技術はすべてデジタル・システムに依存し、その上に築かれており、組織はデジタル・コミュニケーションとデジタル・コラボレーションのツール、データ・マネジメント、サイバーセキュリティに最大限に投資している。「データは新しい石油」という言葉をよく聞く［註208］。これはなかなか的を射た表現である――いずれも重要なアセットであり、充分に活用されきっていないという共通点がある。活用するためには精製が必要なところも似ている。ただしデータの使用には、戦略的な意思決定と多様なデータフロー（時には圧倒的な量）の分類、蓄積、配布、分析を可能にする技術的インフラへの相当な投資が求められる。

また、データは石油と同様、漏れてしまえば破滅的な事態を招くおそれがある。実際、新しいコンピューティングのアプローチ、AI、拡大するパーソナルデータのユースケースの組み合わせは、大変な確率でサイバーリスクを高めている。石油と同じく、データを守るべき重大な理由はあるが、その一方でこの資源を最大限に生かすためには、データを協同の資産として使う方法を見出して公益のために使わなくてはならない。さもなければ民間の資源として一握りの有力な組織だけに転送されて利用される事態となる。

第二に、シンガポールとアディダスのアプリの例が示すように、テクノロジー・リーダーは共同のイノベーティブな戦略を採用する。組織内で学び、磨きをかけ、専門を極めるプロセスは、既存の顧客に対し特定の商品カテゴリーにおいてイノベーションを推進するには適している。しかし、クレイトン・クリステンセンらの調査では、まったく新しい市場向けに破壊的な製品をつくりだし実用化させていくには、こうした社内開発モデルは不向きである。それはつまり、第四次産業革命の技術の先に開ける産業界には不向きであるということだ。第四次産業革命におけるテクノロジー・リーダーシップは外部のパートナーと幅広く協働することが必須となるだろう。まったく異なる領域の若く活気あふれる起業家精神に満ちた会社やアカデミックな組織とコラボレートすることで、まったく異なる視点、アプローチ、市場アクセスが得られる。

第三に、新しい技術を最大限に活用するには、幹部から従業員までが新しいスキルと新しい思考を身につけることが求められる。世界経済フォーラム『仕事の未来（*Future of Jobs*）』の2016年のレポートでは、新しい技術、ビジネスモデル、市場が発展するにつれて産業界全体でスキルの35％が変わるだろうと予測している。マッキンゼー・グローバル・インスティテュートの調査によれば、現在活用できる技術をもとにして完全に自動化できる職業は5％のみであるが、現在の仕事の60％ちかくは、少なくとも30％の業務をすぐにでもコンピュータに任せることができるという［註209］。

経済コンサルティング会社アルファベータの新しい調査によれば、現在までのところ技術が導入されて多くの人材が失業に追い込まれるという現象より、従業員がより多くの時間をクリエイティブ業務、対人的業務、情報を統合する業務に費やすようになっている。オーストラリアの典型的なケースでは、1週間の労働時間につき2時間あまりは、従来の肉体作業や管理などルーティン業務から、もっとやりがいのある業務にシフトし、より大きな価値を創造して会

図表 28

全業種における職業関連のスキル需要の変化（2015 ～ 2020 年）

コアスキル・セットの一部として求められるスキル

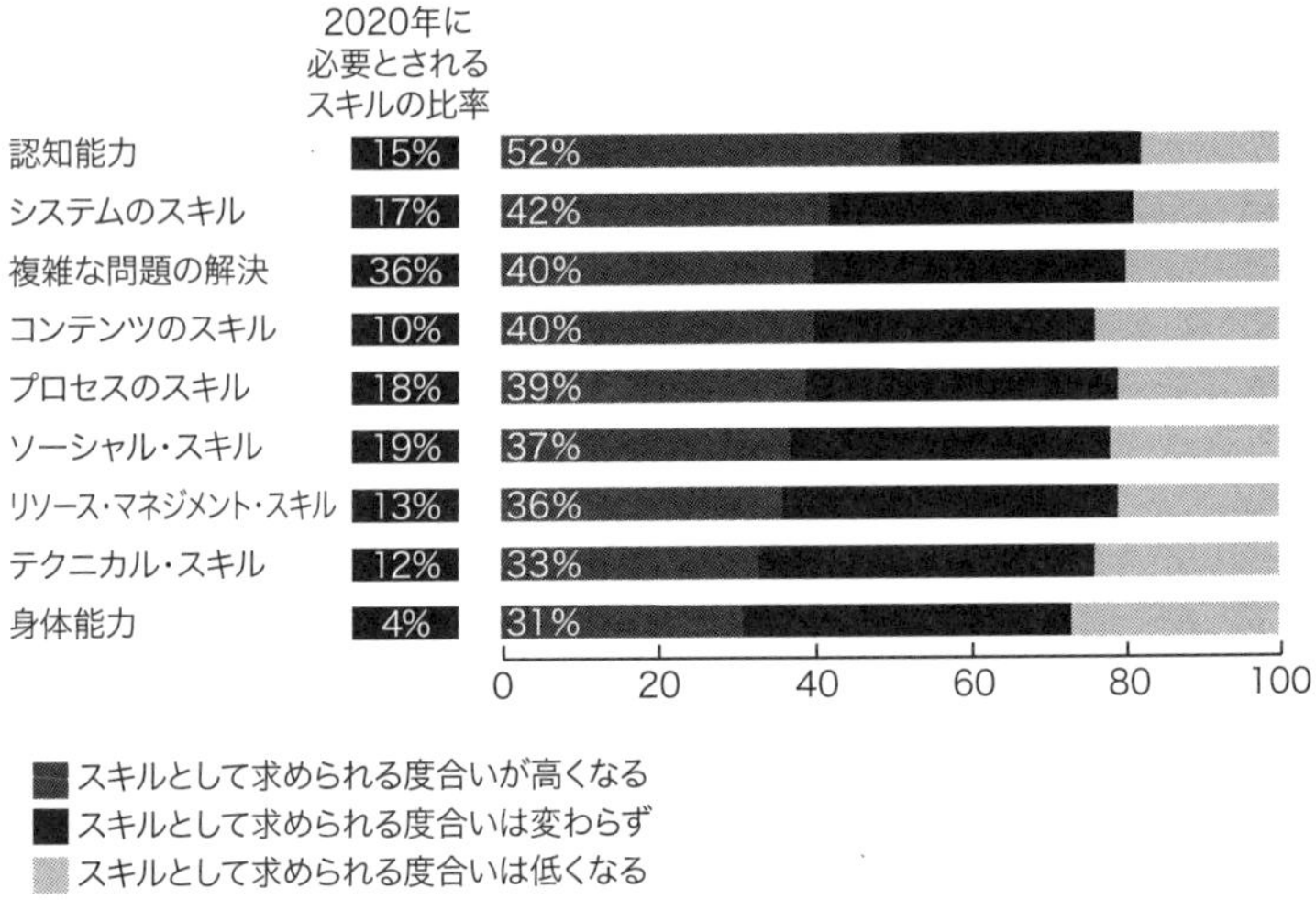

出典：Future of Jobs Survey, World Economic Forum

社に貢献できるようになったという［註210］。

こうしたシフトにともなって要求度が高いと予測できるスキルは、図表28の通りである。クリエイティブで対人的なスキルの重要性が増していることから、組織は人材の採用、第四次産業革命で生き延びるための問題解決とマネジメントのスキル、クリエイティブなスキルを重視する研修に投資すべきだ。

ガバナンス・リーダーシップ

新しい技術の恩恵は主として民間セクターを通じて受け渡されるが、そうした恩恵の質と配分は技術のガバナンスに密接に関係している。ただしガバナンスをつかさどるのは法令を作成する公的な機関としての行政府だけではない。ガバナンスに含まれるのは、基準の作成と活用、技術の使用を抑制したり推進したりする社会規範の確立、民間向けの振興策、専門機関による認定と監督、業界の合意、組織が競合相手とサプライヤーとパートナーおよび顧客と連携し自主的あるいは契約により従う政策などである。

第四次産業革命、そしておそらく21世紀全体の特徴のひとつとして挙げられるのは変化が加速するペースであり、多くの国家機関はこれを苦手とする。とりわけ政策立案者と政府にとって技術の加速的変化はこれまでも課題となっていた。

現在進行中の、破壊的な潜在能力を秘めた第四次産業革命は、２つの異なる観点からガバナンスのリーダーシップを必要とする。

第一に、「私たちはなにを、なぜ統治するのか」を改めて考え直すリーダーが求められる。過去の産業革命における技術のガバナンスについての議論において重点がおかれたのは、イノベーションが身体や環境にとって安全かどうかを示す公的機関の役割についてだった。第四次産業革命の技術に関してもそれは重要な優先項目ではあるが、これまでの章で述べてきたように、先端技術には労働市場から人権擁護まで新たに懸念すべきさまざまな事柄がともなう。

ガバナンスに関してさまざまな分野にまたがる次の8つの問いかけは、第四次産業革命の恩恵とリスクがうまく管理されていくために、とくに重要である。

●第四次産業革命が各国で収入と富の不均衡を悪化させるのではなく、不均衡を確実に抑制するためのメカニズムとは？

●新興国と開発途上国は新しい技術とシステムをどのように活用すれば国民と経済の成長を加速させ、不均衡を抑制できるのか？

●第四次産業革命がもたらす労働市場の破壊に対処するために、どのような新しい政策、アプローチ、社会保障制度が求められるのか？

●人間の労働と創造性が置き換えられるのではなく増強されることを確実にするには、スキルの開発、雇用モデル、技術システムはどのように（再）設計されるべきか？

●第四次産業革命は個人と集団に力を与える。では個人の自由と集団としての繁栄のトレードオフが生じることを、社会はどのように防ぐことができるのか？

●先端技術が今後与える影響力に対し、民主的な参加と市民の主体性を担保するにはどのような社会規範、法令が求められるのか？

●第四次産業革命のダイナミクスと破壊力によって、多様なジェンダーと文化、発言力の小さなコミュニティはどのように影響を受けるのか。どんな新しい役割と機会が求められるのか？

●共通の目的、意義、精神性、人間同士のつながりが今後も価値をもたらす源であり続けるようにするには、どんな社会であればいいのか？

第二の観点は、ガバナンスの「なに」だけでなく、「どのように」を再考することである。業界内、あるいは業界の垣根を越えた基準は、非常に強力なガバナンスのメカニズムだ。これは第二次産業革命、第三次産業革命でも非常に重要だった。第四次産業革命のための技術的基準の開発はすでに始まっている——２０１６年、国際標準化機構（ＩＳＯ）は産業協働ロボットシステムのための安全要求事項としての基準１５０６６：２０１６を発表した[註211]。ＩＳＯは現在、無人航空機システムとドローンの民間利用に関する基準４つを開発している[註212]。１９４６年以来、１６０を越える国家規格作成組織がＩＳＯに参加し、約２万２０００の規格を標準化し、これにより技術のほぼすべての側面、製造、さまざまなサービス業が網羅されている。

正しい基準を確立する――とりわけ、価値とステークホルダーの優先事項のコンセンサスを反映した基準を確立する――場合には専門家のコミュニティが必須である。たとえばIEEEは42万3000人のメンバーで構成され、組織同士のコンセンサスの構築、電気およびデジタルシステムのさまざまな領域における安全性、信頼性、相互運用性を実現している。AIのガイドラインに関して、IEEEのメンバーが技術的な要求やコンプライアンスだけに注目するのではなく、多様な技術の幅広い影響を熟慮している。コンテクストへのこうした配慮はIEEEの歴史に由来するものである。IEEEの前身のひとつであるAIEE（アメリカ電気学会）が創立されたのは第二次産業革命が始まってまもない1884年、電気が電報、電話、電力という形で社会に大きな影響を与えるようになった時期である。

テクノロジー・ガバナンスにとって基準の開発は必須であるが、第四次産業革命の範囲、インパクト、変化のスピードに対応するには技術に関する現在の基準や政府の法令作成のアプローチでは間に合わない。第四次産業革命のガバナンス・リーダーシップは、より機敏で適応性にすぐれ、先見の明のある新しいガバナンスのアプローチを模索しなければならない。

サンフランシスコの世界経済フォーラム第四次産業革命センターはその実現を軸に据えている。2017年にオープンしたこのセンターは、グローバルに協調していくためのスペースとして設けられた、科学と技術をグローバル規模で公益のために速やかに活用する原則と枠組みを開発するための場所である。こうした枠組みは官民、市民社会のパートナーが協力して試験的な運用と迅速な修正を繰り返してテストされるだろう。まずは図表29に示した9の重要な領

図表 29

世界経済フォーラム第四次産業革命センターのプロジェクト

センターのプロジェクト	関連する世界経済フォーラム システムイニシアティブ
中小企業の生産のためのイノベーションを加速する	製造の未来
AIと機械学習	クロスセンター・プロジェクト
ブロックチェーン：分散型台帳の技術	クロスセンター・プロジェクト
自動運転車輌	モビリティの未来
ドローンの民間利用	モビリティの未来
デジタルトレードとデータの越境移転	国際交易と投資の未来、デジタル・エコノミーと社会の未来
海洋についての新しいビジョン	環境と天然資源の安全の未来
IoTとコネクテッドデバイス	デジタル・エコノミーと社会の未来
精密医療	健康とヘルスケアの未来

出典：World Economic Forum

域のガバナンスをカバーすることになる。ゆくゆくは、世界中に同様の機関と活動のネットワークをつくり、新しい技術が提示する問題を国とマルチステークホルダーで共有していくことをめざす。さらに、数々のグローバル・フューチャー・カウンシル、なかでも「技術、価値観、政策に関するグローバル・フューチャー・カウンシル」(Global Council on Technolgies, Value and Policy)を通じて、世界経済フォーラム第四次産業革命センターは機敏なガバナンスを実現する革新的で多様なアプローチを模索している。

当然ながら政府はより機敏なガバナンスの構造を社会のために規定する重要な役割を担うだろうが、第四次産業革命において主要なテクノロジー・ガバナンスは政府だけに任せておくべきではないし、なにより無理な話である。これはあらゆる分野、産業界、組織が関係するマルチステークホルダーの課題である。テクノロジー・ガバナンスへの効果的かつ持続可能なアプローチを見出すことに貢献する組織は、未来を形づくる上できわめて重要な影響力を持つ。

バリュー・リーダーシップ

システム・リーダーシップはよりよいテクノロジー・リーダーシップと新しいガバナンスのモデルに投資するだけには留まらない。協働を推進し、その重要性に光を当てるために、リーダーは価値観を基盤とした観点から第四次産業革命に取り組む必要もある。技術のリターンを単独のステークホルダーのために最大化するのではなく、技術を活用して恩恵を最大限に活かそうというモチベーションと持続力を社会的価値観は与えてくれる。

価値観についての議論は複雑なものとなる可能性があるが、異なる観点、インセンティブ、文化的コンテクストは決して共通の土壌を見出せないという理由にはならない。どんなアジェンダにおいても、地球を未来の世代のために大事に守っていくことの重要性、人間の暮らしの価値、人権の国際的原則、グローバル・コモンズの問題を出発点として、技術の開発の真の目的に照準を合わせることができる。あくまでも地球とそこで暮らす人々を最優先した技術開発でなければならない。ひとことで言うと、第四次産業革命は人間中心のルネサンスへと続く道なのである。

第1章では、人間を中心に据えるとは個人とコミュニティに権限を委譲し、世界をつくる意味と主体性を与えることであると規定した。具体的には、技術が環境と社会的システムに幅広く与える影響に注意を向け、先端技術が持続可能な開発目標（SDGs）、物質的な豊かさを公平に分配する経済制度とメカニズムにふさわしいものであることを確実にするという意味である。人間中心とは、国内あるいは国境を越えて市民の権利を守り増強することを求める。とりわけ、力にも地位にも恵まれない人々の権利を守り増強することである。さらに、デジタル技術がますます私たちの行動を変え、経験を断片的なものにしているなかで、人間中心を推進することで1人ひとりが日々、意義ある暮らしを営む能力を高めることにつながる。人間中心とは、先端技術をおおいに活用して人間同士がより協調して豊かな交流をしていくことである。

当然ながらバリュー・リーダーシップは受動的ではなく、能動的である——価値観は、技術システムの「バグ」や後付けではなく、積極的に組み込むべき望ましい特徴である。

技術のケイパビリティの変化に対し社会があくまでも受動的であり続けるのはナンセンスである。社会は、自分たちが望む未来を決め、それを実現するためにどの技術を使うのかを決める力がある。価値観を基盤として技術にアプローチするには、技術の政治的な性質を理解し、社会的価値を優先事項とすることに加え、私たちがつくりだして社会的および経済的交換に使う技術の一部となる価値に、組織がどのように貢献できるのかを熟慮する必要がある。技術に関して価値を基盤とする意思決定をする際、私たち自身の価値観と視点がどれほど技術の影響を受けているのかを理解しておくことも求められる。最後に、価値観を基盤としたアプローチには他者からのインプットが欠かせない。影響を受ける立場でありながら、日頃は発言する機会のない人々の声も、技術の開発の方向性を決定する際には重要である。

企業とコミュニティが技術に取り組む方法を変えるにあたり、最大の影響力を及ぼすのはリーダーである。技術開発を大きく左右する経済的圧力と距離を置き、技術がシステム全体に与える影響を熟慮し、実現したい未来について考えることは、長い目で見れば重要となってくる。スタートアップの文化において、そして規模の大きな会社の文化においても、価値を基盤とした決定を含む困難な意思決定に際しては、リーダーは手本となる。社会的価値観への強いコミットメントが組織全体にさざ波のように伝わり、仕事を通して社会に貢献したいと望む従業員に目的を与え、社内外からの組織の評判を高めることにつながる。

ステークホルダーのための戦略──政府はなにをすべきか？

システム・リーダーシップには全員参加が求められる。さらに、ステークホルダーごとに果たすべき役割は異なるため、政府、企業、個人はそれぞれ個別の戦略を講じる必要がある。

戦略1 機敏なガバナンスを採用する

政府にとっての急務は、新しいアプローチで技術のガバナンスを実現するためのスペースを設けることである。世界経済フォーラム白書『アジャイル・ガバナンス：第四次産業革命における政策決定をリイメージする（*Agile Governance: Reimagining Policy-making in the Fourth Industrial Revolution*）』［註213］で述べている通り、技術開発のペースも技術のさまざまな特性も、これまでの政策決定のサイクルとプロセスでは対応できない。具体的には、技術が拡散するスピードが速い、司法と規制と専門領域の境界をやすやすと越えてしまう、価値観とバイアスが埋め込まれていくことで強く政治性を帯びてくる点などが挙げられる。ガバナンスのモデルを改めて新しい技術に対応するという発想は新しいものではないが、今日の先端技術のパワーを思えば、その緊急度ははるかに高い。

第四次産業革命においては、アジャイル・ガバナンスで政策を立案、検討、制定、施行して成果をあげる戦略を取ることが不可欠である。アジャイル・ガバナンスとは、アジャイル宣言

〔註214〕及び世界経済フォーラムのソフトウェアと社会の未来についてのグローバル・アジェンダ・カウンシル〔註215〕による報告書にインスパイアされたコンセプトであり、技術そのものとその技術を採用する民間部門の側の素早さ、流動性、柔軟性、順応性を調和させようとするものである。

政府がより機敏になるためには、多くのリスクあるいは食いちがいの克服に力を注ぐ必要がある。公共部門の政策決定はこれでもかというほど慎重な検討を重ね、包摂的である場合が多く、より迅速なプロセスと結果を求められる場合には妨げとなる。もちろん、立ち止まって時間をかけて慎重に幅広く検討をし、最良の結果を出すことが最適という状況は数多く存在している。白書で述べている通り、政府が担うべき責任の性格上、機敏なガバナンスはスピードのためだけに厳密さ、有効性、代表性を犠牲にすべきではない〔註216〕。

とはいえ、政府が待ったなしで機敏なガバナンスを採用すべき重要な理由がある。ひとつには、機敏であることは、よりいっそう包摂的で人間中心の新しいプロセスの創造をうながし、より多くの多様なステークホルダーを含むことになる。また、イテレーションのペースが早まり、統治される側のニーズがより効果的に満たされる。

また機敏なガバナンスは、長い目で見れば、より持続可能な政策に役立つ。コンスタントな監視と政策の「アップグレード」の頻度をあげることにつながり、一方で政策の実施をサポートし、作業を民間部門と市民社会と分け合うことで抑制と均衡を保つことができる。

では機敏なガバナンスとは、実際にどのようなものだろうか？　第四次産業革命に即したガバナンスとして政府が模索、促進、試みるべきモデルは次のような内容が含まれる〔註217〕。

●政策ラボの設立――アジャイルな原則を使って政策開発の新しいメソッドの実験をするという明確な目的のために、政府内に保護されたスペースを設ける。例としては、イギリス内閣府のポリシー・ラボがある〔註218〕。
●政府と企業の協同を推進して「開発用サンドボックス」と「実験用テストベッド」をつくり、ジェフ・マルガンが述べたようなイテレーティブで横断的かつ柔軟なアプローチで法規を開発する〔註219〕。
●クラウドソーシングの手法で、より包摂的で参加型の規制制定プロセスをつくる。たとえばCrowdLawというプラットフォームは、法律の提案、起草、実施の監視、データの提供に一般の人々が参加し、新しい法律や現行の法律の修正をサポートするためにデザインされている〔註220〕。
●市場で質の高いガバナンスを実践しようと競い合う民間のガバナンスの担い手のエコシステムづくりを進め、社会としての包摂的なゴールをめざす。これはジリアン・ハドフィールドが『フラットな世界のルール（*Rules for a Flat World*）』で提案している〔註221〕。
●イノベーションの原則を策定して、普及させ、公的支援を受けている研究者、起業家、営利組織に浸透させる。リチャード・オーウェンによる責任あるイノベーション〔註222〕、ヒラリー・サトクリフが提案する持続可能なイノベーション〔註223〕などが参考となる。
●デイビッド・H・ガストンが先読み型ガバナンスモデルで提案したように、科学と研究に一般市民の参加、未来を見据えたシナリオに基づいたアプローチ、社会科学、人間中心主義の学識が組み込まれていくようにうながす［註224］。

- 国際的調整機関の役割をサポートして監督をおこない、公開討論をうながし、先端技術が与える倫理的、法的、社会的、経済的なインパクトを評価する。ゲイリー・マーチャントとウェンデル・ウォラックはこれを管理調整委員会（Governance Coordination Committees）の形で提案し［註225］、ジム・トーマスは新技術評価国際会議（International Convention for the Evaluation of New Technologies）として提案している［註226］。
- 技術のアセスメントの新しいアプローチとして、審議に参加する一般市民を大幅に増やし、研究と商業化の両方において意思決定に影響する価値観、インセンティブ、政治性についての理解と考察を促進する。ロードマイヤー、サレウィッツ、ウィルズドンがこれを提案している［註227］。
- 世界経済フォーラム「ソフトウェアと社会の未来に関するグローバル・アジェンダ・カウンシル」（2014～2016年）（Global Agenda Council on the Future of Software and Society）で共有した「機敏なガバナンスの原則を求めて」を組み込む。この原則は「効率性、公共サービス、公共の福祉を向上し、変化により迅速に対応できる政府機関」となるためのものである［註228］。

戦略2　境界を越える

政府が早急に実行すべき第二の戦略は、機敏なガバナンスの追求の補完として欠かせない――分野、組織、地理上の従来の境界線を越えた新しい働き方への投資である。

第2部で述べた技術の展開も影響も、特定の一領域あるいは管轄に限られてはいない。前著『第四次産業革命』で広範囲にわたって述べたように、専門分野あるいは組織の境界――研究の領域、省庁、組織の部門などにおける境界――の存在は、政府の対応の効率性と効果を高めるよりも、低下させてしまうおそれがある。

サイロは打ち壊すことができる。たとえばシンガポールの公務員研修大学は政府の職員が公共サービス全般を学び、協働できる場となっており、異なる4つの省の事務次官、首相官邸、地元の大学のパートナーを含む評議会で運営されている〔註229〕。

サイロを分解するといっても、すべてオープンになるわけではない。とりわけデータの共有は自由というわけにはいかない。データソースの保護とコネクティビティの適切なレベルを慎重に配慮することは、言うまでもなく非常に重要である。人権侵害の可能性がある場合には、ことさらである。新しい技術を不正に、あるいは道義に反する方法で使用する可能性と、マルチステークホルダーの協同なしには実現できない恩恵のバランスを取る新しいモデルを見出すことが必要となる。医療データは格好の例である――大量のゲノムデータをさまざまな医療および研究機関が共有して人命を救うという重要な機会を得られる。ただし遺伝情報の悪用の可能性も高いため、たいていの場合は患者の同意と医療データの共有に関する厳しい管理は依然として保たれている。

境界の垣根を越えたクロスセクターの協同の新しいモデルとしては「非常時にはガラスを割る」という官民データ共有協定を結び、人道的空間においてこうした限界を突破するというものがある。あらかじめ合意した非常事態（たとえばパンデミック）、手遅れになるのを防ぎ、初期対応に役立つ場合に限って効力を発揮し、通常の場合には違法となるデータの共有が一時的に許可される［註230］。

ステークホルダーの戦略——企業はなにをすべきか？

戦略1　行動しながら学び、人材に投資

企業のリーダーにとってもっとも重要な戦略は実験である。第四次産業革命はまだ序の口であり新しい技術の力はまだまだ未知である。しかし第2章で述べた通り、この革命のダイナミクスの一部を予測することは可能である。たとえば、業界と組織の周辺部から破壊的変化はますます頻繁に発生していることもわかっている。企業は新しい技術の知識を最小限でも身につけておく必要がある。大局的な見地からとらえ、周辺部に潜むチャンスを見抜くには、ぜひとも必要だ。企業は一歩前に踏み出して好奇心を抱き、他の領域でどんな進歩があるのかを学ぶ時間をとり、新しい技術を積極的に試さなくてはならない。技術を使って実際に実験する以外、自社でどのように活用できるのかを知る方法はない。

企業は怖じ気づくことなくAI、新材料、バイオテクノロジー、IoTを活用すべきである。会社の規模が小さくても、新しい会社であっても、実験は思うほど難しくはないかもしれない。たとえば日本の農家、小池誠はキュウリの選別にテンソルフローという機械学習のアプリケーションを導入している。新しい技術を新しい状況で創造的に活用した例である〔註231〕。

実験は新たな視点をもたらしてくれる。技術でなにができるのか、と同時になにができないのかも明らかになる。いくら派手に宣伝されている技術的ソリューションであっても、大金を投じるに値するとは限らない。技術をいつどのような規模で活用すれば効果的であるのか、実験を通じて感覚をつかむことができるだろう。

新しい技術の実験を最大限に生かすには、組織のなかで蓄積された知識を持ち、それを新しい事業に利用できる人材を大事にしなくてはならない。そして現在の従業員のスキルを伸ばすために投資する。それは単に技術的なスキルばかりではなく、協力的な企業文化を推進し、リスクを積極的に取り、失敗に寛容であるというスキルにも及ぶ。企業家精神を歓迎する企業であれば、従業員がイノベーションと接しながら専門知識を蓄積し、貴重な人材に育つ。またスピンアウト企業が成長するチャンスも見逃さない。

戦略2　新しいガバナンスのアプローチを採用し組み込む

企業は内部のリーダーシップと外部の協働が新しい技術の活用に結びつく方法を精査し、その構想、調達、開発、展開、統合、維持について具体化する必要がある。新しい組織構造づくりから新しい政策あるいは新たなビジネスプラクティスの受け入れまで、個々の会社が採用するガバナンスのアプローチは規範を形づくり、企業文化と企業全体そしてバリューチェーンすべてを通じたふるまいに影響を与えることができる。

企業は組織構造に縛られることなく、技術の利用と開発に関する新しい規範づくりをめざして積極的に協同して行動しなければならない。すでに述べたマルチステークホルダーのガバナンスの取り組みが参考になる。組織内の強い目的意識を育み、倫理規定、技術のインパクトの幅広い評価に取り組むことで変革につながる可能性がある。内部の構造を変え、他のステークホルダーと協同し、考え方と行動には働きかけていけばスケールの大きなゴールに適したモチベーションとインセンティブを効果的につくりだせる。

このプロセスの一部として企業は新しいリスクに対応するために適切な戦略を採用し、自社のガバナンスのレパートリーに埋め込まなくてはならない。とくに、成長めざましいＡＩ、ＩｏＴ、分散型台帳、その他新しいコンピューティングおよびデジタル技術のサイバーリスクに対し、多くの企業は充分な対応が取れていない。データ漏洩、ビットコインの盗難、ＩｏＴの脆弱性の報道が繰り返され、デジタル技術の相互接続が増えるに連れてさまざまな犯罪に利用される可能性が増えていくと予想される。企業は堅牢なサイバーリスク戦略を複数組み立てて資産を守り、能力を高め、ステークホルダーと顧客からの信頼を築かなければならない。

戦略3　機会を念頭に置いて技術を開発し実行する

最後に、根本的なことだが企業は技術的発展についての自分たちの見解を見直す必要がある。研究開発と製品開発という枠を越えて、こうした技術がリソースあるいは製品として役割を果たす未来を見据え、自分たちの組織の文化はそのような技術の開発、獲得、展開のプロセスを通じてどのように他に影響を与えられるかについてじっくりと考える必要がある。

本書で繰り返し述べているように、第四次産業革命の技術の多くは幅広い影響を及ぼすだろうが、すべてが決まってしまっているわけではない。たとえば自動化の影響は、ロボットシステムをどのように、どんな目的で開発するのかにより大きく変わってくるだろう。多くの技術の環境への影響は、そのデザインに参加するステークホルダー、原材料の調達の仕方、維持、リサイクル、廃棄物の処理に関する自主協定の内容しだいで大きく変わるはずだ。

企業はこうした幅広く、かつ非線形の影響について熟考するプロセスを導入する必要がある。組織が意識的な選択をした上でプロセスとインセンティブを導入すれば、新しい視点を獲得できる。それが従業員、顧客、地元のコミュニティに自律性と力を与えることにつながる。これを実現するにはズームアウトしてはるかな水平線を見渡し、先々に起こりそうな衝突と好ましくない結果を予想し、新しい技術が今後、会社、消費者、広く社会に及ぼす影響について現実的に考える。たとえばＩｏＴであれば、ある都市のセンサーのデータが利用できるとなれば、さまざまなコミュニティにどのような負の影響が及ぶのかについて、複数のシナリオを想定しておく必要があるだろう。

企業はこの戦略を採用することで、消費者と規制当局との間に信頼を築いていけるだろう。実際、先端技術が従来の常識をどれほど壊していくのかを幅広い視点で充分に理解していれば、早い段階で規制当局との信頼関係を築くのは規制環境を整える点で有利になるだろう。好ましくない結果が判明した時に多様なステークホルダーの枠を越えて協力して解決策を講じれば、私たち皆が望む包摂的で持続可能な未来に一歩近づける可能性がある。

ステークホルダーの戦略——個人はなにをすべきか？

戦略1　探求、実験、想像

企業と同じく個人も新しい技術に積極的に親しむことが大事だ。時にはそれで自分自身、他者に負の影響が及ぶのを食い止められる。サイバーリスクの多くは、強力なパスワードや二段階認証といった安全対策を講じる方法を試したことがない人々の身に降り掛かる。また第2章で述べたように、先端技術の「民主化」は、会社の幹部でもエンジニアでもない個人が技術開発に参加する機会をもたらす。いまや地元のファブラボで新しい技術を直接いろいろ試してみたり［註232］、3Dプリントでなにかを自作したり、コミュニティでおこなうバイオハッキングのワークショップに参加するなど［註233］、学ぶ機会が豊富にある。

個人が経験を積み、それを共有し、企業に対してだけではなく、コミュニティのステークホルダーの視点と望みと価値観を代表する政策立案者にフィードバックしていくには、単にデジタル技術のインターフェースとサービス提供の側面だけにくわしくなるのではなく、その奥でなにが起きているのかを学ぶことが重要だ。第2部で取り上げた先端技術の大部分は、使いこなすスキルを身につけるのは想像するほど難しくはない。たとえば非営利組織「fast.ai」は7週間の深層学習コースを設けている。ベーシックなプログラミングの経験があれば誰でも受講でき、熟練者でなくても一般的なアプリで最新の機械学習のツールが使えるようになる。

技術を探求し試してみることは、つくりたい未来について考えることでもあり、その際に忘れてはならないのは、未来は後の世代の人々のものであるということだ。技術とコミュニティが一体化した未来はどのようなものになるのかを想像してみる。これはとても重要だ。新しい技術のめざすところを探り当て活用法を理解するには、若い人々の声に耳を傾け、相談相手にしてみるのもひとつの方法である。今日生まれている技術にもっとも影響を受け、もっとも密な関わりを持つはずの人々の洞察を抜きに、価値ある未来を築くことはできない。

戦略2　政治的になる

技術の力を借りてつくる未来とはつまり、私たちがこれから生きていく世界だ。1人ひとりが憧れの未来を思い描いていれば、技術がどのように開発され、活用されるのかについて政治的に反応できる——立場を明らかにして自分の気持ちを表明できる。技術が個人の暮らしとコミュニティに与える影響について見解を示すことは重要である。なぜかといえば、技術は限られた人々の興味から生まれたものであり、彼らはかならずしもその技術に関連する世論を熟知しているわけでも、技術が及ぼす影響の広さを自覚しているわけでもないからだ。第四次産業革命の技術が社会全体にとってもっとも好ましい方法で使われるよううながし、企業と規制当局に問題点を伝えていくには、1人ひとりのフィードバックが貴重な力となる。

1人ひとりの声は消費者として、有権者としてだけではなく、市民社会組織、社会運動を通じて届けることができる。これも第四次産業革命とともに起きている変化である。社会的な要望を表明し、個人の権利を守り、営利企業ではすくい上げられない社会的なニーズ、社会と政府の思惑に食いちがいが生じて仲介が必要となる部分をサポートするためのルートである。市民社会組織は、見過ごされたり無視されたりしている人々の声を意思決定に直接関わる人々に確実に伝える一方で、技術を開発する側の起業家、企業、投資家、エンジニアには、その技術が社会全体にどれほど影響を与えるのか自覚できるようにうながす。

結論

これまでの50年で、私たちは社会と技術がたがいを変化させる関係にあるのだと徐々に理解するようになった。第一次と第二次の産業革命と二度の世界大戦によって、技術とは製造と消費を提供する機械、ツール、システムという枠をはるかに越えるものであると明らかになった。技術は社会的視点と私たちの価値観に強い影響を及ぼす。私たちは技術を通じて経済と社会を築き、世界観を培っている。技術と人間の関わりは限りなく濃い。私たちが世界をどう解釈しているのか、自分の周囲の人々をどう見ているのか、未来にどんな可能性を抱いているのかも技術が大きく左右する。

第四次産業革命の始まりに当たって私たちが直面している問題としては、自動化の影響、AIに関する倫理的課題、遺伝子工学が社会に及ぼす影響などがあるが、それは少なくとも1960年代以降は社会意識の一部となっている。1960年代は核、遺伝子、宇宙に関する技術が進歩し、コンピュータが人間の作業を肩代わりするようになった時代である。当時のケイパビリティでは叶わなかった夢も、第三次産業革命でデジタルのケイパビリティが成熟して次々に実現し、地球上でそれを日々当たり前のように享受している人は増加する一方だ。

幸いこの50年間で、学術研究と先駆的な実践から分析ツールと有用な社会学的視点が開発され、技術と社会の相関関係についての理解が深まった。技術が幅広く社会的変化を引き起こし、私たちがつくる技術にはしっかりと価値観が埋め込まれていると認識していれば、破壊的変化の兆候を見極めるのに役立つ。それが本書にも大いに役立っている。

この複雑な状況で適切に行動するには、技術的変化の多くの様相を評価する新しい視点に立ち、その視点から得る洞察を個人あるいは組織として取り入れる必要がある。

先端技術を「単なるツール」つまり使い勝手がよくてわかりきった結果を出すためのものと見なしている限りは、これは実現できない。かといって、技術は複雑だと決めつけて、自分の意志は通用しない、言うなりになるしかないという態度では自分に対しても他者に対しても充分に権限委譲はできない。

技術開発と導入の時点における選択しだいで、先々、その技術がもたらす結果が決まってくるという事実を、すべてのステークホルダーはしっかりと理解しておく必要がある。一市民、企業幹部、社会活動家、巨額の投資家、精鋭の政策立案者など、立場はちがっても、これは変わらない。消費者の選択が企業の未来に影響を与え、製品の顔ぶれに影響するように、技術に関して私たちが集団としてどう選択するのかが、経済と社会の構造に影響を与える。

今日の課題の多くは、いずれ技術の力で解決できるだろう。しかし課題そのものに技術が関わっていることも、技術が課題をつくりだしてしまうこともある。数々の課題に立ち向かうには大勢で力を合わせるしかない。技術だけを使ってこうした問題を克服することはできないのである。それよりも、共同体としての優先項目を幅広い視点からとらえ、協力し合える領域で力をつけ、結束し、信頼を築き、誠意を尽くす。第四次産業革命の課題に取り組むための唯一の方法は、連帯して透明性を保つことである。

私たちが勇気を奮い起こし、公益のために行動すれば、この先も人類は幸福と発展を追求していけるにちがいない。過去の産業革命は人類に進歩と豊かさをもたらしたが、その一方で環境破壊や広がるばかりの格差など負の外部性といった課題も生じている。その解決は私たちの手に委ねられている。そして行く手にも手強い課題が待ち受けている。技術の大変革がもたらす恩恵を分配する、必然的に生じる外部性を包含する、先端技術に権限を奪われるのではなく、すべての人への権限委譲を実現するなどの課題である。関係するすべてのステークホルダーが協力し合うことで、きっと乗り越えていけるだろう。

第四次産業革命のガバナンスの課題を解決するには、政府、企業、個人が新しい技術の開発と配備について戦略的に正しい決断を下すことが求められる。と同時に、社会的価値を優先する立場を取り、協同して行動するメカニズムをつくる能力も求められる。個人と組織は連携し、複数のステークホルダーと多国籍企業の視点を考慮に入れ、国家は公式あるいは非公式な国際協定を精力的に結んでいく必要がある。こうした責務を果たすのは容易ではない。挫折もあるだろう。しかし責任を放棄するわけにはいかない。

現在、世界はこれほどまでの規模、複雑さ、緊急性がともなう課題に直面している。ここで求められるのはリーダーシップと行動である。責任を自覚してきぱきと行動することである。普遍的な価値をよりどころとしてあらゆる領域からシステム・リーダーシップの精神で人々が参加し適切に実験すれば、最強の技術に支えられた未来を築くチャンスがある。その未来では、より包摂的で公正で豊かなコミュニティが実現するだろう。

Nanayaa Appenteng, Vanessa Candeias, Daniel Dobrygowski, Daniel Gomez Gaviria, Manju George, Fernando Gomez, Amira Gouaibi, Rigas Hadzilacos, Nikolai Khlystov, Marina Krommenacker, Jiaojiao Li, Jesse McWaters, Lisa Ventura, Karen Wong

フォーラムのスタッフにはオンラインでの討論、知識の共有、サポートを通じてご尽力をいただいた。次の皆様に感謝申し上げる。

David Aikman, Wadia Ait Hamza, Chidiogo Akunyili, Silja Baller, Paul Beecher, Andrey Berdichevskiy, Arnaud Bernaert, Stefano Bertolo, Katherine Brown, Sebastian Buckup, Oliver Cann, Gemma Corrigan, Sandrine Raher, Shimer Dao, Lisa Dreier, Margareta Drzeniek, John Dutton, Jaci Eisenberg, Nima Elmi, Emily Farnworth, Susanne Grassmeier, Mehran Gul, Michael Hanley, William Hoffman, Marie Sophie Müller, Jenny Soffel, Kiriko Honda, Ravi Kaneriya, Mihoko Kashiwakura, Danil Kerimi, Akanksha Khatri, Andrej Kirn, Zvika Krieger, Wolfgang Lehmacher, Till Leopold, Helena Leurent, Mariah Levin, Elyse Lipman, Peter Lyons, Silvia Magnoni, Katherine Milligan, John Moavenzadeh, Adrian Monck, Valerie Peyre, Goy Phumtim, Katherine Randel, Vesselina Stefanova Ratcheva, Philip Shetler-Jones, Mark Spelman, Tanah Sullivan, Kai Keller, Christoph von Toggenburg, Terri Toyota, Peter Vanham, Jean-Luc Vez, Silvia Von Gunten, Dominic Waughray, Bruce Weinelt, Barbara Wetsig-Lynam, Alex Wong, Andrea Wong, Kira Youdina, Saadia Zahidi

Will.i.am, Entrepreneur and recording artist
Jeffrey Wong, EY
Lauren Woodman, Nethope
Ngaire Woods, University of Oxford
Junli Wu, Singapore Economic Development Board
Alex Wyatt, August Robotics
Lin Xu, Shanghai Jiao Tong University
Xue Lan, Tsinghua University
Brian Yeoh, Monetary Authority of Singapore
Jane Zavalishina, Yandex Money
Chenghang Zheng, Zhejiang University
Giuseppe Zocco, Index Ventures

また、世界経済フォーラムのジュネーブ、ニューヨーク、サンフランシスコ、北京、東京のオフィスで活躍する約100名の同僚にも本書のために時間、専門知識、経験を提供していただいた。

本書のために惜しみない戦略的助言、技術的支援、原稿の論評、題材の掘り下げに貴重な時間を費やし、また人的ネットワークを駆使してくださった皆様に改めて厚く御礼申し上げる。Thomas Philbeck は本書の執筆に多大な貢献をし、協力者と密に連携し、テクノロジーが社会に与えるインパクト、体系的変化への影響についてきめ細やかな考察を提供してくださった。Anne Marie Engtoft Larsen は本書が完成にいたる過程でかけがえのないイノベーションと経済開発のトピックについて、膨大な時間をリサーチ、協力者との連携に費やし、また自身の専門知識を提供してくださった。Mel Rogers は本書に欠かせない深い洞察、構造に関わるアドバイス、スピリチュアル・カウンセリングを提供してくださった。Katrin Eggenberger は本の作成を通じ、すばらしく有能かつ不屈の意志を備えた強力なサポーターとなって出版にこぎつけてくださった。さらに多大な貢献をしてくださった方々、サポーターとして支えてくださった次の皆様に感謝を伝えたい。

Kimberley Botwright, Aengus Collins, Scott David, David Gleicher, Berit Gleixner, Rigas Hadzilacos, Audrey Helstroffer, Jeremy Jurgens, Cheryl Martin, Stephan Mergenthaler, Fulvia Montresor, Derek O'Halloran, Richard Samans, Sha Song, Murat Sönmez, Jahda Swanborough, Mandy Ying

また第四次産業革命グローバル・フューチャー・カウンシルのマネジャーの皆様には各々のコミュニティとネットワークにおいて、本書の内容に関連するディスカッションの機会を設けていただいた。次の皆様に心より御礼申し上げる。

Jack Stilgoe, University College London
Natalie Stingelin, Imperial College London
Carsten Stöcker, RWE
Ellen Stofan, University College London
Mustafa Suleyman, Google DeepMind
Arun Sundararajan, New York University
Hilary Sutcliffe, SocietyInside
Mariarosaria Taddeo, University of Oxford
Nina Tandon, Epibone
Don Tapscott, The Tapscott Group
Omar Tayeb, Blippr
Nitish Thakor, National University of Singapore
Andrew Thompson, Proteus Digital Health
Charis Thompson, University of California, Berkeley
Peter Tufano, University of Oxford
Onur Türk, Turkish Airlines
Richard Tyson, frog design inc
Christian Umbach, XapiX.io
Effy Vayena, University of Zurich
Rama Vedashree, Data Security Council of India (DSCI)
Marc Ventresca, University of Oxford
Kirill Veselkov, Imperial College London
David Victor, University of California, San Diego
Farida Vis, The University of Sheffield
Melanie Walker, World Bank
Wendell Wallach, Yale University
Stewart Wallis, Independent Thinker, Speaker and Advocate for a New Economic System
Poon King Wang, Lee Kuan Yew Centre for Innovative Cities
Ankur Warikoo, nearbuy.com
Brian Weeden, Secure World Foundation
Li Wei, CAS Institute of Zoology
Li Weidong, Shanghai Jiao Tong University
Andrew White, University of Oxford
Topher White, Rainforest Connection

Jared Poon, Strategy Group, Government of Singapore
Michael Posner, New York University
Jia Qing, SG Innovate
Limin Qiu, Zhejiang University
Huang Qunxing, Zhejiang University
Iayd Rahwan, MIT Media Lab
Mandeep Rai, Creative Visions Global
Rafael Ramirez, University of Oxford
Andreas Raptopoulos, Matternet
Matthieu Ricard, Karuna-Shechen
Dani Rodrik, Harvard Kennedy School
Jennifer Rupp, Swiss Federal Institute of Technology (ETH)
Wong Ruqin, Smart Nation and Digital Government Office, Government of Singapore
Stuart Russell, University of California, Berkeley
Heerad Sabeti, Fourth Sector Networks
Daniel Sachs, Proventus
Eric Salobir, Vatican Media Committee
Samir Saran, Observer Research Foundation (ORF)
Marc Saxer, Friedrich-Ebert-Stiftung
Chay Pui San, Smart Nation and Digital Government Office, Government of Singapore
Satyen Sangani, Alation
Owen Schaeffer, National University of Singapore
Nico Sell, Wikr
Anand Shah, Accenture
Lam Wee Shann, Land Transport Authority, Singapore
Huang Shaofei, Land Transport Authority, Singapore
Pranjal Sharma, Economic Analyst and Writer
David Shim, Korea Advanced Institute of Science and Technology
Wang Shouyan, Fudan University
Karanvir Singh, Visionum
Peter Smith, Blockchain
David Sng, SG Innovate
Dennis J. Snower, The Kiel Institute for the World Economy
Richard Soley, Object Management Group
Mildred Z. Solomon, The Hastings Center

Sang Yup Lee, Korea Advanced Institute of Science and Technology
Steve Leonard, SG Innovate
Geoffrey Ling, Uniformed Services University of the Health Sciences
Xu LiPing, Zhejiang University
Simon Longstaff, The Ethics Centre
Stuart McClure, Cylance
William McDonough, McDonough Innovation
Cheri McGuire, Standard Chartered Bank
Chris McKenna, University of Oxford
Katherine Mach, Stanford University
Raffi Mardirosan, Ouster
Hugh Martin, Verizon
Bernard Meyersen, IBM Corporation
Cristian Mendoza, The Pontifical University of the Holy Cross
Florence Mok, Monetary Authority of Singapore
Ben Moore, University of Zurich
Simon Mulcahey, Salesforce.com
Geoff Mulgan, NESTA
Sam Muller, HiiL
Venkatesh Narayanamurti, Harvard Kennedy School
Patrick Nee, Universal Bio Mining
Timothy J. Noonan, International Trade Union Confederation (ITUC)
Beth Simone Noveck, New York University
Jeremy O'Brien, University of Bristol
Tim O'Reilly, O'Reilly Media
Ruth Okediji, Harvard Law school
Ian Oppermann, Government of New South Wales, Australia
Michael Osborne, University of Oxford
Olivier Oullier, Emotiv
Tony Pan, Modern Electron
Janos Pasztor, Carnegie Climate Geoengineering Governance Initiative (C2G2)
Safak Pavey, Turkish Grand National Assembly
Lee Chor Pharn, Strategy Group, Government of Singapore
Christopher Pissarides, London School of Economics
Michael Platt, Yale University

Imogen Heap, Entrepreneur and recording artist
John Hegel, Deloitte
Cameron Hepburn, University of Oxford
Angie Hobbs, University of Sheffield
Timothy Hwang, FiscalNote
Jane Hynes, Salesforce.com
Nancy Ip, Hong Kong University of Science and Technology
David Ireland, ThinkPlace
Paul Jacobs, Qualcomm
Amy Myers Jaffe, University of California
Davis Ratika Jain, Confederation of Indian Industry (CII)
Sheila Jasanoff, Harvard Kennedy School
Ajay Jasra, Indigo
Chi Hyung Jeon, Korea Advanced Institute of Science and Technology
Feng Jianfeng, Fudan University
Yan Jianhua, Zhejiang University
Sunjoy Joshi, Observer Research Foundation(ORF)
Calestous Juma, Harvard Kennedy School
Anja Kaspersen, International Committee of the Red Cross (ICRC)
Stephane Kasriel, Upwork
Neal Kassell, Focused Ultrasound Foundation
Drue Kataoka, Drue Kataoka Studios
Leanne Kemp, Everledger
So-Young Kim, Korea Advanced Institute of Science and Technology (KAIST)
Erica Kochi, UNICEF
David Krakauer, Santa Fe Institute
Ramayya Krishnan, Carnegie Mellon University
Jennifer Kuzma, North Carolina State University
Jeanette Kwek, Strategy Group, Government of Singapore
Dong-Soo Kwon, Korea Advanced Institute of Science and Technology
Peter Lacy, Accenture
Corinna E. Lathan, AnthroTronix
Jim Leape, Stanford University
Jong-Kwan Lee, Sung Kyun Kwan University
Jae Kyu Lee, Korea Advanced Institute of Science and Technology

Angus Deaton, Princeton University
Phill Dickens, University of Nottingham
Zhang Dongxiao, Peking University
P. Murali Doraiswamy, Duke University
David Eaves, Harvard Kennedy School
Imad Elhajj, American University of Beirut
Sherif Elsayed-Ali, Amnesty International
Helmy Eltoukhy, Guardant Health
Ezekiel Emanuel, University of Pennsylvania
Victoria A. Espinel, BSA – The Software Alliance
Aldo Faisal, Imperial College London
Al Falcione, Salesforce.com
Dan Farber, Salesforce.com
Christopher Field, Stanford University
Brian Forde, MIT
Primavera De Filippi, Berkman Center for Internet & Society, Harvard University
Luciano Floridi, University of Oxford
Tracy Fullerton, University of Southern California
Pascale Fung, Hong Kong University of Science and Technology
Andrew Fursman, 1QBit
Mary Galeti, Shiplake Partners
Brian Gallagher, United Way
Dileep George, Vicarious
Kunal Ghosh, Inscopix
Bob Goodson, Quid
Christoph Graber, University of Zurich
Henry T. Greely, Stanford University
Wang Guoyu, Fudan University
Sanjay Gupta, LinkedCap
Seth Gurgel, PILnet
Gillian Hadfield, University of Southern California
Wang Haoyi, CAS Institute of Zoology
Demis Hassabis, Google DeepMind
John Havens, Institute of Electrical and Electronics Engineers (IEEE)
Yan He, Zhejiang University

Brian Behlendorf, Hyperledger
Emily Bell, Columbia University
Marc R. Benioff, Salesforce.com
Yobie Benjamin, Avegant
Niklas Bergman, Intergalactic
Sangeeta Bhatia, MIT
Burkhard Blechschmidt, Cognizant
Adam Bly, Spotify
Iris Bohnet, Harvard University
danah boyd, Microsoft Research
Edward Boyden, MIT
Winnie Byanyima, Oxfam
John Carrington, Stem
Cong Cao, University of Nottingham
Alvin Carpio, The Fourth Group
Justine Cassell, Carnegie Mellon University
Sang Kyun Cha, Seoul National University
Derrick Cham, Strategy Group, Government of Singapore
Joshua Chan, Smart Nation and Digital Government Office, Government of Singapore
Andrew Charlton, AlphaBeta
Fadi Chehadé, Chehadé Inc.
Devan Chenoy, Confederation of Indian Industry (CII)
Hannah Chia, Strategy Group, Government of Singapore
Carol Chong, Singapore Economic Development Board
Jae-Yong Choung, Korea Advanced Institute of Science and Technology
Ernesto Ciorra, Enel
Alan Cohn, Georgetown University
Stephen Cotton, International Transport Workers' Federation
Aron Cramer, Business for Social Responsibility (BSR)
James Crawford, Orbital Insight
Molly Crockett, University of Oxford
Pang Tee Kin Damien, Monetary Authority of Singapore
Paul Daugherty, Accenture
Eric David, Organovo
Charlie Day, Office of Innovation and Science Australia

謝辞

本書は多彩なマルチステークホルダーの惜しみない協力と努力の結晶である。膨大な数のエキスパート、シニアエグゼクティブ、政策立案者を交えての1年半に渡る調査、インタビュー、ワークショップ、ブリーフィング、サミット、240名を超える一流思想家との掘り下げたやりとりが本書の基盤となっている。

第2部の各章は世界経済フォーラムのグローバル・フューチャー・カウンシル（GFC：The World Economic Forum Global Future Councils）とエキスパート・ネットワークによる多大な貢献なしには完成しえなかった。彼らはきわめて複雑かつ常に進化するテクノロジーについての原稿の練り直しを繰り返し、有益かつ詳細なコメントを数多く提供してくださった。

貢献していただいた方々の名前をすべて挙げていくことは、残念ながら叶わない。しかしながら各GFCのメンバー、とりわけ第四次産業革命の技術について惜しみない協力をいただいたメンバーのご尽力に、ここで深く感謝をお伝えしたい。本文中、および巻末でとくに名前を挙げたエキスパートの多くは各GFCのメンバーである。各章においてお名前を挙げた方々、そして全GFCとそのメンバーの皆様に感謝申し上げたい（https://www.weforum.org/communities/global-future-councils）。

本書の準備段階からインタビュー、非公式の討論、電子メールのやりとり、直接のやりとりに惜しみなく時間を割いて応じてくださったエキスパートの皆様すべてに心より御礼申し上げる。

一部の皆様のお名前を次に挙げ、そのご尽力を称えたい。

Asmaa Abu Mezied, Small Enterprise Center
Asheesh Advani, JA Worldwide
Dapo Akande, University of Oxford
Anne-Marie Allgrove, Partner, Baker & McKenzie
Dmitri Alperovitch, Crowdstrike
Michael Altendorf, Adtelligence
Kees Arts, Protix
Alán Aspuru-Guzik, Harvard University
Navdeep Singh Bains, Minister of Innovation, Science and Economic Development of Canada
Banny Banerjee, Stanford University

newyorker.com/tech/elements/diy-artificial-intelligence-comes-to-a-japanese-family-farm.

Available at: http://www.mckinsey.com/global-themes/digital-disruption/harnessing-automation-for-a-future-that-works.

Mulgan, G, 2017. "Anticipatory Regulation: 10 ways governments can better keep up with fast-changing industries". 11 September 2017. Available at: http://www.nesta.org.uk/blog/anticipatory-regulation-how-can-regulators-keep-fast-changing-industries#sthash.N9LV5jdB.dpuf.

Owen, R., P. Macnaghten and J. Stilgoe. 2012. "Responsible Research and Innovation: From Science in Society to Science for Society, with Society". *Science and Public Policy* 39(6): 751-760.

Rodemeyer, M., D. Sarewitz and J. Wilsdon. 2005. *The Future of Technology Assessment.* Woodrow Wilson International Center for Scholars, Science and Technology Innovation Program. Available at: https://www.wilsoncenter.org/sites/default/files/techassessment.pdf.

Sutcliffe, H. 2015. "Why I've ditched the 'Responsible Innovation' moniker to form 'Principles for Sustainable Innovation'". Matterforall blog, 13 February 2015. Available at: http://societyinside.com/why-ive-ditched-responsible-innovation-moniker-form-principles-sustainable-innovation.

Thomas, J. 2009. "21st Century Tech Governance? What would Ned Ludd do?" 2020 Science, 18 December 2009. Available at: https://2020science.org/category/technology-innovation-in-the-21st-century/.

Vanian, J. 2016. "Why Data Is The New Oil". *Fortune,* 11 July 2016. Available at: http://fortune.com/2016/07/11/data-oil-brainstorm-tech/.

World Economic Forum. 2016. *The Future of Jobs: Employment, Skills and Workforce Strategy for the Fourth Industrial Revolution.* Global Challenge Insight Report. Geneva: World Economic Forum.

World Economic Forum Global Agenda Council on the Future of Software and Society. 2016. "A Call for Agile Governance Principles". Geneva: World Economic Forum. Available at: http://www3.weforum.org/docs/IP/2016/ICT/Agile_Governance_Summary.pdf.

World Economic Forum. 2018. "Agile Governance: Reimagining Policy-making in the Fourth Industrial Revolution". Geneva: World Economic Forum.

World Economic Forum. 2017. "How the Fourth Industrial Revolution can help us prepare for the next natural disaster". World Economic Forum, Agenda.

The New Yorker. 2017. "D.I.Y. Artificial Intelligence Comes to a Japanese Family Farm" A. Zeeberg, The New Yorker, 10 August 2017. Available at: https://www.

in-british-air-breathing-rocket-venture/.
Dillow, C. 2016. "VCs Invested More in Space Startups Last Year Than in the Previous 15 Years Combined". *Fortune*, 22 February 2016. Available at: http://fortune.com/2016/02/22/vcs-invested-more-in-space-startups-last-year/.
NASA (National Aeronautics and Space Administration). 2014. *Emerging Space: The Evolving Landscape of 21st Century American Spaceflight.* NASA Office of the Chief Technologist. Available at: https://www.nasa.gov/sites/default/files/files/Emerging_Space_Report.pdf.
Siceloff, S. 2017. "New Spacesuit Unveiled for Starliner Astronauts". NASA, 25 January 2017. Available at: https://www.nasa.gov/feature/new-spacesuit-unveiled-for-starliner-astronauts.
Thibeault, S. et al. 2015. "Nanomaterials for radiation shielding". *MRS Bulletin* 40(10): 836-841.

結論

AlphaBeta. 2017. *The Automation Advantage.* AlphaBeta news. 8 August 2017. Available at: http://www.alphabeta.com/the-automation-advantage/.
Carbon 3D. 2017. "The Perfect Fit: Carbon + adidas Collaborate to Upend Athletic Footwear". 7 April 2017. Available at: http://www.carbon3d.com/stories/adidas/. [Accessed 1 June 2017].
Guston, D. 2008. "Innovation policy: not just a jumbo shrimp". *Nature* 454(7207): 940-941.
Hadfield, G. 2016. *Rules for a Flat World.* New York: Oxford University Press.
International Organization for Standardization. 2017. "ISO/TS 15066:2016, Robots and robotic devices - Collaborative robots". Available at: https://www.iso.org/standard/62996.html. [Accessed 3 November 2017].
International Organization for Standardization. 2017a. "ISO/TC 20/SC 16, Unmanned aircraft systems". Available at: https://www.iso.org/committee/5336224/x/catalogue/p/0/u/1/w/0/d/0. [Accessed 3 November 2017].
Marchant, G. and W. Wallach. 2015. "Coordinating Technology Governance". *Issues in Science and Technology* XXXI(4).
Maynard, A. 2016. "A further reading list on the Fourth Industrial Revolution". World Economic Forum, Agenda. 22 January 2016. Available at: https://www.weforum.org/agenda/2016/01/mastering-the-social-side-of-the-fourth-industrial-revolution-an-essential-reading-list/.
McKinsey Global Institute. 2017. *Harnessing Automation for a Future that Works.*

at: http://data.worldbank.org/indicator/EG.USE.ELEC.KH.PC.

第15章

Condliffe, J. 2017. "Geoengineering Gets Green Light from Federal Scientists". *MIT Technology Review*, Sustainable Energy, 11 January 2017. Available at: https://www.technologyreview.com/s/603349/geoengineering-gets-green-light-from-federal-scientists/.

IPCC (Intergovernmental Panel on Climate Change). 2013. *Climate Change 2013: The Physical Science Basis. Contribution of Working Group I to the Fifth Assessment Report of the Intergovernmental Panel on Climate Change* [Stocker, T.F., D. Qin, G.-K. Plattner, M. Tignor, S.K. Allen, J. Boschung, A. Nauels, Y. Xia, V. Bex and P.M. Midgley (eds)]. Cambridge, UK and New York, USA: Cambridge University Press.

Keith, D. 2002. "Geoengineering the Climate: History and Prospect". R. G. Watts (ed.) *Innovative Energy Strategies for CO_2 Stabilization*. Cambridge: Cambridge University Press. Available at: https://www.yumpu.com/en/document/view/50122050/geoengineering-the-climate-history-and-prospectpdf-david-keith.

Neslen, A. 2017. "US scientists launch world's biggest solar geoengineering study". *The Guardian*, 24 March 2017. Available at: https://www.theguardian.com/environment/2017/mar/24/us-scientists-launch-worlds-biggest-solar--geoengineering-study.

Pasztor, J. 2017. "Toward governance frameworks for climate geoengineering." Global Challenges Foundation. Available at: https://globalchallenges.org/en/our-work/quarterly-reports/global-cooperation-in-dangerous-times/toward-governance-frameworks-for-climate-geoengineering.

Stilgoe, J. 2016. "Geoengineering as Collective Experimentation". *Science and Engineering Ethics* 22(3): 851-869. Available at: https://link.springer.com/article/10.1007/s11948-015-9646-0.

第16章

BAE Systems. 2015. "BAE Systems and Reaction Engines to develop a ground breaking new aerospace engine". BAE Newsroom, 2 November 2015. Available at: http://www.baesystems.com/en/bae-systems-and-reaction-engines-to-develop-a-ground-breaking-new-aerospace-engine.

de Selding, P. B. 2015. "BAE Takes Stake in British Air-breathing Rocket Venture". SpaceNews, 2 November 2015. Available at: http://spacenews.com/bae-takes-stake-

release_MEMO-17-163_en.htm.
Frankfurt School of Finance & Management. 2017. *Global Trends in Renewable Energy Investment 2017*. Frankfurt School-UNEP Collaborating Centre/Bloomberg New Energy Finance. Available at: http://fs-unep-centre.org/sites/default/files/publications/globaltrendsinrenewableenergyinvestment2017.pdf.
IEA (International Energy Agency). 2016. *World Energy Outlook 2016*. Chapter 1: Introduction and scope. Paris: OECD/IEA. Available at: https://www.iea.org/media/publications/weo/WEO2016Chapter1.pdf.
Kanellos, M. 2013. "Energy's Next Big Market: Transmission Technology". *Forbes*, 30 August 2013. Available at: https://www.forbes.com/sites/michaelkanellos/2013/08/30/energys-next-big-market-transmission-technology/#71d13b9e31c4.
Parry, D. 2016. "NRL Space-Based Solar Power Concept Wins Secretary of Defense Innovative Challenge," U.S. Naval Research Laboratory, 11 March 2016. Available at: https://www.nrl.navy.mil/media/news-releases/2016/NRL-Space--Based-Solar-Power-Concept-Wins-Secretary-of-Defense-Innovative-Challenge.
Tucker, E. 2014. "Researchers Developing Supercomputer to Tackle Grid Challenges". Renewable Energy World, 7 July 2014. Available at: http://www.renewableenergyworld.com/articles/2014/07/researchers-developing-supercomputer-to--tackle-grid-challenges.html.
United Nations, Department of Economic and Social Affairs, Population Division. 2015. "World Population Prospects: The 2015 Revision, Key findings & advance tables". Working Paper No. ESA/P/WP.241. Available at: https://esa.un.org/unpd/wpp/publications/files/key_findings_wpp_2015.pdf.
University of Texas at Austin. 2017. "Lithium-Ion Battery Inventor Introduces New Technology for Fast-Charging, Noncombustible Batteries". UT News Press Release, 28 February 2017. Available at: https://news.utexas.edu/2017/02/28/goodenough-introduces-new-battery-technology.
Woolford, J. 2015. "Artificial Photosynthesis for Energy Takes a Step Forward". *Scientific American*, ChemistryWorld, 6 February 2015. Available at: https://www.scientificamerican.com/article/artificial-photosynthesis-for-energy-takes-a-step--forward/.
World Bank. 2017. "Electric power consumption (kWh per capita), 1960-2014". Available

pages/execsum.html.
Oullier, O. 2012. "Clear up this fuzzy thinking on brain scans". *Nature* 483(7387) 29 February 2012. Available at: http://www.nature.com/news/clear-up-this-fuzzy-thinking-on-brain-scans-1.10127.
Statt, N. 2017. "Elon Musk launches Neuralink, a venture to merge the human brain with AI". The Verge, 27 March 2017. Available at: http://www.theverge.com/2017/3/27/15077864/elon-musk-neuralink-brain-computer-interface-ai-cyborgs.
World Economic Forum. 2016. "The Digital Future of Brain Health". Global Agenda White Paper: Global Agenda Council on Brain Research. Geneva: World Economic Forum. Available at: https://www.weforum.org/whitepapers/the-digital-future-of--brain-health.

第13章

Chafkin, M. 2015. "Why Facebook's $2 Billion Bet on Oculus Rift Might One Day Connect Everyone on Earth", *Vanity Fair*, October 2015. Available at: http://www.vanityfair.com/news/2015/09/oculus-rift-mark-zuckerberg-cover-story-palmer-luckey.
Goldman Sachs. 2016. *Profiles in Innovation: Virtual & Augmented Reality*. The Goldman Sachs Group, 13 January 2016. Available at: http://www.goldmansachs.com/our-thinking/pages/technology-driving-innovation-folder/virtual-and-augmented-reality/report.pdf.
Sebti, B. 2016. "Virtual reality can 'transport' audiences to poor countries. But can it persuade them to give more aid?" World Economic Forum, Agenda. 31 August 2016. Available at: https://www.weforum.org/agenda/2016/08/virtual-reality--can-transport-audiences-to-poor-countries-but-can-it-persuade-them-to-give-more-aid.
Zuckerberg, M. 2015. "Mark Zuckerberg and Oculus's Michael Abrash on Why Virtual Reality Is the Next Big Thing", Zuckerberg *Vanity Fair* interview, YouTube, 8 October 2015. Available at: https://www.youtube.com/watch?v=VQaCv52DSnY.

第14章

Bloomberg. 2016. "Wind and Solar Are Crushing Fossil Fuels". T. Randall, Bloomberg. 6 April 2016. Available at: https://www. bloomberg.com/news/articles/2016-04-06/wind-and-solar-are-crushing-fossil-fuels.
European Commission. 2017. "Renewables: Europe on track to reach its 20% target by 2020". Fact Sheet, 1 February 2017. Available at: http://europa.eu/rapid/press-

ey-beyond-borders-2016-biotech-financing.pdf.

Lee, S. Y. and H. U. Kim. 2015. "Systems strategies for developing industrial microbial strains". *Nature Biotechnology* 33(10): 1061-1072.

Peplow, M. 2015. "Industrial biotechs turn greenhouse gas into feedstock opportunity". *Nature Biotechnology* 33: 1123-1125.

Reilly, M. 2017. "In Africa, Scientists Are Preparing to Use Gene Drives to End Malaria." *MIT Technology Review*, 14 March 2017. Available at: https://www.technologyreview.com/s/603858/in-africa-scientists-are-preparing-to-use-gene-drives-to-end-malaria/.

第12章

Constine, J. 2017. "Facebook is building brain-computer interfaces for typing and skin-hearing". TechCrunch, 19 April 2017. Available at: https://techcrunch.com/2017/04/19/facebook-brain-interface/.

Emmerich, N. 2015. "The ethical implications of neuroscience". World Economic Forum, Agenda. 20 May 2015. Available at: https://www.weforum.org/agenda/2015/05/the-ethical-implications-of-neuroscience/.

European Commission. 2016. "Understanding the human brain, a global challenge ahead", 1 December 2016. Available at: https://ec.europa.eu/digital-single-market/en/news/understanding-human-brain-global-challenge-ahead.

Ghosh, K. 2015. "SpaceX for the Brain: Neuroscience Needs Business to Lead (Op-Ed)". Live Science, 9 September 2015. Available at: http://www.livescience. com/52129-neuroscience-needs-business-to-take-the-lead.html.

Grillner, S. et al. 2016. "Worldwide initiatives to advance brain research". *Nature Neuroscience* 19(9): 1118-1122. Available at: https://www.nature.com/neuro/journal/v19/n9/full/nn.4371.html.

Imperial College London. 2017. "Brain & Behaviour Lab". Available at: http://www.faisallab.com/.

Jones, R. 2016. "The future of brain and machine is intertwined, and it's already here". The Conversation, 3 October 2016. Available at: https://theconversation.com/the-future-of-brain-and-machine-is-intertwined-and-its-already-here-65280.

Juma, C. 2016. *Innovation and Its Enemies: Why People Resist New Technologies*. New York: Oxford University Press.

Neurotech. 2016. *The Market for Neurotechnology: 2016-2020. A Market Research Report from Neurotech Reports*. Available at: http://www.neurotechreports.com/

Associates.
Wohlers Associates. 2016. *Wohlers Report 2016. 3D Printing and Additive Manufacturing State of the Industry*. Annual Worldwide Progress Report. Wohlers Associates.

Column ドローンの利点と不都合な点

Amazon Prime Air. 2015. "Determining Safe Access with a Best-Equipped, Best-Served Model for Small Unmanned Aircraft Systems". NASA Unmanned Aircraft System Traffic Management (UTM). Available at: https://utm.arc.nasa.gov/docs/Amazon_Determining%20Safe%20Access%20with%20a%20Best-Equipped,%20Best-Served%20Model%20for%20sUAS[2].pdf.

Kopardekar, P. et al. 2016. "Unmanned Aircraft System Traffic Management(UTM) Concept of Operations". Presented at the 16th AIAA Aviation Technology, Integration, and Operations Conference, 13-17 June 2016, Washington DC. Available at: https://utm.arc.nasa.gov/docs/Kopardekar_2016-3292_ATIO. pdf.

NASA Traffic Unmanned Management. 2015. "Google UAS Airspace System Overview". NASA Traffic Unmanned Management. Available at: https://utm.arc.nasa.gov/docs/GoogleUASAirspaceSystemOverview5pager[1].pdf.

Overly, S. 2016. "Watch this 'gun' take down a flying drone". *The Washington Post*, 29 November 2016. Available at: https://www.washingtonpost.com/news/innovations/wp/2016/11/29/watch-this-gun-can-take-down-a-flying-drone/?utm_ term=.c27bfe46b456.

Thompson, M. 2013. "Costly Flight Hours" *Time* Magazine. 2 April 2013. Available at: http://nation.time.com/2013/04/02/costly-flight-hours/.

第11章

Cyranoski, D. 2016. "CRISPR gene-editing tested in a person for the first time". *Nature*, 15 November 2016. Available at: http://www.nature.com/news/crispr-gene-editing-tested-in-a-person-for-the-first-time-1.20988.

Das, R. 2010. "Drug Industry Bets Big On Precision Medicine: Five Trends Shaping Care Delivery". *Forbes*, 8 March 2017. Available at: https://www.forbes.com/sites/reenitadas/2017/03/08/drug-development-industry-bets-big-on-precision-medicine-5-top-trends-shaping-future-care-delivery/2/#62c2746a7b33.

EY. 2016. *Beyond borders 2016: Biotech financing*. Available at: http://www.ey.com/Publication/vwLUAssets/ey-beyond-borders-2016-biotech-financing/$FILE/

gov/node/1326.
World Economic Forum. 2017. "Chemistry and Advanced Materials: at the heart of the Fourth Industrial Revolution". World Economic Forum, Agenda.
World Economic Forum. 2017a. "Digital Transformation Initiative: Chemistry and Advanced Materials Industry". White paper. Geneva: World Economic Forum in collaboration with Accenture. Available at: http://reports.weforum.org/digital-transformation/wp-content/blogs.dir/94/mp/files/pages/files/dti-chemistry-and-advanced-materials-industry-white-paper.pdf.

第10章

Dickens, P. and T. Minshall. 2016. *UK National Strategy for Additive Manufacturing: Comparison of international approaches to public support for additive manufacturing/3D printing*. Technical Report.
Gartner. 2014. "Gartner Survey Reveals That High Acquisition and Start-Up Costs Are Delaying Investment in 3D Printers". Gartner Press Release, 9 December 2014. Available at: http://www.gartner.com/newsroom/id/2940117.
Gartner. 2016. "Gartner Says Worldwide Shipments of 3D Printers to Grow 108 Percent in 2016". Gartner Press Release, 13 October 2016. Available at: http://www.gartner.com/newsroom/id/3476317.
Parker, C. 2013. "3-D printing creates murky product liability issues, Stanford scholar says". Stanford University. Stanford Report, 12 December 2013. Available at: http://news.stanford.edu/news/2013/december/3d-legal-issues-121213.html.
PwC. 2016. *3D Printing comes of age in US industrial manufacturing*. Available at: https://www.pwc.com/us/en/industrial-products/publications/assets/pwc-next-manufacturing-3d-printing-comes-of-age.pdf.
Rehnberg, M. and S. Ponte. 2016. "3D Printing and Global Value Chains: How a new technology may restructure global production". Global Production Networks Centre Faculty of Arts & Social Sciences. GPN Working Paper Series, GPN2016-010. Available at: http://gpn.nus.edu.sg/file/Stefano%20Ponte_GPN2016_010.pdf.
de Wargny, M. 2016. "Top 10 Future 3D Printing Materials (that exist in the present!)". Sculpteo, 28 September 2016. Available at: https://www.sculpteo.com/blog/2016/09/28/top-10-future-3d-printing-materials-that-exist-in-the-present/.
Wohlers Associates. 2014. *Wohlers Report 2014. 3D Printing and Additive Manufacturing State of the Industry*. Annual Worldwide Progress Report. Wohlers

Available at: http://www.oecd.org/employment/Policy%20brief%20-%20Automation%20and%20Independent%20Work%20in%20a%20Digital%20Economy.pdf.
Partnership on AI. 2017. "Partnership on AI to benefit people and society". Available at: https://www.partnershiponai.org/#s-partners.
Petersen, R. 2016. "The driverless truck is coming, and it's going to automate millions of jobs". TechCrunch, 25 April 2016. Available at: https://techcrunch. com/2016/04/25/the-driverless-truck-is-coming-and-its-going-to-automate-millions-of- jobs/.
Pittman, K. 2016. "The Automotive Sector Buys Half of All Industrial Robots". Engineering.com, 24 March 2016. Available at: http://www.engineering.com/AdvancedManufacturing/ArticleID/11761/The-Automotive-Sector-Buys-Half-of-All-Industrial-Robots.aspx.
Sample, I. and A. Hern. 2014. "Scientists dispute whether computer 'Eugene Goostman' passed Turing test". *The Guardian,* 9 June 2014. Available at: https://www.theguardian.com/technology/2014/jun/09/scientists-disagree-over-whether-turing-test-has-been-passed.
Thielman, S. 2016. "Use of police robot to kill Dallas shooting suspect believed to be first in US history", *The Guardian,* 8 July 2016. Available at: https://www. theguardian.com/technology/2016/jul/08/police-bomb-robot-explosive-killed-suspect-dallas.
Turing, A. M. 1951. "Can Digital Computers Think?" Lecture broadcast on BBC Third Programme, 15 May 1951; typescript at turingarchive.org.
Vanian, J. 2016. "The Multi-Billion Dollar Robotics Market Is About to Boom". *Fortune,* 24 February 2016. Available at: http://fortune.com/2016/02/24/robotics-market-multi-billion-boom/.
Wakefield, J. 2016. "Self-drive delivery van can be 'built in four hours' ". BBC, 4 November 2016. Available at: http://www.bbc.com/news/technology-37871391.
Wakefield, J. 2016b. "Foxconn replaces '60,000 factory workers with robots' ". BBC, 25 May 2016. Available at: http://www.bbc.com/news/technology-36376966.
World Economic Forum. 2016. *The Future of Jobs: Employment, Skills and Workforce Strategy for the Fourth Industrial Revolution.* Global Challenge Insight Report. Geneva: World Economic Forum.

第9章

United States National Nanotechnology Initiative. 2017. "NNI Supplement to the President's 2016 Budget". Nano.gov.official website. Available at: http://www. nano.

wharton.upenn.edu/fd/resources/20160321GSCBSFinalReport.pdf.

Conner-Simons, A. 2016. "Robot helps nurses schedule tasks on labor floor". MIT News, 13 July 2016. Available at: http://news.mit.edu/2016/robot-helps-nurses-schedule-tasks-on-labor-floor-0713.

DeepMind Ethics & Society homepage. 2017. Available at: https://deepmind.com/applied/deepmind-ethics-society/.

EPSRC (Engineering and Physical Sciences Research Council). 2017. "Principles of Robotics: Regulating robots in the real world". Available at: https://www.epsrc.ac.uk/research/ourportfolio/themes/engineering/activities/principlesofrobotics/.

Frey, C. and M. Osborne. 2013. "The Future of Employment: How Susceptible Are Jobs to Computerisation?" Oxford Martin School Working Paper, 17 September 2013. Available at: http://www.oxfordmartin.ox.ac.uk/downloads/academic/The_Future_of_Employment.pdf.

Hadfield-Menell, D., A. Dragan, P. Abbeel and S. Russell. 2017. "Cooperative Inverse Reinforcement Learning". *Advances in Neural Information Processing Systems* 25. MIT Press.

Hardesty, L. 2013. "Surprisingly simple scheme for self-assembling robots". MIT News, 4 October 2013. Available at: http://news.mit.edu/2013/simple-scheme-for-self-assembling-robots-1004.

LaGrandeur, K. and J. Hughes (Eds). 2017. *Surviving the Machine Age: Intelligent Technology and the Transformation of Human Work*. Palgrave Macmillan. Available at: http://www.springer.com/la/book/9783319511641.

McKinsey & Company. 2017. *A future that works: Automation, employment, and productivity*. McKinsey Global Institute. Available at: https://www.mckinsey.com/~/media/McKinsey/Featured%20Insights/Digital%20Disruption/Harnessing%20automation%20for%20a%20future%20that%20works/MGI-A-future-that-works_Full-report.ashx.

Metz, C. 2016. "The Rise of the Artificially Intelligent Hedge Fund". Wired, 25 January 2016. Available at: https://www.wired.com/2016/01/the-rise-of-the-artificially-intelligent-hedge-fund/.

Murphy, M. 2016. "Prepping a robot for its journey to Mars". MIT News, 18 October 2016. Available at: http://news.mit.edu/2016/sarah-hensley-valkyrie-humanoid-robot-1018.

OECD (Organisation for Economic Co-operation and Development). 2016. "Automation and Independent Work in a Digital Economy". Policy Brief on the Future of Work.

within-24-hours-nuix-black.
NYSE Governance Services. 2015. Cybersecurity in the Boardroom. New York: NYSE. Available at: https://www.nyse.com/publicdocs/VERACODE_Survey_ Report.pdf.
OECD. 2012. Cybersecurity Policy Making at a Turning Point, Paris: OECD. Available at: https://www.oecd.org/sti/ieconomy/cybersecurity%20policy%20making.pdf.
Reinsel, D, Gantz, J and Rydning, J. 2017. Data Age 2025, IDC Available at: https://www.seagate.com/files/www-content/our-story/trends/files/Seagate-WP-DataAge2025-March-2017.pdf.
Westby, J R and Power, R. 2008. Governance of Enterprise Security Survey: CyLab 2008 Report, Pttisburgh: Carnegie Mellon CyLab. Available at: https://portal.cylab.cmu.edu/portal/files/pdfs/governance-survey2008.pdf.
World Economic Forum. 2012. Partnering for Cyber Resilience. Geneva: World Economic Forum. Available at: http://www3.weforum.org/docs/WEF_IT_PartneringCyberResilience_Guidelines_2012.pdf.
World Economic Forum. 2017. Advancing Cyber Resilience: Principles and Tools for Boards. Geneva: World Economic Forum. Available at: http://www3. weforum.org/docs/IP/2017/Adv_Cyber_Resilience_Principles-Tools.pdf.

第8章

Agence France-Presse. 2016. "Convoy of self-driving trucks completes first European cross-border trip". *The Guardian*, 7 April 2016. Available at: https://www.theguardian.com/technology/2016/apr/07/convoy-self-driving-trucks-completes-first-european-cross-border-trip.
AI International. 2017. "Universities with AI Programs". Available at: http://www.aiinternational.org/universities.html.
Baraniuk, C., "The cyborg chess players that can't be beaten". BBC, 4 December 2015. Available at: http://www.bbc.com/future/story/20151201-the-cyborg-chess-players-that-cant-be-beaten.
CB Insights. 2017. "The Race For AI: Google, Twitter, Intel, Apple In A Rush To Grab Artificial Intelligence Startups". CB Insights, 21 July 2017. Available at: https://www.cbinsights.com/blog/top-acquirers-ai-startups-ma-timeline/.
Cohen, M. et al. 2016. *Off-, On- or Reshoring: Benchmarking of Current Manufacturing Location Decisions: Insights from the Global Supply Chain Benchmark Study 2015.* The Global Supply Chain Benchmark Consortium 2016. Available at: http://pulsar.

estimates-2016/#290b6abb292d.
McKinsey Global Institute. 2015. "The Internet of Things: Mapping the value beyond the hype". McKinsey & Company. Available at: https://www.mckinsey.com/~/media/McKinsey/Business%20Functions/McKinsey%20Digital/Our%20Insights/The%20Internet%20of%20Things%20The%20value%20of%20digitizing%20the%20physical%20world/Unlocking_the_potential_of_the_Internet_of_Things_Executive_summary.ashx.
McKinsey Global Institute. 2015a. "Unlocking the potential of the Internet of Things". McKinsey & Company. Available at: http://www.mckinsey.com/business-functions/digital-mckinsey/our-insights/the-internet-of-things-the-value-of-digitizing-the-physical-world.
Perrow. C. 1984. *Normal Accidents: Living with High-Risk Technologies*. Basic Books.
World Economic Forum. 2015. *Industrial Internet of Things: Unleashing the Potential of Connected Products and Services*. Industry Agenda. Geneva: World Economic Forum.
World Economic Forum and Accenture. 2016. "The Internet of Things and connected devices: making the world smarter". Geneva: World Economic Forum. Available at: http://reports.weforum.org/digital-transformation/the-internet-of-things-and-connected-devices-making-the-world-smarter/.

Column サイバーリスク

eMarketer. 2017. "Internet Users and Penetration Worldwide", Available at: http://www.emarketer.com/Chart/Internet-Users-Penetration-Worldwide-2016-2021-billions-of-population-change/206259.
Greenberg, Andy. 2015. "Hackers Remotely Kill a Jeep on the Highway – With Me in It", Wired, July 2015. Available at: https://www.wired.com/2015/07/hackers-remotely-kill-jeep-highway/.
KrebsonSecurity. 2014. "Target Hackers Broke in Via HVAC Company". Available at: https://krebsonsecurity.com/2014/02/target-hackers-broke-in-via-hvac-company/
Miniwatts Marketing. 2017. "Internet World Stats", Available at: http://www.internetworldstats.com/stats.htm.
Nuix (2017), "Most Hackers Can Access Systems and Steal Valuable Data Within 24 Hours: Nuix Black Report", website accessed on 23 November 2017 https://www.nuix.com/media-releases/most-hackers-can-access-systems-and-steal-valuable-data-

Computer21stCentury-SciAm.pdf.
World Economic Forum and INSEAD. 2015. *The Global Information Technology Report 2015: ICTs for Inclusive Growth*. Insight Report. Geneva: World Economic Forum. Available at: http://www3.weforum.org/docs/WEF_Global_IT_ Report_2015.pdf.
Yang, S. 2016. "Smallest. Transistor. Ever". Berkeley Lab, 6 October 2016; updated 17 October 2016. Available at: http://newscenter.lbl.gov/2016/10/06/smallest-transistor-1-nm-gate/.

第6章

Bitcoin Fees. 2017. "Predicting Bitcoin Fees For Transactions". Available at: https://bitcoinfees.21.co/. [Accessed 2 November 2017].
Greenberg, A. 2016. "Silk Road Prosecutors Argue Ross Ulbricht Doesn't Deserve A New Trial". Wired, 18 June 2016. Available at: https://www.wired.com/2016/06/silk-road-prosecutors-argue-ross-ulbricht-doesnt-deserve-new-trial/.
OECD (Organisation for Economic Co-operation and Development) and EUIPO (European Union Intellectual Property Office). 2016. *Trade in Counterfeit and Pirated Goods: Mapping the Economic Impact*. OECD Publishing. Paris: OECD Publishing. Available at: http://dx.doi.org/10.1787/9789264252653-en.
Ruppert, A. 2016. "Mapping the decentralized world of tomorrow", Medium.com, 1 June 2016. Available at: https://medium.com/birds-view/mapping-the-decentralized-world-of-tomorrow-5bf36b973203.
Tapscott, D. and A. Tapscott. 2016. Blockchain Revolution. New York: Portfolio Penguin.（『ブロックチェーン・レボリューション』高橋璃子訳、ダイヤモンド社）
World Economic Forum. 2016. "The Internet of Things and connected devices: making the world smarter". Geneva: World Economic Forum. Available at: http://reports.weforum.org/digital-transformation/the-internet-of-things-and-connected-devices-making-the-world-smarter/.

第7章

Brown, J. 2016. "The 5 biggest hacks of 2016 and the organizations they crippled", Industry Dive, 8 December 2016. Available at: http://www.ciodive.com/news/the-5-biggest-hacks-of-2016-and-the-organizations-they-crippled/431916/.
Columbus, L. 2016. "Roundup Of Internet Of Things Forecasts And Market Estimates, 2016". *Forbes*, 27 November 2016. Available at: https://www.forbes.com/sites/louiscolumbus/2016/11/27/roundup-of-internet-of-things-forecasts-and-market-

cfm?doid=3028256.2976758.

Ezrachi, A. and M. Stucke. 2017. "Law Profs to Antitrust Enforcers: To Rein in Super-Platforms, Look Upstream". The Authors Guild. 12 April 2017. Available at: https://www.authorsguild.org/industry-advocacy/law-profs-antitrust-enforcers-rein-super-platforms-look-upstream/.

Frost Gorder, P. 2016. "Computers in your clothes? A milestone for wearable electronics", The Ohio State University, 13 April 2016. Available at: https://news.osu.edu/news/2016/04/13/computers-in-your-clothes-a-milestone-for-wearable-electronics/.

IEEE (Institute of Electrical and Electronics Engineers). 2016. "International Roadmap for Devices and Systems". 2016 Edition. White Paper. IEEE. Available at: http://irds.ieee.org/images/files/pdf/2016_MM.pdf.

ITRS (International Technology Roadmap for Semiconductors) 2.0. 2015. *International Technology Roadmap for Semiconductors 2.0*. 2015 Edition, Executive Report. ITRS. Available at: https://www.semiconductors.org/clientuploads/Research_Technology/ITRS/2015/0_2015%20ITRS%202.0%20Executive%20Report%20(1).pdf.

Knight, H. 2015. "Researchers develop basic computing elements for bacteria". MIT News, 9 July 2015. Available at: http://news.mit.edu/2015/basic-computing-for-bacteria-0709.

Lapedus, M. 2016. "10nm Versus 7nm". Semiconductor Engineering, 25 April 2016. Available at: http://semiengineering.com/10nm-versus-7nm/.

Poushter, J. 2016. "2. Smartphone ownership rates skyrocket in many emerging economies, but digital divide remains". Pew Research Center. Global Attitudes & Trends. 22 February 2016. Available at: http://www.pewglobal.org/2016/02/22/smartphone-ownership-rates-skyrocket-in-many-emerging-economies-but-digital-divide-remains/.

Raspberry Pi Foundation. 2016. *Annual Review 2016*. Available at: https://www.raspberrypi.org/files/about/ RaspberryPiFoundationReview2016.pdf.

Schwab, K. 2016. *The Fourth Industrial Revolution*. Geneva: World Economic Forum.

Solon, O. 2017. "Facebook has 60 people working on how to read your mind." *The Guardian*, 19 April 2017. Available at: https://www.theguardian.com/technology/2017/apr/19/facebook-mind-reading-technology-f8.

Weiser, M. 1991. "The Computer for the 21st Century". *Scientific American* 265(3): 94-104. Available at: https://www.ics.uci.edu/~corps/phaseii/Weiser-

publications/files/key_findings_wpp_2015.pdf.
WIPO (World Intellectual Property Organization). 2017. WIPO IP Statistics Data Center. Available at: https://www3.wipo.int/ipstats/index.htm. [Accessed 1 June 2017].
The World Bank Data Bank. 2017. "Poverty headcount ratio at $1.90 a day (2011 PPP) (% of population)". Available at: http://data.worldbank.org/indicator/SI.POV.DDAY. [Accessed 1 June 2017].
World Bank and Institute for Health Metrics and Evaluation. 2016. *The Cost of Air Pollution: Strengthening the Economic Case for Action*. Washington, DC: World Bank. License: Creative Commons Attribution CC BY 3.0 IGO. Available at: http://documents.worldbank.org/curated/en/781521473177013155/pdf/108141-REVISED-Cost-of- PollutionWebCORRECTEDfile.pdf.
World Economic Forum. 2016. *The Global Gender Gap Report 2016*. Insight Report. Geneva: World Economic Forum.
World Economic Forum. 2016a. *The New Plastics Economy: Rethinking the future of plastics*. Industry Agenda. Geneva: World Economic Forum. Available at: http://www3.weforum.org/docs/WEF_The_New_Plastics_Economy.pdf.
World Resources Institute. 2014. "The History of Carbon Dioxide Emissions". J. Friedrich and T. Damassa, WRI, 21 May 2014. Available at: http://www.wri.org/blog/2014/05/history-carbon-dioxide-emissions#fn:1.
Yale Environment 360. 2016. "How Satellites and Big Data Can Help to Save the Oceans". Yale School of Forestry & Environmental Studies. Available at: http://e360.yale.edu/features/how_satellites_and_big_data_can_help_to_save_the_ oceans.

第5章

Cameron, D. and T. Mowatt. 2012. "Writing the Book in DNA". Wyss Institute, 16 August 2012. Available at: https://wyss.harvard.edu/writing-the-book-in-dna/.
Cockshott, P., L. Mackenzie and G. Michaelson. 2010. "Non-classical computing: feasible versus infeasible". Paper presented at ACM-BCS Visions of Computer Science 2010: International Academic Research Conference, University of Edinburgh, 14-16 April 2010.
Cortada, J. W. 1993. *The Computer in the United States: From laboratory to market, 1930-1960*. M.E. Sharpe.
Denning, P. J. and T. G. Lewis. 2016. "Exponential Laws of Computing Growth". *Communications of the ACM* 60(1): 54-65. Available at: http://dl.acm.org/citation.

World Economic Forum at Davos Annual Meeting 2017. Available at: http://broadbandcommission.org/Documents/ITU_discussion-paper_ Davos2017.pdf.

Population Reference Bureau. 2017. "Human Population: Urbanization: Largest Urban Agglomerations, 1975, 2000, 2025". Available at: http://www.prb.org/Publications/Lesson-Plans/HumanPopulation/Urbanization.aspx.

Rockström, J. et al. 2009. "Planetary Boundaries: Exploring the Safe Operating Space for Humanity". *Ecology and Society* 14(2) art. 32. Available at: https://www.ecologyandsociety.org/vol14/iss2/art32/.

Schwab, K. 2016. *The Fourth Industrial Revolution*. Geneva: World Economic Forum. Steffen et al. 2015. "Sustainability. Planetary Boundaries: guiding human development on a changing planet". *Science* 347(6223), 1259855. Available at: https://www.ncbi.nlm.nih.gov/pubmed/25592418.

Tay, B.T.C. et al. 2013. "When Stereotypes Meet Robots: The Effect of Gender Stereotypes on People's Acceptance of a Security Robot". In *Engineering Psychology and Cognitive Ergonomics. Understanding Human Cognition*, D. Harris, ed., EPCE 2013. Lecture Notes in Computer Science, Vol. 8019. Springer, Berlin, Heidelberg.

University of Sussex. 2008. *Technology Leapfrogging: A Review of the Evidence, A report for DFID*. Sussex Energy Group. Available at: https://www.sussex.ac.uk/webteam/gateway/file.php?name=dfid-leapfrogging-reportweb.pdf&site=264.

UNESCO (United Nations Educational, Scientific and Cultural Organization). 2015. "Women in Science: The gender gap in science". Fact Sheet No. 34. UNESCO Institute for Statistics. Available at: http://uis.unesco.org/sites/default/files/documents/fs34-women-in-science-2015-en.pdf.

UNESCO (United Nations Educational, Scientific and Cultural Organization). 2016. "Leaving no one behind: How far on the way to universal primary and secondary education?" Policy paper 27/Fact Sheet No. 37. UNESCO Institute for Statistics. Available at: http://unesdoc.unesco.org/images/0024/002452/245238E.pdf.

UNESCO (United Nations Educational, Scientific and Cultural Organization). 2017. "Global Investments in R&D". Fact Sheet No. 42, FS/2017/SCI/42.UNESCO Institute for Statistics. Available at: http://unesdoc.unesco.org/images/0024/002477/247772e.pdf.

United Nations, Department of Economic and Social Affairs, Population Division. 2015. "World Population Prospects: The 2015 Revision, Key findings & advance tables". Working Paper No. ESA/P/WP.241. Available at: https://esa.un.org/unpd/wpp/

robots-layoffs-artificial-intelligence-ai-hedge-fund/.

Global Challenges Foundation. 2017. "Earthstatement: The result of the Global Challenges Foundation and Earth League joining forces". Global Challenges Foundation. Available at: https://www.globalchallenges.org/en/our-work/earth-statement-2015.

Hausmann, R., C. Hidalgo et al. 2011. *The Atlas of Economic Complexity: Mapping Paths to Prosperity*, first edition. Available at: http://atlas.cid.harvard.edu/media/atlas/pdf/HarvardMIT_AtlasOfEconomicComplexity_Part_I.pdf.

Intergovernmental Panel on Climate Change (IPCC). 2014. *Climate Change 2014: Synthesis Report. Contribution of Working Groups I, II and III to the Fifth Assessment Report of the Intergovernmental Panel on Climate Change* [Core Writing Team, R.K. Pachauri and L.A. Meyer (eds.)]. Geneva: IPCC.

Juma, C. 2017. "Leapfrogging Progress: The Misplaced Promise of Africa's Mobile Revolution". *The Breakthrough* 7. Summer 2017. Available at: https://thebreakthrough.org/index.php/journal/issue-7/leapfrogging-progress.

Milanovic, B. 2016. Global Inequality: *A New Approach for the Age of Globalization.* Cambridge: Harvard University Press.（『大不平等』立木勝訳、みすず書房）

MIT Technology Review. 2017. "As Goldman Embraces Automation, Even the Masters of the Universe Are Threatened". N. Byrnes, *MIT Technology Review*, 7 February 2017. Available at: https://www.technologyreview.com/s/603431/as-goldman-embraces-automation-even-the-masters-of-the-universe-are-threatened/.

Newshub. 2016. "How drones are helping combat deforestation". S. Howe, Newshub, 22 September 2016. Available at: http://www.newshub.co.nz/home/world/2016/09/how-drones-are-helping-combat-deforestation.html.

Oxford Internet Institute. 2011. "The Distribution of all Wikipedia Articles". Taken from Graham, M., S. A. Hale and M. Stephens (2011), *Geographies of the World's Knowledge*. London: Convoco! Edition. Available at: http://geography.oii.ox.ac.uk/?page=the-distribution-of-all-wikipedia-articles.

Oxford Internet Institute. 2017. "The Location of Academic Knowledge". Taken from Graham, M., S. A. Hale and M. Stephens (2011), *Geographies of the World's Knowledge*. London: Convoco! Edition. Available at: http://geography.oii.ox.ac.uk/?page=the-location-of-academic-knowledge.

Philbeck, Imme. 2017. "Connecting the Unconnected: Working together to achieve Connect 2020 Agenda Targets". International Telecommunication Union (ITU). A background paper to the special session of the Broadband Commission and the

Guardian, 2 November 2015. Available at: https://www.theguardian.com/environment/2015/nov/02/germanys-planned-nuclear-switch-off-drives-energy-innovation.

Schwab, K. 2016. *The Fourth Industrial Revolution*. Geneva: World Economic Forum.
World Economic Forum. 2013. "A New Social Covenant". Global Agenda Council on Values, White Paper. Geneva: World Economic Forum. Available at: http://www3.weforum.org/docs/WEF_GAC_Values_2013.pdf.

World Economic Forum. 2017. *The Global Risks Report 2017*. Insight Report. Geneva: World Economic Forum.

第4章

Bloomberg. 2016. "Wind and Solar Are Crushing Fossil Fuels". T. Randall, Bloomberg, 6 April 2016. Available at: https://www. bloomberg.com/news/articles/2016-04-06/wind-and-solar-are-crushing-fossil-fuels.

The Boston Consulting Group. 2016. Self-Driving Vehicles, Robo-Taxis, and the Urban Mobility Revolution. Boston: BCG. Available at: http://www.automotivebusiness.com.br/abinteligencia/pdf/BCG_SelfDriving.pdf.

Catalyst. 2016. "Women In Science, Technology, Engineering, And Mathematics (STEM)". Catalyst, 9 December 2016. Available at: http://www.catalyst.org/knowledge/women-science-technology-engineering-and-mathematics-stem.

Ceballos, G. et al. 2015. "Accelerated modern human-induced species losses: Entering the sixth mass extinction". *Science Advances* 1(5), e1400253. Available at: http://advances.sciencemag.org/content/1/5/e1400253.

Deloitte. 2016. "Women in IT jobs: it is about education, but also about more than just education". Technology, Media & Telecommunications Predictions. Deloitte. Available at: https://www2.deloitte.com/global/en/pages/technology-media-and-telecommunications/articles/tmt-pred16-tech-women-in-it-jobs.html.

Dietz, S. et al. 2016. "'Climate value at risk' of global financial assets". *Nature Climate Change* 6: 676-679. Available at: http://www.nature.com/nclimate/journal/vaop/ncurrent/full/nclimate2972.html.

Enbakom, H.W., D.H Feyssa and S. Takele. 2017. "Impacts of deforestation on the livelihood of smallholder farmers in Arba Minch Zuria Woreda, Southern Ethiopia", *African Journal of Agricultural Research* 12(15): 1293-1305, 13 April 2017.

Fortune. 2017. "Robots Are Replacing Humans at All These Wall Street Firms". L. Shen, *Fortune*, 30 March 2017. Available at: http://fortune.com/2017/03/30/blackrock-

Ethics, 23(2): 449-468.

Devaraj, S. and M. J. Hicks. 2017. "The Myth and the Reality of Manufacturing in America", June 2015 and April 2017, Ball State University. Available at: http://conexus.cberdata.org/files/MfgReality.pdf.

EPSRC (Engineering and Physical Sciences Research Council). 2017. "Principles of robotics". The Engineering and Physical Sciences Research Council. Available at: https://www.epsrc.ac.uk/research/ourportfolio/themes/engineering/activities/principlesofrobotics/. [Accessed 1 May 2017].

EU General Data Protection Regulation. 2017. "An overview of the main changes under GDPR and how they differ from the previous directive". Available at: http://www.eugdpr.org/key-changes.html. [Accessed 1 June 2017].

Florida Ice and Farm Company (FIFCO). 2015. *Living Our Purpose*. 2015 Integrated Report. Available at: https://www.fifco.com/files/documents/1715515fb6ab1e74f29d3da4aefa30c7b36a05.pdf.

IEEE (Institute of Electrical and Electronics Engineers). 2017. The IEEE Global Initiative for Ethical Considerations in Artificial Intelligence and Autonomous Systems "Executive Summary". Available at: https://standards.ieee.org/develop/indconn/ec/ead_executive_summary.pdf

Keeley, B. 2015. *Income Inequality: The Gap between Rich and Poor*. OECD Publishing. Paris: OECD Publishing.

Latour, B. and S. Woolgar. 1979. *Laboratory Life: The Construction of Scientific Facts*. Princeton: Princeton University Press.

Mitcham, C. 1994. "Engineering design research and social responsibility". In K. S. Shrader-Frechette (Ed.) *Ethics of Scientific Research*. Lanham: Rowman & Littlefield. Nuffield Council on Bioethics. 2014. "Emerging biotechnologies, Introduction: A guide for the reader". Available at: http://nuffieldbioethics.org/wp-content/uploads/2014/07/Emerging_biotechnologies_Introduction.pdf.

Oppenheimer, J. R. 2017. "Speech to the Association of Los Alamos Scientists". Los Alamos, New Mexico, 2 November 1945. Available at: http://www. atomicarchive.com/Docs/ManhattanProject/OppyFarewell.shtml. [Accessed 1 June 2017].

Pretz, K. 2017. "What's Being Done to Improve Ethics Education at Engineering Schools". The Institute, 18 May 2017. Available at: http://theinstitute.ieee.org/members/students/whats-being-done-to-improve-ethics-education-at-engineering-schools.

Rankin, J. 2015. "Germany's planned nuclear switch-off drives energy innovation". *The*

cbinsights.com/blog/top-acquirers-ai-startups-ma-timeline/.
Katz, L. and A. Krueger. 2016. "The Rise and Nature of Alternative Work Arrangements in the United States, 1995-2015". Princeton University and NBER Working Paper 603. Princeton University. Available at: http://dataspace.princeton.edu/jspui/bitstream/88435/dsp01zs25xb933/3/603.pdf.
New Atlas. 2015. "Amazon to begin testing new delivery drones in the US". N. Lavars, New Atlas, 13 April 2015. Available at: http://newatlas.com/amazon-new-delivery-drones-us-faa-approval/36957/.
The New York Times. 2017. "Is it time to break up Google?" J. Taplin, *The New York Times*, 22 April 2017. Available at: https://www.nytimes.com/2017/04/22/opinion/sunday/is-it-time-to-break-up-google.html?mcubz=1&_r=0.
OECD (Organisation for Economic Co-operation and Development). 2016. "Big Data: Bringing Competition Policy to the Digital Era", Background note, 29-30 November 2016. Available at: https://one.oecd.org/document/DAF/COMP(2016)14/en/pdf.
San Francisco Examiner. 2017. "San Francisco talks robot tax". J. Sabatini, San Francisco Examiner, 14 March 2017. Available at: http://www.sfexaminer.com/san-francisco-talks-robot-tax/.
World Economic Forum. 2017a. *The Inclusive Growth and Development Report 2017*. Insight Report. Geneva: World Economic Forum. Available at: http://www3.weforum.org/docs/WEF_Forum_IncGrwth_2017.pdf.
World Economic Forum. 2017b. "Realizing Human Potential in the Fourth Industrial Revolution: An Agenda for Leaders to Shape the Future of Education, Gender and Work", White Paper. Geneva: World Economic Forum. Available at: http://www3.weforum.org/docs/WEF_EGW_Whitepaper.pdf.

第3章

The Boston Globe. 2016. "The gig economy is coming. You probably won't like it." B. Ambrosino, *The Boston Globe*, 20 April 2016. Available at: https://www.bostonglobe.com/magazine/2016/04/20/the-gig-economy-coming-you-probably-won-like/i2F6Yicao9OQVL4dbX6QGI/story.html.
Brynjolfsson, E. and A. McAfee. 2014. *The Second Machine Age*. New York and London: W.W. Norton & Company.（『ザ・セカンド・マシン・エイジ』村井章子訳、日経BP）
Cath, C. and L. Floridi. 2017. "The Design of the Internet's Architecture by the Internet Engineering Task Force (IETF) and Human Rights". *Science and Engineering,*

参考文献

はじめに

Schwab, K. 2016. The Fourth Industrial Revolution. Geneva: World Economic Forum

第1章

Centers for Disease Control and Prevention. 2016. "Mortality in the United States, 2015". National Center for Health Statistics Data Brief No. 267.

Crafts, N. F. R. 1987. "Long-term unemployment in Britain in the 1930s". *The Economic History Review*, 40: 418-432.

Gordon, R. 2016. *The Rise and Fall of American Growth*. Princeton: Princeton University Press.（『アメリカ経済　成長の終焉』高遠裕子、山岡由美訳、日経BP）

McCloskey, D. 2016. *Bourgeois Equality*. Chicago: University of Chicago Press.

Smil, V. 2005. *Creating the Twentieth Century: Technical Innovations of 1867-1914 and Their Lasting Impact*. New York: Oxford University Press.

UNDP. 2017. About Human Development. Available at: http://hdr.undp.org/en/humandev. [Accessed 1 May 2017].

The World Bank Data Bank. 2017. "Poverty headcount ratio at $1.90 a day (2011 PPP) (% of population)". Available at: http://data.worldbank.org/indicator/SI.POV.DDAY. [Accessed 1 June 2017].

第2章

Autor, D., F. Levy and R. Murnane. 2003. "The Skill Content of Recent Technological Change: An Empirical Exploration". *The Quarterly Journal of Economics* 118(4): 1279-1334.

Berger, T. and C. B. Frey. 2015. "Industrial Renewal in the 21st Century: Evidence from US Cities", Regional Studies. Available at: http://www.oxfordmartin.ox.ac.uk/downloads/academic/regional_studies_industrial_renewal.pdf.

BlackRock Investment Institute. 2014. "Interpreting Innovation: Impact on Productivity, Inflation & Investing". Available at: https://www.blackrock.com/corporate/en-us/literature/whitepaper/bii-interpreting-innovation-us-version.pdf.

CB Insights. 2017. "The Race For AI: Google, Twitter, Intel, Apple In A Rush To Grab Artificial Intelligence Startups", Research Briefs. Available at: https://www.

org/.

215 世界経済フォーラムのソフトウェアと社会の未来についてのグローバル・アジェンダ・カウンシルはアジャイル宣言に盛り込まれた原則を政策決定の領域に適用するために再構成した「アジャイルなガバナンスの原則への呼びかけ」を発表した。詳しくは、http://www3.weforum.org/docs/IP/2016/ICT/Agile_Governance_Summary.pdf で。

216 World Economic Forum 2018

217 本リストは Mynard (2016) より提供いただいた。

218 イギリス内閣府のポリシー・ラボについては https://openpolicy.blog.gov.uk/category/policy-lab/ を参照。

219 Mulgan 2017

220 詳しくは http://www.thegovlab.org/project-crowdlaw.html の CrowdLaw を参照。

221 Hadfield 2016

222 Owen, Macnagheten, Stilgoe 2012

223 Sutcliffe 2015

224 Guston 2008

225 Marchant, Wallach 2015

226 Thomas 2009

227 Rodemeyer, Sarewitz, Wilsdon 2005

228 World Economic Forum Global Agenda Council on the Future of Software and Society 2016

229 詳しくは https://www.cscollege.gov.sg の Civil Service College を参照。

230 World Economic Forum 2017

231 The New Yorker 2017

232 詳しくは http://www.fabfoundation.org/ の Fab Foundation を参照。

233 詳しくは https://www.genspace.org/classes-alt/ の Genspace を参照。

れている。

184 World Bank 2017

185 Kanellos 2013

186 Frankfurt School of Finance & Management 2017, figure 25

187 Ibid, figure 54, figure 1

188 世界経済フォーラムは2016年9月28日にキャメロン・ヘップバーンにインタビューをおこなった。

189 Tucker 2014

190 Woolford 2015

191 ITER（ラテン語で「道」を意味する）は、35カ国が共同で世界最大の磁気融合装置をつくるエネルギープロジェクトである。

192 Parry 2016

193 University of Texas at Austin 2017

194 European Commission 2017

195 United Nations, Department of Economic and Social Affairs, Population Division 2015

196 Stilgoe 2016

197 Pasztor 2017

198 Ibid.

199 IPCC 2013

200 Condliffe 2017

201 Neslen 2017

202 Pasztor 2017

203 de Selding 2015

204 Dillow 2016

205 Siceloff 2017

206 Thibeault et al. 2015

207 Carbon 3D 2017

208 Vanian (2016) などを参照。

209 McKinsey Global Institute 2017

210 AlphaBeta 2017

211 International Organization for Standardization 2017

212 International Organization for Standardization 2017a

213 World Economic Forum 2018

214 2001年2月 “Manifesto for Agile Software Development”, http://agilemanifesto.

1600年にコーヒーに洗礼を施した。いっぽう、イギリスに1637年にコーヒーが紹介されると、紅茶の消費が伸び悩むことが懸念され（紅茶はアルコール依存症を予防するために推奨された）、地方自治体がコーヒーの持ち帰りを禁じたり、1675年にはイングランド王チャールズ2世がコーヒーハウスの閉鎖を宣言する事態にまで及んだ。フリードリヒ大王ことプロイセン王フリードリヒ2世はコーヒーのせいで国家的飲み物であるビールの売上が減るのではないかと憂慮し、市中でコーヒーの「においを嗅ぎ付けて取り締まる」係を雇い、罰金を徴収させた。スウェーデンでは1756年から1817年までに5種の法令でコーヒーの輸入が禁じられた。今日、ネスプレッソはアプリ経由でコーヒーの注文を受けている。またネスプレッソのコーヒーメーカー、プロディジオはインターネットにつながっているので遠隔で操作してコーヒーをいれることができる。詳しくはJuma (2016)。

166 Constine 2017

167 世界経済フォーラムは2016年9月26日にジェフリー・リンにインタビューをおこなった。

168 Jones 2016

169 https://www.emotiv.com/ のEMOTIVなど。

170 世界経済フォーラムは2016年9月28日にニティシュ・タコアにインタビューをおこなった。

171 Statt 2017

172 Neurotech 2016

173 世界経済フォーラムは2017年5月18日にニール・カッセルとやりとりをおこなった。

174 Grillner et al. 2016; European Commission 2016

175 World Economic Forum 2016

176 世界経済フォーラムは2016年11月10日にナンシー・イプにインタビューをおこなった。

177 Emmerich 2015

178 Oullier 2012

179 Ghosh 2015

180 Chafkin 2015

181 Zuckerberg 2015

182 Goldman Sachs 2016

183 古代ギリシャ語のtechné（τέχνη）は「テクノロジー」の語源のひとつであるが、古文書を訳す際には「アート」あるいは伝統的なアートという文脈での「クラフト」の訳語が使われ、絵を描く、彫刻する、大工仕事などの意味でもっとも多く使用さ

141 Baraniuk 2015
142 de Wargny 2016
143 Rehnberg and Ponte 2016
144 Wohlers Associates 2016
145 Gartner 2016
146 Wohlers Associates 2016
147 PwC 2016
148 Wohlers Associates 2016
149 Wohlers Associates 2014, p. 26
150 Rehnberg and Ponte 2016
151 Parker 2013
152 戦闘機F-22ラプターとアメリカ軍のドローン、リーパーとプレデターのコストについて著者がおこなった比較計算。時間当たりの費用も、ドローンは有人の航空機にかかる費用のごく一部で運用できることの裏付けとなる。詳しくはThompson (2013)。
153 著者によるデイビッド・シムへのインタビュー、2016年10月。
154 著者によるアンドレアス・ラプトプーロスへのインタビュー、2016年10月。
155 Overly 2016
156 Kopardekar et al. 2016
157 NASA Traffic Unmanned Management 2015; Amazon Prime Air 2015
158 CRISPRはclustered regularly interspaced short palindromic repeatの頭文字。Cyranoski (2016)を参照。
159 Reilly 2017
160 Interview with Henry Greely
161 EY 2016
162 Lee and Kim 2015
163 Peplow 2015
164 例としては、脳に移植したチップあるいは頭蓋骨に挿入した電極。頭蓋骨の外側から脳波と電気信号をモニターする非侵襲的脳波計測装置、あるいは電気または磁気信号で脳の活動を中断またはうながす非侵襲的装置。思考と意図を目の動き、心拍、皮膚伝導、血圧など物理的信号と身体の動きを通じてとらえる装置。脳内の化学成分に影響を与える化学物質。音や画像で脳の活動に意図的に影響を与える装置。
165 15世紀と16世紀にコーヒーを飲むこと、コーヒーが飲めるコーヒーハウスはイエメンとエチオピアからイスラム社会全体に広まったが、1511年にメッカのカイル総督はコーヒー禁止令を出した。コーヒー愛飲家のローマ法王クレメンス8世は

107　Perrow (1984) で示されている。
108　World Economic Forum 2015
109　Brown 2016
110　Westby and Richard 2008
111　NYSE Governance Services 2015
112　OECD 2012
113　World Economic Forum 2017
114　Miniwatts Marketing 2017
115　eMarketer 2017
116　Reinsel, Gantz and Rydning 2017
117　World Economic Forum 2012
118　Greenberg 2015
119　KrebsonSecurity 2014
120　Nuix 2017
121　Ibid.
122　Thielman 2016
123　Sample and Hern 2014
124　Petersen 2016
125　AI International 2017
126　Metz 2016
127　Partnership on AI 2017
128　DeepMind Ethics & Society 2017
129　CB Insights 2017
130　Turing 1951
131　Murphy 2016; Conner-Simons 2016; Hardesty 2013.
132　Vanian 2016
133　Pittman 2016
134　Petersen 2016; Wakefield 2016; Agence France-Presse 2016
135　McKinsey & Company 2017
136　Frey and Osborne 2013
137　Wakefield 2016b
138　Cohen et al. 2016
139　LaGrandeur and Hughes (Eds) 2017; World Economic Forum 2016; OECD 2016
140　EPSRC 2017

92　Tapscott 2016, p. 24

93　中央の機関の媒介を必要としない分散型台帳において、取引コストはほぼゼロであってもおかしくない。実際には、取引コストはブロックチェーンがどのように検証されるのかで決まるため、集中型にくらべてはるかに高くつく可能性がある。2017年6月11日、ビットコインの最速かつもっとも安い取引コストは、わずか226バイトの手数料が総額2.61ドルだった。このような取引コストであるなら、ビットコインは少額取引には適していないということになる (Bitcoin Fees 2017)。

94　世界経済フォーラムは2017年5月に電話でブライアン・ベーレンドルフにインタビューをおこなった。

95　代替モデルは「プルーフ・オブ・ステーク」。イーサリアムのブロックチェーンは将来このモデルの採用を希望している。プルーフ・オブ・ステークは、採掘者が大量の電力を費やしてチェーンの情報をよりセキュアにすることに依存するよりも、ブロック作成の可能性を「バリデータ」全体に分散し、また、騙したりブロックを鋳造したりする者に対するペナルティを組み込む。

96　不変性という分散型台帳の特徴は、法執行機関当局が違法な活動を監視し起訴するにあたって証拠集めをするために適していることも付け加えておこう。FBIがロス・ウルブリヒト（違法な製品とサービスを売買する売り手と買い手のためのシルクロードというウェブサイトを維持したことで終身刑を言い渡された）を訴追した際には、ブロックチェーンの公開記録が助けとなった。ビットコイン1800万ドルのトランザクションから彼のノートパソコンに辿ることができたのである (Greenberg 2016)。

97　世界経済フォーラムは2017年6月9日にキャサリン・マリガンに電話でインタビューをおこなった。

98　OECD and EUIPO 2016

99　Ruppert 2016

100　世界経済フォーラムは2016年9月27日にピーター・スミスにロンドンでインタビューをおこなった。

101　キーボード上で打つべきキーではないキーを誤って叩く、あるいは同時に2つのキーを叩いてしまうことで入力ミスが生じる。金融市場で買い注文あるいは売り注文の金額をまちがえたり、指定する株をまちがえることも入力ミスに含まれる。

102　Columbus 2016

103　McKinsey Global Institute 2015

104　World Economic Forum and Accenture 2016

105　World Economic Forum 2015, p. 8

106　McKinsey Global Institute 2015a

74 Denning and Lewis 2016

75 Lapedus 2016

76 IEEE 2016

77 もっとも顕著だったのは1970年のインテル4004、さらに1974年の8008の発売である。

78 とくに抵抗変化型メモリReRamは深層学習アルゴリズムに利用できるメモリである。大規模なニューラルネットワークに取って替わり、二進法を用いたコンピューティングを楽々と超えていくものと期待される。

79 今日、もっとも高性能の従来型のコンピュータで大きな数値あるいは変数が一定以上の問題の答えを出すには、宇宙が生まれてから現在までの時間かけてもまだ足りないだろう。量子コンピュータは重ね合わせの確率的な性質を利用して複数の状態を同時にシミュレートできるので、デジタルコンピュータで現在解決できない問題に最高あるいは最高に近い答えを出すための時間を短縮できる。

80 絶対零度は理論的に可能なもっとも低い温度であり、摂氏マイナス273.15度に相当する。

81 MITの数学の教授ピーター・ショアはショアのアルゴリズムを考案した――指数関数的に因数に分解するための量子アルゴリズムであり、従来型のコンピュータで現在使われ最高とされるアルゴリズムよりも速い。

82 Weiser 1991

83 Frost Gorder 2016などを参照のこと。

84 Solon 2017

85 Knight 2015

86 チャーチは市販のDNAのマイクロチップに、1立方ミリメートル当たり5.5ペタバイトの密度で、ある本を700億冊分保存した。詳しくはCameron and Mowatt (2012)。

87 Schwab (2016)

88 メモリの革新的な技術であるSTT-mram（Spin-Transfer-Torque Magnetic Random Access Memory）は、電荷を蓄積するトランジスタの代わりに電子スピンを使って情報を保存する。高いレベルの放射線に耐え、極端な温度においても機能し、耐タンパー性を有しており、宇宙や工場など過酷な環境に適している。すでにエアバスとBMWが使用している。

89 Raspberry Pi Foundation 2016

90 Ezrachi and Stucke 2017

91 ブロックチェーンは、暗号とさらに分散型で暗号化されたインターネットのテクノロジーで守られた分散型台帳とスマートコントラクトを指す。

51 Population Reference Bureau 2017
52 World Bank and Institute for Health Metrics and Evaluation 2016
53 World Economic Forum 2016a
54 World Resources Institute 2014
55 Global Challenges Foundation 2017
56 Steffen et al. 2015
57 United Nations, Department of Economic and Social Affairs, Population Division 2015
58 森林伐採は森林地域で暮らす人々のコミュニティ、小規模農家の暮らしと生物多様性をも脅かす (Enbakom, Feyssa and Takele 2017)。
59 Newshub 2016
60 Yale Environment 360 2016
61 Bloomberg 2016
62 MIT Technology Review 2017
63 Fortune 2017
64 World Economic Forum 2016
65 Catalyst 2016; UNESCO 2015
66 Deloitte 2016
67 Philbeck 2017
68 Tay et al. 2013
69 「2 多くの新興経済においてスマホ所有率は飛躍的に伸びているが、デジタル・デバイドはなお解消されていない」(Poushter 2016)
70 今日、先進国の平均的世帯が所有するコンピュータの台数は、1950年代に世界全体に存在したコンピュータよりも多い。ジェームズ・コータダによれば、ケネス・フラムは1950年に世界中にデジタルコンピュータが5台存在することを発見した。その内訳はアメリカに2台、イギリスに3台。マーケットリサーチ会社のNPDグループによれば、控えめに見積もって、アメリカの平均的な世帯は2013年にモバイルデバイスを含めデジタルコンピュータを5.7台所有していたという。2017年現在、スマホの急速な普及とテレビから洗濯機まで多様な家電製品へのマイクロプロセッサの導入により、その数字はゆうに2倍を超えているものと思われる。詳しくはCortada (1993) およびCockshott, Mackenzie and Michaelson (2010) 参照。
71 World Economic Forum and INSEAD 2015
72 ITRS 2.0 2015
73 Yang 2016

22 Keeley 2015
23 Rankin 2015
24 IEEE 2017
25 Nuffield Council on Bioethics 2014
26 IEEE 2017
27 World Economic Forum 2013
28 EU GDPR 2017
29 この戦略は多くのフォーラムで提案されてきたが、このケースのモデルとなっているのは Mitcham (1994) が概要を述べた *plus respicere* の責務である。
30 Oppenheimer [2 November 1945] 2017
31 トロッコ問題は、倫理学の講義において道徳的な意思決定に関わる複雑で多様な要素を示す際に使われる。トロッコが1人あるいは複数の人々に向かって進んでいく状況を想定し、学生はトロッコの進路を選択して生死の選択をしなければならない。どういう選択をしても犠牲者は出る。学生は自分の選択について、「なぜ」そちらを選択をするのかを考え抜いて正当化を試みることが求められる。
32 Pretz 2017
33 Florida Ice and Farm Company 2015
34 Latour and Woolgar 1979 などを参照。
35 EPSRC 2017
36 Cath and Floridi 2017
37 Schwab 2016, p. 107
38 The Boston Consulting Group 2016
39 Philbeck 2017
40 Ibid.
41 アメリカの作家・政治活動家、スーザン・ソンタグ。
42 Milanovic 2016
43 Hausmann, Hidalgo et al. 2011
44 University of Sussex 2008
45 Interview with Calestous Juma 2017
46 UNESCO 2016
47 コーカサス、中央アジア、北米、南アジア、サハラ以南のアフリカ、西アジアにおいては女子のほうが男子よりも就学率が低い（UNESCO 2016）。
48 Oxford Internet Institute, “The Location of Academic Knowledge” 2017
49 UNESCO 2017
50 Ceballos et al. 2015

原註

1 この時期に飛躍的に伸びを示している分野がある。クラフツの推計によれば綿織物は1780年から1801年までに年間9.7%成長し、1801年から1831年には5.6%に留まっている。同時期の鉄生産の年間成長率は5.1%と4.6%だった(Crafts 1987)。

2 バーツラフ・スミルはこれを史上最大の影響力のある発明に数えることができると述べている(Smil 2005)。

3 McCloskey 2016

4 国連開発計画による「人間開発」の定義は、「人々が各々にとって価値ある人生を生きるための自由と機会をより多く与える。実際的には能力を花開かせ活用するチャンスを与えることを意味する。人間開発の3つの基盤は、健康的かつ創造的な人生を送る、知識を身につける、適切な生活水準を保つために必要な資源へのアクセスを確保することである。他にも多くの側面が重要である。とりわけ、環境面の持続可能性や男女の平等など、人間開発のための適切な状態づくりが挙げられる」(UNDP 2017)

5 Gordon 2016

6 McCloskey 2016

7 Centers for Disease Control and Prevention 2016

8 World Bank 2017

9 The New York Times 2017

10 OECD 2016

11 Berger and Frey 2015

12 Katz and Krueger 2016

13 World Economic Forum 2017b

14 The San Francisco Examiner 2017

15 World Economic Forum 2017a

16 New Atlas 2015

17 Schwab 2016

18 Devaraj and Hicks 2017

19 World Economic Forum 2017

20 Brynjolfsson and McAfee 2014

21 The Boston Globe 2016

[著訳者略歴]

クラウス・シュワブ（Klaus Schwab）

1938年生まれ、ラーベンスブルク（ドイツ）出身。官民両セクターの協力を通じて、世界の状況を改善していくことを目的とする国際機関、世界経済フォーラムの創設者であり、会長を務める。政界や財界の指導者のみならず、その他の最前線の社会的リーダーと関わりを持ち、世界や地域、各産業における課題解決を推進してきた。フリブール大学にて経済学博士号を最優等（summa cum laude）で取得したほか、スイス連邦工科大学にて工学博士号を、ハーバード大学ケネディスクールにて行政学修士号を取得。1972年にジュネーブ大学の最年少教授に就任。研究者として国内外にて数々の表彰を受け、ビジネス界でも数々の大企業の取締役として活躍した。また国連でも諮問委員を務めた。男女一人ずつの子供がいる。ジュネーブ在住。

世界経済フォーラムは1971年に創設された組織で、現在、国際機関としてジュネーブ（スイス）に本部を置く。独立不偏を旨としており、いかなる特定利害とも無関係である。現在約700名の職員が勤務しており、ジュネーブ本部のほか、ニューヨーク、北京、東京にオフィスがある。

小川 敏子（おがわ・としこ）

翻訳家。東京生まれ。慶應義塾大学文学部英文学科卒業。小説からノンフィクションまで幅広いジャンルで活躍。ジェシー・ニーレンバーグ『「話し方」の心理学』、ルース・ドフリース『食糧と人類』、マーシャル・B・ローゼンバーグ『NVC 人と人との関係にいのちを吹き込む法』、ユルゲン・メフェルトほか『デジタルの未来』など訳書多数。

「第四次産業革命」を生き抜く
――ダボス会議が予測する混乱とチャンス――

2019年2月20日　1版1刷

著　者 ■ クラウス・シュワブ
訳　者 ■ 小川敏子
発行者 ■ 金子豊
発行所 ■ 日本経済新聞出版社
東京都千代田区大手町1-3-7　〒100-8066
電話 03-3270-0251（代）
https://www.nikkeibook.com/
装　幀 ■ 新井大輔
本文DTP ■ アーティザンカンパニー
印刷・製本 ■ 中央精版印刷株式会社

ISBN978-4-532-32250-2
Printed in Japan